U0029788

WHAT PSYCHOLOGICAL SCIENCE TELLS US
ABOUT LYING AND HOW
YOU CAN AVOID BEING DUPED

BIG LIARS

為什麼他要說謊？

心理學家教你看見謊言背後的真相
解析人類慣性說謊的原因

Christian L Hart, Drew A. Curtis
克里斯丁・哈特
德魯・柯提斯——著
江欣怡——譯

獻給我的母親，瑪莉·安·哈特，

我有生以來所遇到的第一位優秀人士

——克里斯丁·哈特

目次

第七章 細探人們為何說謊 219

第八章 不誠實的成本 245

參考資料

前言

一個人最誠實的時候就是承認自己是個騙子。

——馬克・吐溫

人類文明脆弱地建立在一個基本假設之上，那就是人們說話時通常會實話實說。如果沒有使人們團結一致、追求共同目標的信任，人類任何重大的努力成果都無法成形。考量到說謊的猖獗已是社會中無庸置疑的特徵時，人性是建立在相信他人的誠實上的這種觀點，似乎就變得很荒謬。說謊不僅普遍，而且大家都會容忍，有時甚至被視為正確的行為。

儘管在人際互動中，誠實是被廣泛宣揚的基本目標，但實際上，人們並非隨時都完全坦誠。事實上，大多時候他們都不老實。當人們覺得說實話不方便時，就會採取不太誠實的溝通方式。他們會避開某些話題，佯裝不知情，隱瞞重要細節，故意使用模糊或誤導他人的措辭，或有時候，他們就乾脆說謊。你可能已經意識到，其中有些人更常說謊，或者說謊產生的效果比別人更大。我們稱之為**大騙子**。

目標

我們在這本書中的目標是將說謊的相關學術研究，整理成通俗易懂的綜合分析，特別聚焦在社會中那些似乎特別愛說謊的個體。當我們（作者）使用大騙子這個概念時，我們指的是那些比一般人更常說謊，以及那些漫天扯謊對周遭造成重大影響的人。實質上，大騙子是說謊說得特別誇張、說謊為其明顯特徵的人。我們希望向讀者介紹誰是大騙子，他們的內在動機是什麼，他們的謊言如何影響人際關係和社會，以及如何應付他們。

市面上有大量的書籍討論說謊，每本都有其獨特的觀點。這本書在一些重要的方面自成一格。許多書籍並未指出，大多數人其實相當誠實，而只有一小部分的人極其狡詐，而這些驚人的說謊者則構成最嚴重的威脅。大騙子透過口是心非的戀愛關係、詭計多端的商業關係，以及各種不誠懇的交往方式來摧毀別人的人生。我們希望提供一份完整的報告，揭穿這些置身在我們之中的大詐騙家。此外，本書提供了科學的，而非純屬傳聞的觀點。故事固然有趣且具有教育意義，但仔細的科學分析能幫助我們看得更透澈，讓我們能區分事實和虛構。雖然在詐騙與說謊者的研究上，已經有著豐富且迷人的科學發現，然而，大部分只能在學術性的科學期刊或深奧的學術書籍中找到。我們在本書將大量的科學證據融合成淺顯易懂的文字，並將這些文字與真實故事結合起來，成為引人入勝的大騙子分析。

每個人都會建立自己的道德界限，決定什麼時候誠實是最好的，以及什麼時候稍微不誠實會更明智。我們的核心論點是，幾乎每個人偶爾都有不誠實的時候，這種不誠實通常相對無害；我們甚至會思考，某種程度的不誠實是否在社會和平常的社交關係中擔任著重要的角色。然而，有些人卻遠遠超越了正常範疇，利用大量惡意的欺騙為自身利益操縱他人。我們希望透過仔細分析那些將欺騙當作他們主要的生活方式的人，我們可以幫助讀者更有效地應對他們。

我們撰寫這本書的目的，是為了探討大騙子與更誠實的人有何不同。研究人員現在對誇張的說謊者已有足夠了解，可以提供一些判斷誰在說謊、大騙子是如何產生、大騙子是如何運作的、人們如何變得更老實，以及如何避免被說謊者操縱的準確方法。我們會提供建議給那些受到大騙子傷害的人。我們希望幫助讀者理解偵測出說謊者的困難度，以及在重要的情境和關係中減少或不再說謊的可能性。也許透過研究我們之中的大騙子，每個人也可以對我們與誠實和真相之間的緊張關係有所了解。

結構

在第一章，我們強調大騙子比一般人更為不誠實。我們探討區分大騙子和其他所有人的變數，調查先天的生理差異、人們成長和生活的文化和背景所形成的差異、個人哲學的差異，以及重要人格特質的差異。我們還提出了一種理論，解釋誰是大騙子，以及為什麼他們如此頻繁且極度愛說謊。

在第二章，我們嘗試透過探索大騙子的童年發展來揭開他們的起源故事。我們追蹤兒童早期的說謊行為，並分析哪些軌跡讓有些人轉變成誠實的成年人，而有些人則往詐騙靠攏。

第三章會深入探討那些不太在乎真相的人的世界。說書人、誇大者、病態性說謊者和心理變態者都散播著可疑的資訊。我們試著找出區分這些不誠實之人的特點，最終辨別出誰是大騙子，誰又不是。

在第四章，我們考慮詐騙高手的漫天大謊以及律師、醫生和政治家經過認可的謊言。我們探索了一些擔任執法人員、企業高階主管、銷售人員、傳教士和其他職業的大騙子例子。結果顯示，大多數職業中都有大騙子。

第五章揭開大騙子在關係中的運作方式。有些人在關係當中始終實事求是，而另一些人則從真相起錨，心甘情願朝詐欺之海展開遠航。至於在不同類型的關係中謊言是如何展開、可以減少說謊的干預方法，以及社交關係是如何因欺騙而破裂的，我們已經擁有相當多的資訊。我們回顧了戀愛關係、家庭關係和友誼中普遍存在的說謊行為的研究與發現。我們與謊言和說謊者之間令人憂慮的關係是一種自然結果，這種焦慮來自於想要與他人建立公正和坦誠的關係，同時也認識到一直對所有人完全透明的困難和危險。

第六章探討大騙子是如何成功欺騙他人的。人們是如何令人信服地吐出不實資訊呢？愈來愈多的傳聞和經驗證據揭曉，大騙子練習自己的技巧與方法，來避免被發現並逍遙法外。我們解釋了一些我們的研究，其中檢視了自我報告技術，人們用這些技術說出無人懷疑的謊言。果不其然，這些說謊者以改變他們的行為來顯得更為可信的方式，恰好與大多數人在嘗試識別某人是否撒謊時所尋找的面向背道而馳。

第七章探討驅使大騙子的動機。我們也剖析了什麼因素使有些人隨時對所有人都保持誠實，卻使有些人堅定地選擇欺騙。我們探討了大騙子是否真的毫無道德準則的問題，或者他們的童年中是否發生一些不尋常的事情，讓他們與其他人不一樣，扭曲了他們對是非的判斷。事實證明，並非所有的重大說謊者都是出於某種邪惡的目的試圖獲得優勢。憐憫和恐懼同樣有可能驅使人們遠離誠實，陷入一系列的謊言中。

第八章探討極端說謊的後果，無論是對大騙子還是與他們互動的人。說謊在任何領域都可能產生毀滅性的影響，從戀愛關係到朋友和家庭或職場皆然。我們討論了大騙子為其他人帶來的代價。

第九章評估了測謊領域的現狀。我們不可能把生活中的每一個人都連上測謊器，但有沒有更細微的言語和行為提示能讓說謊者露餡呢？我們會把測謊的神話與現實分開。

最後，第十章則是指導與建議人們如何避免被大騙子愚弄。雖然沒有絕對可靠的方法能避免被騙，但有幾種大家都能做的心理調適，讓我們不易受騙。

案例

在這本書中，我們呈現了眾多案例，描述那些本身是說謊者，或者在生活中與說謊者打交道的人。我們對這些人懷著同情、關心和尊重，他們樂意且慷慨地分享他們的經歷，讓我們受益良多。除非他們願意曝光，否則我們會保護他們的隱私和祕密，隱藏他們的真名和其他能識別的資訊。我們分享這些案例的目的是，透過具體的實例幫助讀者更加理解非比尋常的說謊者。

銘謝

我們感謝我們的家人在本書的撰寫過程中給予無盡的耐心、愛與支持。我們還要感謝提摩西・萊文（Timothy R. Levine）博士、金・瑟洛塔（Kim B. Serota）博士和蓓拉・迪波洛（Bella M. DePaulo）博士對大騙了主題的見解和啟發。我們向為本書提供有助益的回饋和建議的各位評論者表達深深的感謝。最後，我們要感謝艾蜜莉・艾寇（Emily Ekle）、克莉西・瓊斯（Krissy Jones）、莉茲・布雷斯（Liz Brace）、蓋兒・加特弗萊德（Gail Gottfried），以及美國心理學會（American Psychological Association）的其他團隊成員，感謝他們的熱烈支持和鼓勵。

第一章

說謊者充斥的世界

人並非他所認為的模樣，而是他所隱藏的模樣。

——安德烈・馬樂侯（André Malraux）

在二〇〇九年，當時的美國總統巴拉克・歐巴馬（Barack Obama）於國會的聯席會議發表演說時，眾議員喬・威爾遜（Joe Wilson）並不認同總統對於健保改革的言論。在所有坐在眾議院會議廳的與會者和數百萬的電視直播觀眾面前，威爾遜對著總統大喊：「你說謊！」這個羞辱在會議廳中迴盪，也傳進了美國人的客廳。如果威爾遜在兩個世紀前做出這樣的誹謗，他將冒著喪命的危險（Parker, 2009）。在美國的早期歷史，指控某人為說謊者是引發大多數決鬥的重大侮辱（Greenberg, 1990）。當時的主流觀點是，在品德高尚的人之中，被人質疑自己的誠實和正直是所有侮辱中最嚴重的。對一個人名譽的汙衊在社會和商業事務中極具破壞性，使得人們別無選擇，只能挺身打倒誹謗他們的人；如果有人指控另一人是說謊者，對策則是克盡本分試圖殺死指控者，以捍衛自己的人格。

不過眾議員威爾遜的指控並未引發決鬥。威爾森受到來自兩黨的政治人物的譴責，而他也馬上公開為他的侮辱言詞道歉，請求大眾原諒他的不當行為。歐巴馬總統提到這次冒犯，並接受了威爾遜的道歉，他說：「我非常相信我們所有人都會犯錯……他很快就道歉了，沒有含糊其辭，我對此相當感謝。」這件事並不須動刀動槍才能解決。

在這本書中，我們隨口抛出「大騙子」這個標籤，不太考慮榮譽、名譽，以及是否傷感情，也不太擔心貼某些人標籤時會遇上決鬥的要求。近來，關乎真假的主張往往透過公開辯論解決，而且某人是騙子或直腸子的爭議通常不會淪為致命的戰鬥。幸運的是，我們生活在一個可以公開探討說謊和騙子的時代。我們可以討論誰是大騙子，還可以研究他們為何如此不老實。說謊現在是科學研究的一個公開議題。

你上次說謊是什麼時候？說了什麼謊？是不是告訴老闆你生病待在家，其實人正在泳池邊放鬆呢？你是否告訴另一半你喜歡某樣東西，但言過其實？你有沒有對某人說：「我也很高興見到你」卻言不由衷？大多數人都是偶發性說謊者。無論他們是否有意，大多數人會發現自己偶爾在對話中撒些小謊。這些小謊言通常都相對無害，不過是用來保護某人的感受，或促進禮貌性社交對話時微不足道的假話，如果他們發現了那些善意的謊言，很少人會在道德上感到憤怒。然而，其他時候的謊言卻背負龐大的重量，隱藏著最可憎的真相。這個世界充斥著八十億人的謊言。我們每個人說的每個小謊，都在為欺詐之海奉獻幾滴水。

儘管每個人偶爾會扭曲真相，但某些人卻頻繁地說謊，似乎完全沒有任何說真話、或讓他人看到真面目的需要或能力。那些喋喋不休的說謊者徹底放任自己吐出謊言，往往留下一串破碎的心、生氣的同事，和惱怒的朋友、家人。有些說謊者則因其謊言的嚴重性而引人注目。他們說出極具影響力的謊言，顛覆了周圍每個人的生活。整體而言，這本書是關於說謊，但它聚焦在那些大騙子身上——那些少數用謊言當成他們主要的生活策略之一的人。他們以頻繁說謊或說出產生嚴重後果的謊言，扭曲了我們對現實的理解。

如果你在任何一天瀏覽新聞，你很可能會看到因謊言而登上頭條新聞的人。記者們每天都在追蹤政治人物的話是否為真，指出每一次這位國會議員扭曲事實，或那位總統公然說謊的情況。一些政治人物的言論會被視為替真相潤飾，而另一些則落入「屁股著火」的範疇。金融界的領袖因欺詐計畫，被當場逮捕而入獄；業界鉅子被人發現誤導投資者而虛報盈虧狀況，或欺騙顧客其產品的效果或安全性的話，他們會被革除職務；宗教領袖被人發現欺騙信徒或編織謊言掩飾自己的罪行時，他們會被解除神職。大騙子會製造出重大的頭條新聞。

潔西卡．維加（Jessica Vega）是一名因漫天大謊而在某種程度上臭名遠播的小人物。潔西卡當時是一名住在紐約的二十五歲女性，她和她的男朋友麥克已經交往一段時間，還有一個孩子。她夢想著舉行一場豪華的婚禮，有漂亮的禮服、花朵等諸如此類，但她和麥克負擔不起，至少靠他們自己的收入是不夠的。她意識到，人們通常對將死之人會很慷慨，所以她決定告訴人們她在世上所剩時間不多。她聲稱她被診斷出白血病，醫生還告訴她只剩五個月的壽命，為此她偽造了一封醫生寫的信件，證明她很快會因白血病過世。她甚至對她的男朋友說謊，使他相信他不久就要獨自撫養他們的孩子了。她表示，在她去世之前，她想舉行一場盛大的婚禮與男友結婚。美麗的婚禮的計畫很快就開始了——她對婚紗店的老板撒謊，說自己即將去世，店主非常急切幫忙，慷慨地給了潔西卡一件一千五百美元的禮服，找了一名女裁縫師負責一切修改，以及附帶幾雙漂亮的鞋子。為了讓她的白血病證據更有說服力，潔西卡剃了頭，所以有人捐贈了一頂新假髮讓她在婚禮上戴。另一人捐贈了一組婚戒，還有人捐贈了阿魯巴島的蜜月住宿，其他人則捐贈了飛機票。還有人被她的故事所感動，付了婚禮攝影師的費用。許多人捐款來幫助她。一名被她的謊言欺騙的人說：「一切看起來如此真誠，我從未懷疑過。」終於，到了她夢寐以求的大喜之日。然而婚後不久，她的丈夫麥克開始懷疑她的病情。他做了一些調查，發現醫生的信是偽造的，他的妻子並未垂死，也沒有罹患白血病。正如麥克所說：「潔西卡樣樣說謊，她根本沒病，她欺騙了大家。」潔西卡被逮捕並被控六項重罪，最後麥克也和她離婚了。

大體上，潔西卡的謊言為她的婚禮籌得了數千美元的捐款。如同檢察官所主張的，「透過假裝罹患絕症，維加不可寬恕地利用了社群的善心和好意，並利用他們的慷慨獲利。」他還補充說：「我們將追究這個人利用謊言和欺騙詐欺大眾的責任。」在法庭上，潔西卡承認一切都是她編的，她道歉了。後來她在監獄度過了一段時間，而且被勒令賠償所有的受害者（Crimesider Staff, 2012; Ng, 2012）。像潔西卡這種大騙子的故事，幾乎每天都能在世界各地的新聞報導中找到。

不過我們不必從新聞中尋找大騙子。他們就在我們周圍，從每一個故事都是自吹自擂的叔叔，到每天都表達愛意但早已移情別戀的另一半。每個人或多或少都有遇到這種大騙子的經驗。有時當我們發現一個大騙子，我們只要遠離他們就能避免受騙。但其他時候，我們被迫面對他們的不誠實，因為他們就存在於我們的職場、社交圈或家庭中。

何謂謊言

在深入探討說謊之前，我們要先解決什麼是謊言。人們常會摸不透什麼構成說謊，所以明確定義說謊非常重要。並非所有不真實的陳述都是謊言，有時人們只是被誤導或犯了錯。如果有人誤說：「湯瑪斯・傑弗遜（Thomas Jefferson）是第二任總統」，儘管實際上是約翰・亞當斯（John Adams），大多數人會認為這是弄錯，而非說謊。如果我們細想謊言和錯誤之間的區別，我們立刻就能識別兩者的區別——那就是意圖。如果有人希望你的歷史考試不及格，所以他們故意告訴你傑佛遜是第二任總統，那他們就是在說謊。只有誤導的意圖能將錯誤與謊言區分開來。大多數字典對說謊的定義都有捕捉到這一意圖的元素，如：「以欺騙意圖做出不真實的陳述」（Merriam-Webster, n.d.）。更廣泛地說，人們通常將意圖視為大多數不當行為的核心特徵，否則，他們會將事件視為一次意外或疏忽（Schein & Gray, 2018）。因此，研究詐騙的人員也將意圖作為說謊的核心標準（Bok, 1978; Buller & Burgoon, 1996;

Ekman, 1985; Vrij, 2000）。

但事情變得更複雜了。想想以下情況：布萊恩的女朋友香儂問他昨晚做了什麼。布萊恩說他待在家裡看電視，他確實有看，然而布萊恩遺漏的是，他也邀了前女友來家裡，還發生了性關係。布萊恩說謊了嗎？畢竟，他的話毫無虛假。遺漏一些重要事實算是說謊嗎？如果是這樣，當一個孩子問我們是否喜歡他們的畫時，我們說「我喜歡你把人畫成綠色」之類的話，卻不說「我覺得這看起來很奇怪又笨拙」，我們是在說謊嗎？許多人認為這樣有意排除訊息，以誤導他人的行為是**遺漏的謊言**（lies of omission）。

要是香儂問布萊恩他今天打算做什麼，而布萊恩已經偷偷計畫找他前女友來家裡，並再次發生性關係的話，那會如何？他告訴香儂：「我只打算一個人待在家裡。」又，結果布萊恩的前女友沒來參加他們的祕密幽會。這樣的話我們可以說布萊恩說謊了嗎？當然，他打算說謊，但他告訴香儂的話最終成真。所以他說謊了嗎？根據大多數的定義，他說謊了，因為當他說出來的時候，他認為自己所言並非真話。因此，定義一個謊言時，現實世界的真相並不如說謊者的信念和意圖那般重要。

有些哲學家（e.g., Bok, 1978）主張更廣泛的定義，捨棄了謊言必需是不真實陳述的標準。他們更喜歡將謊言定義為意圖欺騙的陳述，無論這些陳述實際上是真是假。同樣地，使用實際上為真，但有意誤導的語言也會被視為謊言。舉例來說，如果我說：「你應該要知道約翰在工作時會喝（酒）（drinks at work）。」你可能會擔心約翰的酒精問題。雖然我的陳述技術上來說為真（約翰其實整天都在工作時喝水〔drinks water at work〕），但我的語言是選擇來錯誤地將約翰抹黑。在誤導性語言的現實例子中，柯林頓總統堅稱，當他提到與莫妮卡．陸文斯基（Monica Lewinsky）的性事時說「我們之間沒有什麼」（there is nothing going on between us）時，他沒有騙人。他辯稱，該陳述的真偽「取決於『什麼』的含義是什麼。」（depends on what the meaning of the word 'is' is）因此，在大部分情況下，謊言的廣泛定義（意圖欺騙的陳述）似乎可以涵蓋大多數人認為是謊言的例子。

人們也會利用沉默來騙人。想像一下，你在健身房發現一個錢包，然後你把它放進口袋裡。幾分鐘後，有人問：「嘿，有人在這附近看到一個錢包嗎？」你保持沉默。你說謊了嗎？如果刻意沉默是用來傳達欺騙性的含義，那我們認為這種沉默是一種謊言。沉默只是我們傳達假象的另一種方式。

觀察不同的謊言定義，我們可以看到三個關鍵的共同標準（參見Mahon，二〇〇八年的評論）。第一個是必需有一種溝通方式，通常是透過言語，但也可以是透過手語、肢體語言、寫字、社群媒體貼文、烽火、沉默等方式。第二個標準是溝通者必須認為，他們所溝通的並非在這種情況下能預期的全部真相。第三個條件是溝通者有意以他們的溝通誤導他人。有了這些標準，我們便能夠將**謊言**定義為刻意誤導的溝通，旨在創造出不實的觀點。這個定義包括將謊言視為欺騙的一種形式，這種形式取決於有意不老實地使用溝通，無論是完全不實的、誤導性的或省略的。在大多數實際情況下，我們可以堅持這個簡略的說法：謊言是一種意圖欺騙的溝通。

在其本質上，謊言僅是一種試圖說服的手段（Stiff, 1996）。每個人都有他們的目標，他們用謊言來幫助實現這些目標。說謊只是社會操縱（social manipulation）的一種形式，而且是非常少見的形式。將說謊視為一種獨特的邪惡策略是不合適的。反之，它是人們用來試圖影響他人，來獲得他們想要的生活的眾多工具之一。

大騙子的定義

對說謊進行充分定義後，我們現在來探討人騙子。我們將大騙子定義為那些扯出漫天大謊或經常性說謊的人。有些人甚至兩者兼具。我們的定義包含兩個要素。首先，大騙子可被視為那些扯出漫天大謊的人。所謂的漫天大謊（big lies），指的是後果不堪設想，且可能引起重大影響的謊言，往往是災難性的影響。這個定義在某種程度上有些特殊，因為它取決於對謊言後果的主觀評估。然而，大多數人都能輕易回想起那些因謊言導致嚴重問題的人。舉例來說，一位企業主發現合夥人多年來在公司利潤方面說了謊，那麼他肯定會把背叛他的人看作大騙子；一個被騙走畢生積蓄的人也會把加害者視為大騙子。同樣地，一位政治領袖說出會造成嚴重後果的謊言，無疑會被他們的選民中許多人稱為大騙子。漫天扯謊的大騙子，是基於他們的謊言對他人所造成的影響，來進行主觀的定義，只是這些主觀的結果很難以科學方式計算。因此，我們並不使用科學指標，而是傾向於根據他們所獲得的惡名昭彰程度來鑑別這些大騙子。第二種定義大騙子的方式與一個人說謊的頻率有關。我們可以將經常說謊的人定義為大騙子。這些大騙子似乎以可預測的頻率說謊，且遠遠超過一般人的不誠實程度。我們可以透過尋找那些最常說謊的人來辨識這些大騙子，不過我們必須找到一種方法衡量他們的說謊頻率。

說謊的測量方法

一名妙齡女子坐在一家咖啡廳裡，與她最親近的友人一邊享受咖啡，一邊愉快交談。她們談論工作、感情生活、煩惱和未來的計畫。她們分享、交心，這次聊得很愉快。交談結束時，年輕女子從包包中拿出一本日記。她匆匆記下了一些關於她的朋友是誰，她們的談話內容，以及聊了多久的筆記。她寫下了她對朋友說了多少次謊，她說了哪些謊以及說謊的原因——這名女子參與了一項與說謊相關的大型心理研究，她同意在每次社交互動或對話後寫下詳細的筆記。她會追蹤每次社交互動的細節，特別是與她說過的每個謊言的相關訊息。她下週會持續記錄下去，許多其他參與該研究的人也會這麼做。

這類型的日記研究（diary studies）是很常見的方法（DePaulo et al., 1996; George & Robb, 2008; Hancock et al., 2004），用來評估我們身邊說謊行為的廣泛程度。自我報告法（self-report techniques）的一個明顯限制是，我們永遠無法得知日記紀錄的準確性和誠實度。畢竟，為什麼研究人員相信一個說謊者會如實提供他們說謊的資訊呢？大多數研究欺騙的科學家在他們的分析和闡釋中都持謹慎態度，對於自我報告的誠實部分持保留態度。身為該領域的研究者，我們（作者）知道，當人們被要求自我報告時，他們通常會提供精確的回答，特別是透過我們在欺騙研究中使用的匿名調查類型。舉例來說，當人們回完問卷上的問題，稍後在有測謊儀的情況下再去問同樣的問題，他們的答案往往相同（Brigham et al., 1974; Clark & Tifft, 1966）。其他研究也評估了白我報告說謊的準確性（例如Haley et al., 2014）。在這些研究中，研究人員會問人們他們說謊的頻率。然後，在參與者不知情的情況下，研究人員設計了特定情境，可驗證參與者是否真的在遊戲中作弊和說謊。結果顯示，自認為慣性說謊者的人在遊戲中確實更常說謊。雖然我們無法絕對確定大家在問卷上是否誠實作答，但根據多項研究顯示，他們通常很誠實。

說謊的頻率？

彼得．羅斯（Pete Rose）數十年來主宰美國棒球界，他既是球員，又是辛辛那提紅人隊（Cincinnati Reds）的經理。他擁有空前最高的安打紀錄，三次贏得世界大賽，十七次獲選進入全明星賽。然而，他卻藏有祕密。一九八九年時，職棒大聯盟主席宣布，彼得．羅斯受到嚴重的指控，正在接受調查，稍後公布這些指控涉及職棒簽賭。彼得被控在職棒大聯盟比賽中簽賭，違反聯盟中最嚴重的規則之一。在接下來的十年中，彼得只要找到機會就否認職棒簽賭的事，他向記者、球迷、棒球裁判，以及願意相信的人聲稱自己的清白。每次被問到相關指控時，也總是堅決表示從未在職棒大聯盟比賽上投注過。他的狂熱球迷相信他且支持他。終於在近十五年的堅決否認之後，彼得坦承自己確實曾在比賽上投注（Rose, 2004）。然而，他也清楚地指出，自己從未在所屬的辛辛那提紅人隊的比賽上投注。彼得連續、定期、滔滔不絕地撒了多年的謊，沒人知道他到底說謊多少次，但無論如何，次數都相當可觀。最後，許多棒球迷開始原諒彼得的欺騙行為，很多人認為應該原諒他的過錯，讓他進入棒球名人堂。然後，離他最初招認的三年後，彼得又再度坦承他確實曾在辛辛那提紅人隊的比賽上投過注。他的謊言堆積如山，這下又再高了一些。

如果想衡量人們說謊的頻率，我們終究得要詢問他們。有一些實驗室方法，研究人員將受試者帶到實驗室，讓他們進行游戲或完成任務獲得報酬，再偷偷記錄有多少人為了得到更多錢而說謊（Ariely, 2012; Halevy et al., 2014）。然而，人為設計的實驗室研究能讓我們知道多少現實世界中的說謊行為呢？要理解人們在現實生活中的不誠實行為，我們就必須信任他們的自我報告。更確切來說，我們必須問他們有多常說謊。

回到我們在前面討論到的說謊日記研究，我們可以看一下這些研究的結果。在一九九〇年代，兩項研究發現人們每天說一到兩個謊（DePaulo et al., 1996; Kashy & DePaulo, 1996）。更近期的一項日記研究發現，人們平均每天說一．六個謊言（Hancock et al., 2004）。另一項研究發現，人們平均每天說一個以下的謊（George & Robb, 2008）。因此，在這些日記研究中，研究人員發現人們平均每天說一到兩個謊言。根據這些研究，人們在百分之二十到三十三的對話中說謊（DePaulo et al., 1996; George & Robb, 2008; Hancock et al., 2004）。根據這些研究，我們將每天說一到兩個謊視為平均基準。請記住，大騙子的說謊次數遠超過平均基準。

一些詢問美國人是否說過謊的全國調查中，也能讓人一探說謊的相關資訊。在一九九〇年代初，即將成名的作家詹姆斯．派特森（James Patterson）當時還是一名廣告業務主管。他和另一位市場調查人員彼得．金（Peter Kim）進行了一項龐大的全國性研究，請成千上萬的人做了匿名問卷。其中一個主題是說謊。他們發現，問卷中百分之九十一的美國人表示他們經常說謊；三分之二的人表示他們認為說謊沒有什麼問題，大多數人表示他們會對配偶、朋友和家人說謊。如果你覺得這就足以讓美國人顯露道德破產的一面，那麼思考一下以下事實：幾乎十分之一的受訪者表示他們很樂意為了幾百萬美元殺害陌生人（Patterson & Kim, 1991）。《讀者文摘》（*Reader's Digest*）的一項調查發現，百分之九十九的讀者承認說過謊或其他形式的不誠實行為（Kalish, 2004）。在另一項研究中，百分之九十六的人承認他們曾說謊逃避工作，絕大多數人表示他們從未被揭穿（Tomaszewski, 2021）。看來幾乎所有美國人都曾說過謊。

根據一項研究，絕大多數人表示願意對他人說謊（百分之八十四；Drouin et al., 2016），而另一項研究中，約五分之一的人表示他們每天都會說謊（J. E. Grant et al., 2019）。在其他研究中，不到一半的人表示他們當天就說過謊，但被問到一週以上的期間內是否說過謊時，這個數字上升到百分之九十二，三個月以上則上升到百分之九十九以上（Serota & Levine, 2015; Serota et al., 2010, 2021）。在我們自己的研究中，我們發現人們平均每天會說一．四個謊，與其他研究發現的情況非常相似（Hart et al., 2021; Serota et al., 2010; Verigin et al., 2019）。綜合來看，這些研究顯示大多數人會說謊，平均而言，他們每天似乎會說謊兩次。

離群值

我們已經記錄到，人們似乎會固定說謊。然而，檢視那些最常說謊的人也是很有意思的。因此，我們將眼光轉到那些極端的案例。如果我們再次檢視那些平均一天說一到兩次謊的日記研究，我們就能更仔細地研究不誠實行為的模式（DePaulo et al., 1996）。儘管數據上人們平均每天大約說兩次謊，但事情並非那般簡單，這代表不是所有人每天都會說一或兩次謊。在這些人之中，欺騙程度有很大的變異性。有些人確實每天說兩次謊，有些人的說謊次數卻遠超過這個數字，而另一些人說謊的頻率則較低。我們可以分析這種變異性，識別出最不誠實的個體。

如果我們觀察人們的大多數特質和特徵，我們會發現個體之間可能存在相當大的差異。以收入為例，在二〇一九年，美國人口普查局（U.S. Census Bureau）計算，由薪資而來的平均家庭收入約為五萬二千美元（轉引自Wang, 2021），這個數字精確地總結了美國家庭的經濟狀況。然而，這個平均值也隱藏了一些重要的細節。舉例來說，它隱藏了以下實情——即在二〇一九年，光是幾百個家庭，其薪資收入就已超過了五千萬美元。這些極端值被稱為離群值（outliner）。平均值（也稱為平均數）可能隱藏了這些離群值。當我告訴你人類的平均身高是五英尺五英寸（Roser et al., 2013），你會對現存最高的人蘇丹・科塞（Sultan Kösen）

一無所知，他的身高是八英尺三英寸（Guinness World Records, 2021）。蘇丹・科塞就是一個離群值。認識平均值並無法得知極端情況的人。

那如果我們暫時忽視人們每天說謊的平均次數，而是細究平均值背後的細節，又會發生什麼情況呢？就像家庭收入和身高一樣，我們可以看到相當大的變異性。有些人的報告幾乎不說謊，甚至完全誠實，而有些人則無處不說謊。我們感興趣的是那些在報告中，比大家說謊的次數多得多的那些少數人。這些離群值是本書的主要重點之一。

對迪波洛等人（DePaulo et al., 1996）的日記研究數據進行詳細分析後顯示，有些人會習慣性說謊（Serota et al., 2010）。平均而言，人們每天說謊大約兩次，但有個人回報說在一週的時間裡，說了四十六次謊，這相當於每天說六・六次謊。瑟洛塔等人（Serota et al., 2010）的再次分析顯示，少數說謊者（約百分之九）不成比例地說了大部分謊言（百分之二十六）。此外，這些說謊者中的每個人平均每天大約說了五次謊。

在我們的研究中，我們最近才對離群值有了興趣。我們想要了解那些比一般人更常說謊的人，所以我們開始追蹤那些大騙子。每天在大部分社交互動中行騙的人是誰？區分大騙子和普羅大眾的東西是什麼？他們是如何成為大騙子的？他們的不老實如何影響他們自己和周圍的人？最後，如果這些大騙子出現在我們的生活中，我們該怎麼辦？

在謊言的問題上，我們發現在研究和統計的世界中，它是一個正偏態分布（positively

skewed distribution）。大多數人很少說謊，但有一小部分人經常說謊。美國的家庭收入也依循這種正偏態分布，最高的百分之十的家庭收入占了百分之三十以上的總收入。如果你查看圖1-1，你會看到在二〇一四年，大多數家庭的年收入都低於二十萬六千六百美元；但有一小部分的收入明顯更高，圖表中最右側的那些家庭是離群值。

我們也可以在有關謊言的研究中看到正偏態分布。舉例來說，我們可以檢視一項研究的數據，在該研究中，研究人員錄下人們與陌生人的十分鐘對話，然後計算他們說了多少次謊（R. S. Feldman et al., 2002）。平均來看，人們在短暫的對話中說了兩次謊。然而，對數據的重新分析顯示了一個正偏態——百分之四十一的人全無謊言，另外百分之十九的人只說了一次謊言（Serota et al., 2010）。因此，大多數人要嘛完全誠實，要嘛幾乎不說謊；一小部分參與者（百分之二十六）說了百分之七十二的謊言。而最會說謊的人，在僅僅十分鐘內就說了十二次謊！

離群值，也就是比其他人說更多謊的人，在研究中更是突出，這些研究計算了人們在過去二十四小時內說了多少謊。在這些研究之一中（Serota et al., 2010），百分之六十的人稱他們在前一天完全沒說謊（見圖1-2），另有百分之十五的人稱只說了一次謊。因此再次證明，大多數人似乎都很誠實——然而，一個小群體（百分之五）竟說了全部謊言的百分之五十！如果我們在該群體中尋找前百分之一的說謊者會怎麼樣呢？這些人在不誠實方面可是頂

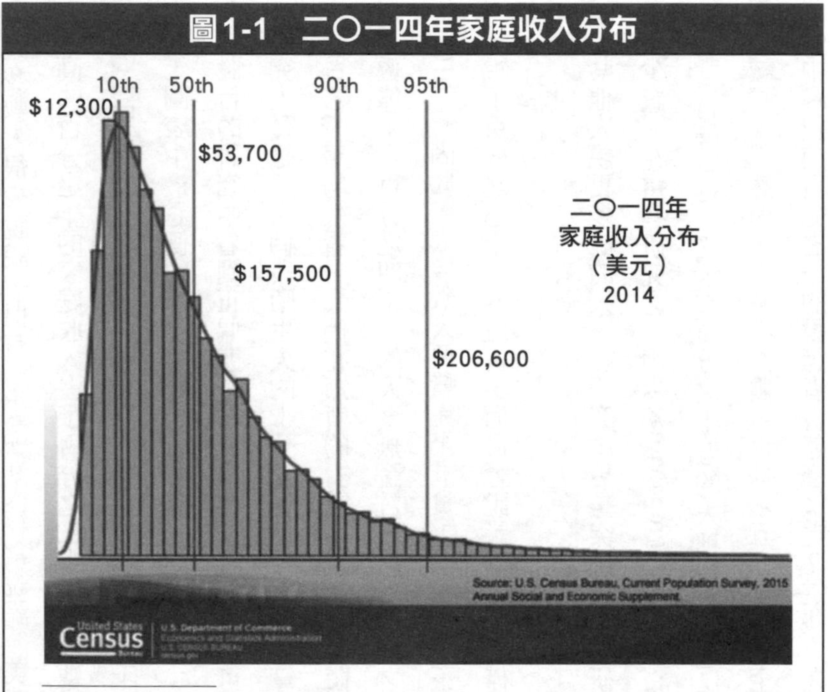

圖1-1 二〇一四年家庭收入分布

註：引自美國人口普查局年度社會和經濟補助二〇一五年人口調查。資料屬於公版權。

圖1-2　每日說謊分布情形

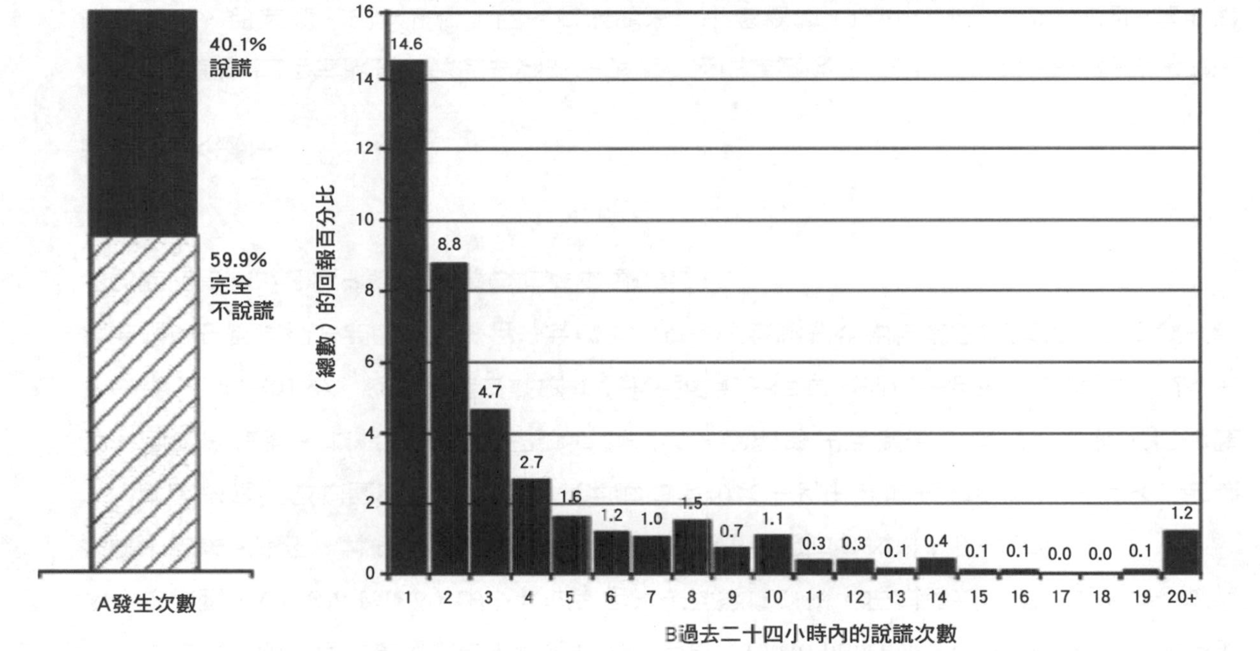

註：來自“The Prevalence of Lying in America: Three Studies of Self-Reported Lies,” by K. B. Serota, T. R. Levine, and F. J. Boster, 2010, *Human Communications Research*, 36(1), p. 9 (https://doi.org/10.1111/j.1468-2958.2009.01366.x). Copyright 2010 by Oxford University Press. 經許可轉印。

尖的。那些頂尖的說謊者稱，他們每天說超過二十次謊；而該組中最愛說謊的人稱，自己在一天之內說了高達五十三次的謊，不愧是大騙子！

這種正偏態的謊言模式依循所謂的柏拉圖原理（Pareto principle）（Pareto, 1896）。維佛雷多・柏拉圖（Vilfredo Pareto）是十九世紀的義大利經濟學家。柏拉圖注意到，許多分布模式依循一種冪次法則，其中大約百分之八十的實例是由大約百分之二十的人所致。

舉例來說，柏拉圖注意到當時義大利有百分之八十的土地是由百分之二十的人口所擁有。同理，研究人員發現美國大約有百分之八十的刑事定罪僅與百分之二十的人口有關（Caspi et al., 2016）。於是我們以教授身分大膽猜測，有百分之二十的學生要為百分之八十聲稱說家中狗狗吃了他們的作業的事件負責。看來，欺騙也往往依循柏拉圖原理，少數人要為我們周遭世界中的大部分不誠實行為負起責任。

辨別出大騙子

在我們自己的研究中，我們也發現了說謊者的正偏態分布。在一項研究中，參與者每天平均說二・四個謊，但其中有一個人每天說了二十個謊言（Hart et al., 2019）。除了計算每天的說謊量，我們也計算了人們每週說謊的次數，因為相較於一天，一週內的說謊行為分布更為穩定（Serota et al., 2021）。在一項研究中，參與者稱每週平均說五個謊言；但有一小群人說了更多的謊：前百分之十的說謊者說了超過一半的謊言，有一人每週說謊一百次（Hart, Curtis, & Randell, 2023）。在我們進行的類似研究中（Hart et al., 2021），人們平均每週說十三個謊，但有少數人表示他們每週說了超過一百個謊。這項研究告訴了我們一個與說謊相關的重要發現——在美國社會中，大多數的說謊行為，是由一小群大騙子所為。

大騙子並非任何一個文化所獨有：各種文化群體和世界各地都有他們的蹤跡。即使在狩獵採集部落中，說謊也是司空見慣，而且有些部落成員與其他人相比會更被認為是個大騙子。例如，哈札人（Hadza）是一群大約三百名居住在坦尚尼亞（Tanzania）北部內陸埃亞西湖（Lake Eyasi）周圍的遊牧狩獵採集者，哈札男人狩獵長頸鹿和斑馬，而女人則尋找塊根和漿果（Marlowe, 2010）；人類學家發現，哈札人可以展現公然的自私不誠實行為（Apicella, 2018）——哈札人可以輕易地將他們村落中的人從最老實到最不老實進行排名（K. M. Smith & Apicella, 2020）。事實證明，哈札人也有大騙子。

這是我們的起點。我們討論一般的說謊，但我們也更確切地研究大騙子。我們有興趣研究不誠實世界中的離群值——那些比其他人說更多的謊，或以他們的謊言造成浩劫的人。我們正在追蹤的那些人，使一般人看來像真正的誠實的亞伯（Honest Abe，林肯的綽號）。那麼，我們是如何區分哪些屬於精英說謊者的群體，以及哪些只是典型的、撒點普通小謊的人呢？如果你曾在小時候去過遊樂園，你可能記得一個標誌，上面寫著：「你必須有**這麼**高才能玩」，還有一條線表示所需的高度。有些證據顯示，多產說謊者每天講大約五次或更多的謊，而且占人口的大約百分之五（Haley et al., 2014; Serota & Levine, 2015; Serota et al., 2021）。在我們的研究中，我們也發現前百分之五的說謊者每天說大約五次謊。此外，當我們問人們每天需要說多少謊，才會構成問題時，典型的回答是五次。因此，每天五次或更多的謊言，或前百分之五的人口，可能是識別大騙子的良好標準。雖然這些中止值有助識別出經常撒謊的大騙子，但也要記住，仍有一些大騙子雖然說謊次數較少，卻會說出顯然造成更大問題的謊言。為了識別出他們，我們需要看看他們的謊言造成的重大混亂。在本書中，我們按照之前提出的定義得知：大騙子是說謊過度，或說出漫天大謊的人。

大騙子的人格特質

如果我們想要識別或甚至避開大騙子，了解對象是誰是很有幫助的。有許多個人特質（personal traits）和情境因素（situational factors）與說謊有持續的關聯。而不出所料，大騙子比一般人更具備這些特徵。在這一節中，我們將解釋這些特徵是什麼。

年紀

當憶及童年的謊言，有人會想起：「我朋友說他爸爸在早餐吃雞蛋配啤酒，然後連續尿了三個小時」（Spohr, 2018）。孩子們的不誠實惡名昭彰，所以年少在一定程度上能被看作是大騙子的特徵，可能不會令人感到意外。在總人口中最多產的成年說謊者往往是年輕人（Serota & Levine, 2015）。這一發現並不令人驚訝，因為說謊在青少年時期的末期達到高峰，然後逐漸在成年後減少（Debey et al., 2015; Gerlach et al., 2019; Glätzle-Rützler & Lergetporer, 2015）。在我們自己的研究中，我們也發現說謊最多的人往往比其他參與者小好幾歲（Hart et al., 2021; Hart et al., 2023）。

性別

我們也探索了性別是否與成為大騙子的傾向有關。在許多行為和心智歷程中，如侵略性、性向、認知能力和心理健康上，都存在著一致的性別差異。但談到說謊，研究卻相互矛盾，有些顯示出明顯的性別差異，而另一些則沒有這樣的差異。將這些研究放在一起時，男性似乎稍微比女性更不誠實——只有百分之四的差異（Gerlach et al., 2019）。男性和女性也傾向說不同類型的謊言，男性比女性更傾向說有利於自己的謊言，女性則更善於說出有利於讓其他人感覺更好，或以加強關係為目的的利他型謊言（DePaulo et al., 1996; Erat & Gneezy,

2012; R. S. Feldman et al., 2002）。至於大騙子，證據似乎非常明確，男性比女性更有可能成為最多產的說謊者（Hart et al., 2021; Markowitz, 2021; Serota & Levine, 2015）。

智力

有些人認為，智力可能使某人成為更厲害的說謊者。想像一下，如果亞伯特・愛因斯坦（Albert Einstein）將他無邊無際的認知資源投入在說謊，而非相對論。目前尚未觀察到大騙子和智力之間有明顯的關聯，但有些研究人員倒是發現了更高的智力和說謊之間的關聯（Sarzyńskaa et al., 2017），而有些則得出結論，認為認知能力較低的人是最常說謊的人（Littrell et al., 2021）。我們認為，大騙子是否比不常說謊的人更聰明尚無定論，也許智力較高的人比智力較低的人更能說出令人信服的謊言，但是並沒有確鑿的證據證明，他們利用了那種能力。

對於說謊的態度

想知道誰是大騙子的另一個方法是檢視人們對於說謊的態度。如果人們認為說謊是不道德的，我們應該能預期他們保持誠實；但如果他們對說謊沒有絲毫不安呢？人們對欺騙的態度相當多樣，有些人認為說謊大錯特錯，另一些人則認為完全沒問題（Oliveira & Levine,

2008）。不出所料，我們發現最常說謊的人在道德上往往比那些較少說謊的人更能接受說謊（Hart et al., 2019）。大多數人都有著把自己視為善良且有盡到道德義務的需求，因此他們大多是誠實的（Ariely, 2012）。當人們背離自己的道德原則時，他們會感到內疚。而那些不受罪惡感困擾的人則傾向說更多的謊（Ashton & Lee, 2007, 2009; T. R. Cohen et al., 2012）。注意人們對不誠實的道德態度，有助你辨識出大騙了。

宗教信仰

稍微相關的是，我們研究了宗教信仰和態度是否與一個人的說謊傾向一致。在基督教、伊斯蘭教、猶太教、佛教和印度教，以及大多數其他宗教信仰體系中，都不鼓勵不誠實（Zagorin, 1996）。如果宗教信徒認為誠實對他們的信仰體系很重要，那麼不言而喻，對宗教較虔誠的人不太可能成為大騙子。

一些研究發現，擁有較強烈宗教信仰的人在道德上反對說謊，比信仰沒那麼堅定的人更少說謊；但是另一些研究則未發現宗教信仰和不誠實之間的關聯（Childs, 2013; Kramer & Shariff, 2016; Oliveira & Levine, 2008; Shalvi & Leiser, 2013）。為了解決這一爭議，我們最近完成了一項大型研究，其中我們用幾種不同的方式衡量了宗教信仰和說謊（Cox et al., 2022）。有個明確的發現是，一個人的宗教信仰愈強烈，他們對說謊的態度就愈負面。他們認為說謊是錯誤的。然而，我們發現無論有無宗教信仰，說謊的次數似乎都一樣多。

關係類型

說謊發生在各種關係中，包括親子、戀愛、友誼、職場等等，而一個人的關係型式與他們的說謊模式有關。關係類型（relationship style），有時也被稱為**依附類型**（attachment styles），可以透過觀察一個人如何與別人建立連結或關係來了解（e.g., Ainsworth & Bowlby, 1991）。有些人認為別人安全可靠且熱情，因此他們可以放心地卸下防備，向別人展現自己脆弱的一面，這些人被稱為**安全型依附**（securely attached）；有些人在心理上是獨立的，往往對別人反應冷淡或情緒失能，這些人則是**逃避型依附**（avoidant attachment）；還有些人擔心被拋棄，需要慰藉，而且對他人的批判非常敏感，這些人是**焦慮型依附**（anxiously attached）。與安全型依附的人相比，焦慮和逃避型依附的人在戀愛關係、友誼和與陌生人交流中往往更常說謊（Cole, 2001; Ennis et al., 2008）。逃避型和焦慮型依附的人使用不誠實來管理和調整社交關係：逃避型的人傾向與人保持一定距離，而焦慮型的人則試圖避免遭到負面批判。因此，了解一個人如何處理關係，有助你識別出誰可能是大騙子。

自尊心

在某匿名的線上論壇中討論謊言時，有人寫道：

> 我有問題。我成天都被困擾著。我整個人生是一場謊言。我對我的父母、我的另一半、我最親密的朋友和陌生人都說了謊。我的一切都是我捏造出來的，而且我無法回頭，因為那些謊言現在就是我的人生。我生活中的每個人都認為我很完美，但事實恰恰相反。我在很大的事情上說了謊。我在我的成就上說了最多的謊，大家都認為我很成功，事實上我一點也不……我的謊言都跟我的形象相關……它們只是為了滿足我個人的自尊心。

我們稱之為艾美的一名女性，在高中時期開始注意到自己大量的說謊行為（Whyte, 2017）。舉例來說，她對人們胡謅她的性經驗：「我捏造了一切。我捏造了名字和這個虛構人物的所有事情，嗯，那個人實際上不存在。」艾美解釋：「這並非說謊的快感，而是因說謊而被人關注的事實所帶來的快感。」結果，艾美每天會說二十到三十個謊言。「我嘴裡吐出的每句話幾乎都是謊言。」她說道。她的謊言是由她低落的自尊心所驅使的。「背後的目的全是為了自我滿足，以及讓我對我自己感覺更良好，」她表示。「我相信如果我說謊，我會被當成某個比我實際上更好的人。」

人騙子往往自尊心低。自尊心低的人認為自己資質不佳，並偏向將自己視為失敗者（Rosenberg, 1965）。另一方面，自尊心高的人對自己有更滿意且正面的看法。像艾美一樣，自尊心低的人有時會向世界展現他們的加強版，或可能隱藏他們的缺點，避免他們在世人眼中的評價更加下跌（J. E. Grant et al., 2019; Hart et al., 2019）。

黑暗特質

戴夫是一名三十多歲的英俊男子，正在改善他的第三段婚姻。他剛進入一家成長快速的企業，還受到了一名被聘來協助公司組織變革的心理學家的關注（參見Babiak, 1995）。戴夫的經理指出，他經常擾亂秩序且令人不快。雖然戴夫以他的聰明才智和幹勁讓所有人留下深刻印象，但他的老闆很快就注意到戴夫抄襲別人的作品，將之當成自己的成果。

戴夫面對質疑時，對那些關切置之不理，認為無謂的重複浪費他的時間和才能。戴夫編織謊言逃避開會、利用別人、從他覺得無聊或不屑一顧的專案抽身，或將責任推給別人。在戴夫到職後僅僅幾個月的時間裡，他的同事們意識到他一直很不老實，他們形容他為冒牌貨，但又不敢拆穿他的謊言。心理學家進行訪談時，戴夫表現出表面上魅力又自負的態度，他自認是公司的重要人物，似乎不在意同事對他的印象，還將他們視為微不足道的物品。而當戴夫被問到如何在工作中獲得所需時，他不帶情緒地說：「我撒謊」（Babiak, 1995: 180）。

像戴夫這種人冷酷無情又從不間斷地利用謊言來操縱和迫害他人。還有一些更惡名昭彰的例子，如連環殺手泰德．邦迪（Ted Bundy）和詐騙犯伯納．馬多夫（Bernie Madoff）。他們的人格有何特質，使他們輕易利用詐欺占人便宜呢？有一組稱為**黑暗三角**（dark triad）的人格特質，通常與自私的性格有關（Paulhus & Williams, 2002）。黑暗特質的第一個是**馬基維利主義**（Machiavellianism），這是一種冷漠、自私地操縱他人的傾向。具有馬基維利主義人格的人具有投機取巧的性格，對常規道德的忠誠度很低，他們往往將他人視為可以用來達到自己目標的工具。接下來是**自戀情結**（narcissism），這是一種過分誇大自我和對讚美的需求，常常結合一種自認優越和對他人需求的漠視。自戀者常常只顧自己和自吹自擂，似乎在大多數職場中都有一個這樣的人。最後，**精神病態**（psychopathy），這是一種反社會行為的傾向，通常結合缺乏同情心或罪惡感。高精神病態傾向者冷漠且經常衝動地侵犯他人的權利，頻繁地參與犯罪行為。在他們的核心，黑暗三角特質都是自私自利、同理心不足。黑暗三角特質全都與說謊過度和其他不誠實行為相關（Flexon et al., 2016; Halevy et al., 2014; Hart et al., 2019; Zvi & Elaad, 2018）。如果你與擁有黑暗三角特質的人互動，你可能會注意到他們使用詐騙和其他反社會的做法達到目的。

憐憫與同理心

與高度表現出黑暗三角特質的人相比，我們可能會認定具備同理心和憐憫心的人很少說謊。然而，同理的憐憫之心與說謊之間的關係，取決於我們所觀察的謊言類型。憐憫會增加利他型的謊言（Lupoli et al., 2017）——富有同情心的人會受到減少傷害的驅使，這種願望導致他們為了避免傷害感情、減少擔憂等等，而說出利他型的謊言。舉例來說，如果一位富有同情心的家長注意到孩子因缺乏音樂才華而沮喪，家長可能會傾向說出利他型的謊言：「我覺得你是我聽過的最好的音樂人之一！」相比之下，憐憫減少了自私的謊言。那些深切關懷周遭人群的人不太可能以不誠實的做法佔人便宜。同樣地，同理心減少了自私的謊言，但同時也增加了利他型的謊言（Pierce & Thompson, 2021; Xu et al., 2019）。

做作

另一個人格特質，做作（histrionicism），也與說謊有關。做作型的人傾向以戲劇化、博取關注的方式呈現自己（Renner et al., 2008），他們經常在社交場合公開地表現出調情或戲劇化的行為。他們的戲劇化風格往往是為了吸引人們對他們的注意。他們可能表現得過分情緒化、親密或挑釁，若他人無法保證他們是注意力的中心時，他們便會覺得沮喪。我們發現，那些做作型特質高的人更容易成為大騙子（Weaver & Hart, 2022）。這可能是因為不誠實只是這些人試圖吸引所有注意力的一種方法。

人格特質

在我們對成為大騙子相關的人格特質的最終分析中，我們檢視了所謂的**五大**人格特質（Big Five personality traits）（Costa & McCrae, 1992）。五大人格特質是公認最能解釋大部分人的性格差異的人格維度。**開放型**（Openness to experience）是指擁有開放思想、好奇和冒險的傾向。**盡責型**（Conscientiousness）是指有組織、可靠和勤奮的傾向。**外向型**（Extraversion）是指具有社交、外向和充滿活力的性格。**親和型**（Agreeableness）是指有溫暖、友好、助人和機智的傾向。最後，**神經質型**（Neuroticism）是指情緒不穩定、易怒和消極的傾向。我們發現了細微的結果，與特定類型的謊言相對應的是某些人格特質。開放型、盡責型、外向型和親和型較不會說利己型的謊言，而神經質型則較常說利己型的謊言；盡責型高的人較不會說利他型的謊言；最後，親和型高的人較不會說報復型的謊言。把五大人格特質考慮進來時，每一種謊言似乎都與略有不同的人格特質相關。

整體而言，我們認為有充分的證據顯示，大騙子往往具有一組特定的人口統計上和人格上的共通點。以說謊率較高相對應的特質，應該可以預測一個人是否為大騙子。如果我們能夠留心生活中具有這些特質的人，尤其是如果我們能夠注意到當人們展現了數種這類特質時，我們或許能在成為謊言受害者之前識別出大騙子。

情境因素

雖然知道一個人及其潛藏的人格特質有助理解說謊的傾向，但我們也該認真考慮情境因素。我們大多數人可能都曾處於這樣的情境中，覺得說謊是最好的選擇，以免傷害某人的感情，幫助朋友擺脫困境，或避免其他災難性的後果。即使是最誠實的人，如果情境變項剛好如此，也可能會受到說謊的誘惑。心理學家寇特·勒文（Kurt Lewin, 1936）提供了一個旨在解釋人類行為的方程式，記作$B = f(PE)$，即行為（B）是人（P）和環境（E）的函數（f）。可以將這個方程式理解為一個解釋所有人類行為的系統。它指出，我們無法僅僅透過了解人格特質就知道一個人的說謊傾向，我們還必須考慮到該人所處的情境，以及所有影響他們的力量。一個極其誠實的人可能會在某種情境下開始說謊，因為這樣可以挽救某人的生命，而一個極其不誠實的人，在以誠實的手段就能輕易達到目的的情境中，則可能會停止說謊。事實證明，人們不是隨意說謊的。更確切來說，他們是在被情境變項激發時才說謊（Hart, 2022; T. R. Levine et al., 2016）。

必須存在著說謊的誘因，無論是為了獲得期望的結果，或是避免不利的後果（Bond et

al., 2013; Gerlach et al., 2019; T. R. Levine, 2020）。談到說謊時，情境可能比個人特徵更有預測某人何時說謊或說真話的威力（Vedantam, 2018）。那麼，什麼類型的情境容易與成為大騙子有關呢？一個顯而易見的情況是，當人們違反他人的規則與期望時——無論是孩子不聽話、配偶不忠，或是員工侵占公款，有受到嚴厲懲罰風險的人往往會說謊。或是如果擔心真相會傷害到他們關心的其他人，人們也會說謊。人們會用說謊來保護他們所關心的人，如配偶和朋友的感受（DePaulo & Kashy, 1998; R. E. Turner et al.,1975）。更廣泛來看，當真相會導致其他人以他們想避免的方式反應時，人們會傾向說謊。然而，如果人們的不誠實行為一定會被發現和懲罰，他們就不會說謊。人們在感覺有把握能欺騙成功，僥倖逃脫時就會說謊（Fellner et al., 2013; Lundquist et al., 2009; Markowitz & Levine, 2021）。有趣的是，匿名或甚至有匿名感，會提升說謊的可能性。在一項研究中，與處於明亮房間的人相比，身處昏暗房間的人顯然更有可能為了獲得更多的獎金而說謊，即使房間的亮度對匿名毫無影響（Zhong et al., 2010）。

我們是否誠實也受到我們周遭的影響。如果人們覺得說謊是社會認可的，他們會更容易說謊。例如，如果我們看到人們與我們認同的人（稱為內團體成員〔ingroup members〕）說謊，我們會更願意說謊。甚至看到來自同一所學校或同一天生日的人說謊，都足以影響人們進行欺騙（Ariely, 2012; Gino & Galinsky, 2012）。如果人們與經常說謊的人交往，他們也有可能變得常說謊（Mann et al., 2014）。物以類聚，甚至在不誠實方面也是如此。此外，人們在團體中會變得比獨自一人還不誠實（T. R. Cohen et al., 2009; Kocher et al., 2018）。似乎身處一個群體，可以讓人將不誠實的責難或道德責任分散到其他群體成員身上，使每個人感覺自己的罪責沒那麼大。

從普遍的文化層面來看待說謊，我們可以發現，不誠實在某些文化中比在其他文化中更為根深蒂固（參見J. A. Barnes，一九九四年的評論）。舉例來說，一項研究發現，全球各地的人們大多是誠實的，但瑞士、挪威和荷蘭的公民比祕魯、摩洛哥和中國的人更誠實（Cohn et al., 2019）。不太可能是來自某個地區的人天生就比另一個地區的人更誠實或更不誠實，更有可能的是，某些國家只是擁有能促進或減少不誠實動機的社會或文化結構。在二十三個不同國家的人們的研究顯示，每個國家的不誠實程度與該國內部發生的制度化違規行為的程度有關，例如政府腐敗、選舉舞弊和逃稅（Gächter & Schulz, 2016）。在違規行為氾濫的國家，人們在實驗環境中更有可能為了經濟利益而說謊。看來人們會根據他們所處的情境調整他們的誠實或欺騙程度，被不誠實行為圍繞的人自己也往往不誠實。

另一個與頻繁說謊有關的情境特徵是道德提醒和道德承諾的存在。道德提醒和道德承諾可以以要求人們簽署榮譽守則（honor codes）的形式呈現（Mazar et al., 2008）。透過簽署榮譽守則（通常在學校或職場），人們同意不從事不誠實的行為。簽署榮譽守則的人明顯比未簽署的人少說謊。在一項與道德提醒的相關研究中，研究人員要求參與者坐在鏡子前，這個構想是，看到自己就是道德提醒，特別是看到自己的不當行為，對一個人的道德缺陷會是無法避免的提醒。而坐在鏡子前的人比不坐在鏡子前的人更誠實。然而，並非所有的道德提醒都是有效的，研究者發現，讓人們反思《聖經》中的十誡，對說謊沒有明顯的影響（Verschuere et al., 2018）。

人們的道德水準並不是穩定的，而是在早晨時比較高，然後在一天中逐漸消退。有趣的是，人們在清晨時分往往表現得更為誠實，但隨著下午來臨，不誠實的行為卻有逐漸增加的趨勢（Kouchaki & Smith, 2014）。與睡眠剝奪有類似的效果——睡眠被剝奪的人說更多的謊（C. M. Barnes et al., 2011）。此外，我們可以透過用勞心費神的電腦任務讓人精疲力竭，來引發道德解離（moral disengagement）；人一旦疲累，就會說更多的謊（Gino et al., 2011）。這些研究都告訴我們，在減少道德參與（moral engagement）的情況下，可能會讓大騙子說更多的謊。但從另一個角度來看，如果我們能增加他們的道德參與，就會降低人們對我們說謊的可能性。

讓我們考慮一個最後影響說謊的情境變項。我們都可以證實，與一個愉快的人互動可以讓你的一天變得明亮，而與一個惱人的人互動則可能會毀了你的一天。這些情境變項對決定人們在社交情境中的誠實與否非常重要。在一項設計巧妙的研究中，研究人員對參與者寫的論文發出尖酸刻薄的假回饋（Yip & Schweitzer, 2016）。不久之後，那些沮喪的人被置於一個他們可以選擇說謊或說實話的情境中，而那些沮喪的人更有可能說謊。在另一項研究中，研究人員發現方向相反的同一種效應。那些被別人逗樂和感激之後的人，比沒有這些經歷的人更願意誠實（DeSteno et al., 2019）。看來感受到威脅或攻擊，會讓人們更頻繁地說謊（Tangney et al., 2007; Yip & Schweitzer, 2016）。

我們希望已經成功說明，大騙子並非總是天生不誠實的。相反，大騙子似乎是他們先天性格與所處環境和情境的產物。如果我們想要識別出我們生活中的大騙子，應該要兩者都當心。

說謊的理論

研究詐騙的人員已經發現大量的資訊，能了解常說謊的人有何特點，以及他們最有可能說謊的情境類型。這些資訊讓我們能一點一滴認識大騙子是何許人，以及構成他們不誠實行為的可能因素。當我們將所有資訊彙整在一起時，理論的觀點開始浮現，我們可以開始梳理亂糟糟的資料，並識別出一組常見於說謊者的清晰特徵，打造出一個說謊者的理論。

說謊者有相似的說謊原因，即誠實地表達似乎與他們的目標相衝突。在他們看來，開誠布公會引發令人不快的結果。對容易說謊的人來說，誠實阻礙了目標的追求，因此隱藏真相似乎更具吸引力。此外，說謊者相信他們騙人後可以僥倖逃脫，除非人們認為被逮到的後果相對輕微，否則他們不會在認為會被逮到的情況下說謊。因此，說謊者評估說謊的風險時，會包括被逮到的可能性和後果，以及謊言可能產生的其他負面後果。最後，我們也能發現，人們在不同程度上需要維護自我形象；許多人想維持他們身為正直好人的形象（Cressey, 1953; Frank, 1987; Mazar et al., 2008）。大多數人會因為有違自己的道德原則而避免大量地說謊，但輕易說謊的人較不掛念道德問題，或者他們發現在道德上為自己的不誠實行為辯解很容易。從這些結論中，我們建構了一個稱為**說謊和不誠實的三元論**（the tripartite theory of lying and dishonesty）的說謊理論，它圍繞著三個標準（Hart, 2022）。第一個是說謊的知覺效用（the perceived utility of lying）。

說謊的預期效用（The Expected Utility of Lying，U）

效用（Utility），一個來自經濟學領域的概念，是指從某事中獲得的滿足感。當人們認為說謊會產生一些令人滿意的結果或效用時，他們就會說謊。當他們發現不誠實能讓他們獲得誠實所無法帶來的理想結果時，他們就會表現得不誠實。當人們違反了規則，說謊可以讓他們逃過懲罰；當他們找到一個可獲得非法利益的機會時，說謊可能有助他們不被發現。說謊的效用也可能源於避開那些更具威脅和力量的人所造成的危險。但人們也會出於更高尚的理由而說謊，例如為了不讓所愛的人受傷。然而，當說謊者發現有機會獲得誠實無法產生的理想結果時，謊言就會出現。在大多數情況下，當真相會導致人們以他們想避免的方式來思考、感受或反應時，人們就會傾向說謊。

說謊的預期外部負效用（The Expected External Disutility of Lying，ED）

負效用（Disutility）或反效用（negative utility），是一個某事會產生不滿意結果的概念。當人們預期說謊的負效用較低時，他們就會說謊。換句話說，當他們認為他們的不誠實行為不會被發現，或者後果是可以承受時，他們就容易表現出不誠實行為。如果人們的不誠實行為很可能被發現並受到嚴厲懲罰，他們就不會說謊。簡而言之，人們會考慮不誠實的可能惡果。

說謊的預期內部負效用（The Expected Internal Disutility of Lying，ID）

內部負效用是本質上對某事的厭惡。人們可以概念化一個他們覺得滿意的更高道德領域。人們通常會表現出道德行為（誠實），以感受到身處那個更高道德領域的滿足感；同樣地，人們通常會避免不誠實，因為它會導致道德上的不滿或自我感的貶低。當我們注意到我們正在表現出不道德的行為時，我們大多數人會感受到羞恥、罪惡和遺憾的重擔。我們對說謊本身有一種道德厭惡。

然而，人們擁有卓越的能力以道德為他們的不誠實行為辯護。他們設法說服自己他們是為了更大的利益在說謊（「我的謊言將阻止許多壞事發生」）；他們貶低他們不誠實行為的目標（「那個人不值得知道真相，因為他對我一直都很壞」）；他們使用反事實來合理化他們的謊言（「如果其他人處於這種情況，他們也會做同樣的事情」）。另外，人們會以一種道德會計的形式為他們的不誠實行為辯護（「我整週都很誠實，所以現在說點小謊沒那麼糟」）。

總而言之，說謊和不誠實的三元論（見圖1-3）預測了人們何時會說謊，以及何時他們會避免說謊。本質上，如果我們可以理解人們何時看到說謊的效用、何時察覺到外部的負效用，以及何時預期會感受到內部的負效用，我們就能預測人們在哪種情況會不誠實。舉例來說，想像一名無法為重病的孩子負擔昂貴醫療費用的母親——再想像，如果她在一份表格上謊稱擁有醫療保險，醫生就會提供治療——我們可以理解那名母親可能會看到說謊的強大效用。再進一步想像她知道那名醫生非常有同情心，如果謊言被拆穿，他應該不會報警。在這種情況下，這位母親可能正確地察覺到說謊的外部負效用較低。假設醫生一邊對母親說：「我知道很多人負擔不起這種治療，只能在保險表格上說謊，我認為這樣做不是壞事。」來

圖1-3 說謊和不誠實三元理論

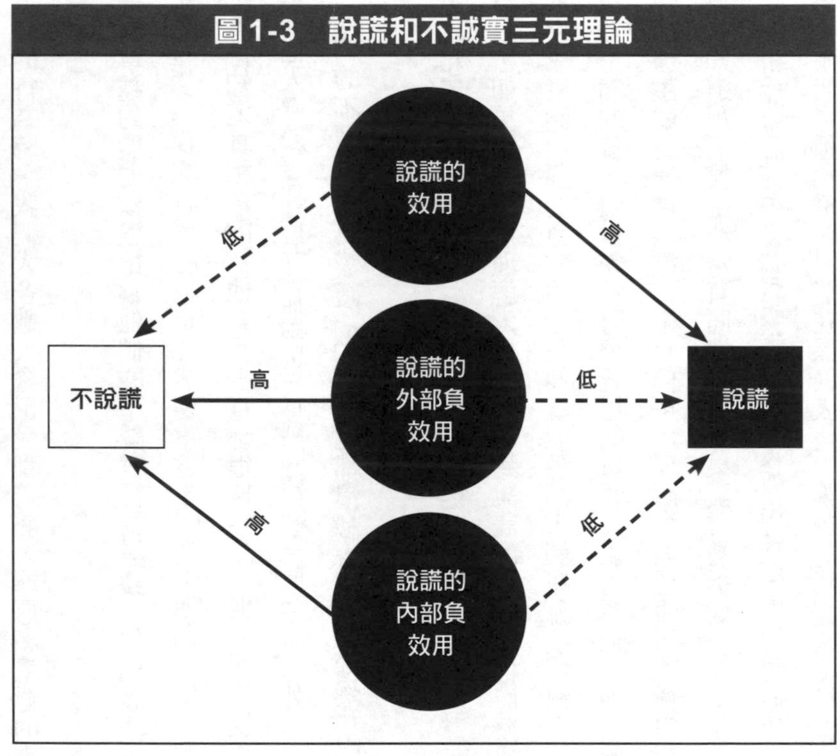

合理化說謊，一邊向她眨眼並遞給她一支筆時，我們可以推測母親現在會將說謊視為道德上可容許的。說謊和不誠實的三元論告訴我們，這種情況下的母親較可能說謊；而若孩子病得沒那麼重，說謊被拆穿的後果很嚴重，以及醫生提到絕對誠實的重要性時，母親就不太會說謊。該理論讓我們知道，誰會傾向誠實，誰會傾向說謊。

大騙子的理論

說謊和不誠實的三元論除了處理我們預期人們會說謊的情境，也預測了誰可能會成為大騙子。大騙子就是那些經常符合三項標準的人，也就是說，大騙子是那些一直看到說謊的效用或好處，一直認為被抓到的可能性和後果是可以容忍的，而且一直認為說謊在道德或倫理上是允許的人。以這個理論的觀點，我們可以將大騙子分為三個元素。

第一個標準是大騙子看到說謊有某種好處。他們一直盤算著，如果他們很誠實，其他人的反應會令他們不快。那麼，這些大騙子是誰呢？首先，他們是那些經常做壞事卻不想被抓到且受罰的人。小偷很可能會經常說謊掩蓋他們的蹤跡；間諜持同樣的理由需要經常說謊；孩子遇到難以取悅的父母，可能會說謊隱瞞違反規定的行為。重要的是，有事情要隱藏的人並不全是壞人。在不寬容的家庭中長大的同志孩子可能會說謊，隱瞞他們的性取向，以避免父母過分嚴厲的對待。極度需要認可的人可能會說謊，以獲得他們渴望得到的認可。感覺自己資格不夠的人可能會說謊，只為了讓自己看起來沒那麼差。擔心被嫌無聊的人可能會說謊，只為了讓自己看起來更有趣。懶惰的人可能會說謊，只為了讓自己看起來更有生產力。自尊心低的人可能會頻繁說謊。大騙子也可以是那些不斷擔心他們的誠實會傷害他人的人。他們可能經常說謊，因為他們不想傷害別人的感情，或是他們想在某人顯得脆弱時提升他的自尊心。在所有情況下，說謊者撒謊都是為了避免不想要的結果。

根據第二個標準，大騙子始終認為被抓到的風險是可以容忍的。風險是機率和後果的函數。任何時候有人說謊，都存在他們的謊言會被揭發的機率，他們被抓到的話，必須面臨後果。大騙子常將被抓到的機率視為可接受的，或者他們評估被發現的後果為可接受的（至少與誠實的後果相比）。大騙子認為他們有個可行的謊言，可以合理替代真相。那這些人是誰呢？當然是那些有自信能僥倖逃脫的人，還有感覺自己擅長欺騙的人，可能會說更多謊。大騙子也會相信被發現的後果是可以忍受的，他們可能會低估被抓到說謊的負面結果，他們也可能認為其他人能夠容忍說謊。我們已經見識過，例如某些文化，比其他文化更能容忍說謊。他們也可能更願意承擔風險，反之厭惡風險的人可能不太願意以說謊賭一把。另外，我們可能會預期短視近利的人比眼光遠大的人更常說謊。在當下，說謊往往比誠實更有吸引力，但如果幾天後謊言被揭穿，後果可能會很嚴重。最後，如果謊言被揭穿，不太可能遭受嚴重後果的人可能會更常說謊；沒什麼可失去的人也可能更容易說謊。

第三個標準是，大騙子會將謊言視為一種在道德或倫理上可接受的誠實替代方案。我們可能會預期大騙子是來自於那些容忍說謊或認為說謊是道德上可接受的次文化。那些不考慮自己行為是否符合道德的人可能更常說謊。我們預期，精神病態者和馬基維利主義型的人，他們的道德體系較為寬鬆，應該會更常說謊。不重視合作和群體和諧的人應該會視說謊為較能接受的行為。

再者，那些相信其他人會對他們說謊，或以其他方式對待他們不公平的人，應該更容易互相說謊。從這個角度來看，我們預期那些感到被壓迫或道德上被侵犯的人會經常對壓迫他們的人說謊。

另外，我們可以預期大騙子會透過信仰系統，如公正世界信念（just-world beliefs，即善惡皆有報）或透過檢討受害者（即成為受害者是因為以某種方式導致自己被剝削）在道德和倫理上為他們的行為辯護。研究人員發現，容易內疚的人比不受那些感覺困擾的人還少說謊。我們預期大騙子將他們的謊言視為相對無害且理由充分。同樣地，我們預期同理心較低的人會說更多的反社會謊言，而同理心較高的人會更傾向說利他型的謊言。

這種說謊者的理論，以簡便的方式將人們何時以及為何不誠實的相關概念組織起來，當我們在本書中討論大騙子時，我們會提到此理論。說謊是由外部動機觸發，例如渴望得到無法單以誠實就能擁有的利益；以及由內部動機觸發，例如渴望將自己視為一個高風亮節的人。我們發現，大騙子有很大的動機遠離真相，利用欺騙實現他們的目標。

結論

我們介紹了說謊和大騙子的定義。我們詳細敘述了說謊的相關頻率，顯示大多數人在大多時候都是誠實的，但大騙子是統計上的離群值，他們的說謊次數遠超過其他人。我們描述了大騙子的特質和特徵，以及他們最有可能說謊的背景和情境。最後，我們提出了一個大騙子理論，該理論考量了他們的動力，讓我們準確預測誰會是我們生活中的大騙子。我們認為，大騙子是一群容易辨識的群體，他們會頻繁說出帶來重大後果的謊言，因此可以從一系列的個體和情境變項中預測出來。

在接下來的章節中，我們將檢視世界上各種大騙子的範例。我們會探討他們如何說謊，以及他們的謊言如何影響周遭的人。但首先，我們要仔細想想大騙子的發展。為什麼大多數人會發展成相對誠實的個體，而有些人卻成了大騙子？

第二章
從撒點小謊的幼童到滿口謊話的成人

我的六歲孩子告訴他的表演課老師，他的父母已經去世了，而且他在家自學。全部都是謊話。小孩都會這樣嗎？

——一個發表在育兒論壇上的問題

在FBI追蹤到十七歲的葛蘭．艾文．克拉克（Graham Ivan Clark）的時候，他被逮捕的這個事實，或許是他由來已久的兒時謊言，唯一看似真實的頂點（Popper et al., 2020）。他面臨了三十項重罪起訴，包括超過五萬美元的組織詐騙，而這只是年輕的葛蘭多年以欺騙手法，來利用進入他影響範圍的人所帶來的其中一些後果。在十歲時，葛蘭非常投入線上合作遊戲，在遊戲世界中，他因騙取其他玩家的金錢而出名。他答應販售線上遊戲的角色配件，但拿了錢就消失無蹤，沒有出貨。他聲稱擁有酷炫的用戶名，允諾出售給其他玩家，只是一收到款項他就會狡猾地消失。遊戲玩家們左思右想，不知為何會上當受騙。雖然葛蘭的雙面詐騙手法聽來像兒戲，但謊言讓他發財，葛蘭吹噓說，他在線上遊戲的詐騙每月為他賺得數千美元。

到了葛蘭十幾歲的時候，他進入了電腦駭客的世界。即使在那個充斥著許多邪惡分子的陰暗世界中，年輕的葛蘭也以騙子聞名。他最終因未如期付款給提供各種服務的人們，而被一個線上駭客論壇封鎖。

葛蘭的謊言和詭計持續到十五、十六歲，當時他對加密貨幣比特幣特別有興趣。在二〇一九年，十六歲的葛蘭涉嫌參與了一起事件，其中駭客從一名毫無戒心的投資者的帳戶中偷走近百萬美元的比特幣，據稱他隨後試圖向倒霉的受害者勒索更多的比特幣。葛蘭的謊言已成為營利活動的動力，雖然失業，但他卻能負擔得起自己的海濱公寓、一輛BMW和一支鑲有珠寶的勞力士手錶。葛蘭之前的計畫都未被執法機關察覺，直到他盜取近百萬美元的比特幣，引起了他們的注意。美國特勤局將目標瞄向他，追回了被偷的大部分比特幣並物歸原主。但有趣的是，由於葛蘭還是未成年人，因此當局並未起訴他。

真要說的話，與執法機關的接觸對他只產生了短暫的影響。在與特勤局的衝突後僅幾週，他便著手進行他迄今為止最大膽的詐騙犯罪。僅僅十七歲的葛蘭將他的駭客視野瞄準了推特（Twitter），他計畫竊取眾所周知的公眾人物帳號，然後利用這些帳號詐取比特幣。這場詐騙的核心是一個簡單的謊言，葛蘭聯繫了一名推特員工，說服對方說自己是資訊技術部門的一名同事，然後要對方提供登錄資訊，之後他便用來進入推特的電腦系統（Al Jazeera, 2020）。

一潛入推特的電腦系統，葛蘭就控制了一些高知名度人物的帳號，如喬・拜登（Joe Biden）、歐巴馬、伊隆・馬斯克（Elon Musk）、麥克・彭博（Mike Bloomberg）、亞馬遜創始人傑夫・貝佐斯（Jeff Bezos）、微軟創始人比爾・蓋茲（Bill Gates）和金・卡戴珊（Kim

Kardashian）。

詐騙計畫的各項條件備齊後，葛蘭執行了最後一個環節：他從他劫持的帳號發了推文。因此，這些推文看來就像是直接出自歐巴馬、馬斯克和其他備受矚目的人物。雖然每則推文都是量身訂做，讓人覺得出自正牌的帳號，但它們全都有共通的主題——鼓勵人們將比特幣發送到葛蘭擁有的匿名帳戶。來看看從億萬富翁比爾・蓋茲的推特帳號發送的一則推文範例：「大家都要求我回饋社會，現在是時候了。接下來的三十分鐘內，所有匯到我的BTC（比特幣）錢包地址的款項都會加倍奉還。你匯出一千美元，我會退給你兩千美元。」「哇！蓋茲先生的活動好大氣」。在接下來的幾個小時裡，許多容易受騙的人成了這場詐騙的受害者，在推特關閉該運作之前，他們已經匯給葛蘭的帳戶總計約十二萬美元的比特幣。

兩週後，葛蘭和他的兩名共犯出庭，並面臨一系列的重罪起訴。根據檢察官的說法，葛蘭是這次詐騙的主腦。儘管他年紀尚輕，檢察官仍然以成年人的身分起訴他，法官則設定了七十二萬五千美元的保釋金。保釋金之所以如此高，部分原因是葛蘭的身價超過三百萬美元，且這還不包括他從推特詐騙中得到的款項。在推特詐騙搞垮他之前，這名少年已經利用他持續不斷的謊言發了一筆小財。葛蘭最終被判處三年有期徒刑。

初始

回想葛蘭和其他像他這樣的孩子，人們不禁好奇他們是如何成為大騙子的。是否有一個特定的事件使他們開始走上長期說謊的道路，或者他們命中註定要頻繁說謊？或許不誠實已經寫進他們的基因，在出生時就根植他們的本性之中。難道所有的孩子一開始就是謊言家，但大多數人會長成誠實的成年人，只有少數人繼續欺騙？孩子們什麼時候從甜美真理的傳播者，變成了詭計多端的謊言家呢？在這一章中，我們將探討孩子們何時以及為什麼會涉足欺騙的世界。

嬰兒並非天生就具備說謊的能力。即使他們學會說話，大多數孩子在一段時間內仍相當誠實。然而，在早期認知發展的某一時刻，孩子們開始變得精通說謊。說謊的開始與新的認知能力發展有關，如同理心、觀點取替（perspective taking），以及意識到他人能持有不同信念。幼兒環境在一開始就決定一個人說謊的程度。在本章中，我們首先探討孩子們是如何以及為什麼開始說謊，然後再探討為什麼有些人會走上欺騙之路，成為大騙子。接著，我們會研究導致孩子們成為大騙子的因素，並探討一些大量說謊案例背後可能隱藏的精神疾病。

說謊發展的研究起源於一八四〇年代的查爾斯．達爾文（Charles Darwin）。達爾文對他的兒子伊拉斯謨（Erasmus）的發展進行了系統性的觀察，包括他的反射、情緒、道德、認知過程與語言。他還描述了他目睹年幼的伊拉斯謨在二歲八個月時首次說謊的情景：

> 我遇到他從同一間房間走出來，他盯著他仔細捲起來的圍兜；又看了一次。他的行為很古怪，所以我決定看看他的圍兜裡有什麼，儘管他說裡面什麼都沒有，還反覆命令我「走開」，然後我發現圍兜被醃黃瓜汁弄髒了，所以這是一個精心策畫的騙局。（Darwin, 1877: 292）

現代探討說謊發展的研究是一系列精心設計的釣魚方法（Lewis et al., 1989）。研究人員把一名兒童帶到實驗房間裡並安排他坐下，接著在兒童身後的一張桌子上，研究人員拆開一個玩具，但指示兒童不能轉身查看。然後研究人員說他們必須離開房間一分鐘，但他們提醒兒童不要轉身看玩具。不過兒童通常會無視大人的指示，轉過身來瞥一眼玩具。年幼的研究對象並不知道，整個過程都被錄影下來，以便研究人員客觀確認兒童在他們缺席時的行為。當研究人員最後回來時，他們問兒童：「你有偷看嗎？」此時，這名兒童必須決定要坦白違規行為，還是用謊言隱瞞他們的不當行為。

何時會開始說謊

孩子們來到這個世界時並不會說謊，雖然這是他們早期發展中出現的能力。他們首次涉足欺騙時往往笨拙且顯而易見：在一項使用上述的「不要偷看玩具」範例的研究中，所使用的玩具是來自電視節目《小博士邦尼》（*Barney*）的紫色恐龍；當問到一名兒童是否有偷看時，她撒謊說：「沒有。」她接著又說：「我沒有偷看，我有摸，感覺是紫色的。所以，我想那是邦尼」（K. Lee, 2013: 93）。在實驗室研究中，只有大約百分之三十的二歲孩子會說謊，但超過百分之五十的三歲孩子會說謊。到了四歲時，超過百分之七十的孩子會說謊，到了五歲及更大，說謊的比例穩定保持在略高於百分之八十。隨著他們說謊經驗的增加，他們會以高明的方式掩蓋謊言。年幼的孩子能精確模仿說實話的人的行為。例如說謊時，他們會故意保持眼神交流，就像誠實的孩子說實話那般（Talwar & Lee, 2002a）。所以，孩子們從二歲開始說謊，到了五歲時，大多數人似乎已經掌握到竅門。然而，就像成人一樣，並非所有孩子都以相同的比率說謊。有些人相對誠實，而有些人則是大騙子（Hall, 1890; Healy & Healy, 1915）。

因為大騙子是在童年時期出現，我們應該探討他們首次嘗試說謊的原因。我們可以看到他們開始說謊的原因和大多數成人相同：說謊有利於他們的自身利益（Ding et al., 2018）。

隨著孩子們靠說謊達到目的的情況愈來愈多，他們很快就會發現說謊是有效的。在一項研究中，研究人員與幼童玩了一個有獎勵的遊戲，但唯一的獲勝方式是說謊（Ding et al., 2018）。他們連續十天玩了該遊戲多次。在第一天玩的時候，孩子們只在百分之十二的試驗中說了謊。然而，在研究的第十天，孩子們有百分之八十四的時間都在說謊。看來反覆能獲利的說謊機會是幼童開始說謊的關鍵。從說謊和不誠實的三元論來看，我們可以說孩子們意識到說謊有一定的效用。他們初次說謊往往是為了逃避一些壞事的後果。但也如同成人，小孩說的謊並非都是為了避免負面後果或獲得不正當利益，他們也會為了避免傷感情而說謊（Talwar et al., 2007）。在大多數孩子到達七歲時，已經穩穩掌握為了保護他人自尊而竄改真相的技巧。到了那年紀，孩子們已經學會了欺騙的社會習俗。他們已經學會了當有人提供的餐點沒那麼好的時候，應該隱瞞這一餐欠佳的傷人真相，並說一些鼓勵的話，如：「太好吃了，我很喜歡！」事實上，沒有學會這種不誠實手法的孩子往往被認為是不成熟或無禮的。

以說謊獲取個人利益或逃避懲罰的孩子，也傾向說出利社會（prosocial）的謊言來表現禮貌或提供協助（Talwar et al., 2019）。隨著孩子們長大，他們容易說更多利社會的謊話，較少說利己的謊話。有趣的是，孩子們在一段時間內的說謊行為是一致的，那些在三歲時就有大騙子傾向的孩子，在六歲時仍會有大騙子傾向（Talwar et al., 2019）。然而，兒童時期的說謊有幾種不同的軌跡。有些孩子在年幼時以說自私的謊言為主，但在年長時轉向說較多利社會的謊言；有些孩子年幼時則不說利社會的謊言，但年長時會說。然而，也有些孩子在年幼時會說自私的謊言，並隨著年齡增長繼續說這樣的謊言。這些孩子是展露頭角的大騙子嗎？這種持續的利己謊言的模式可能表示，一旦大騙子發現欺騙有效，就會堅持使用這種策略。

在一個匿名的線上論壇中，有一名父親寫道：

> 我的女兒只有九歲！她什麼事情都說謊！不管是大謊還是小謊，對她來說都一樣……她會偷我的汽水，然後我問她，她會說沒有，然後我在她的房間裡找到那個瓶子。不僅僅是偷東西的時候，甚至連她想跟朋友玩的時候也這樣，她會問她能不能在院子的小屋玩，我說可以，她卻決定去她朋友家。或者問她是否有洗頭或刷牙和梳頭髮，她會回答有啊，即使她的頭髮還是亂七八糟。我真的不知道該怎麼辦……我已經試了所有方法。

孩子們很早就學會說謊，而且很快就學會熟練地說謊。他們不誠實的癖好似乎在青春期晚期達到巔峰，然後在成年後逐漸降低（L. A. Jensen et al., 2004; T. R. Levine et al., 2013）。雖然成人平均每天說謊一．六五次，青少年平均每天說謊四．一次，但事實上，有百分之九十五的青少年表示在隨便的任何一天都會說謊。雖然大多數青少年在大多數日子都會說謊，但青少年的說謊模式與成人相似——一小部分人在說謊上佔了不成比例的分量。在一項研究中，謊言中的三分之一出自只有百分之十的青少年口中；最常說謊的人一天之內可以說出多達十七次的謊言（T. R. Levine et al., 2013）。絕大多數青少年表示他們對父母說謊，但他們對朋友說謊的頻率也一樣高。如果我們檢視他們說謊的主題，似乎最常是在朋友、金錢、派對、酒精和毒品、約會和性方面（L. A. Jensen et al., 2004）。少年比少女更傾向在金錢、酒精和毒品方面說謊，但在其他話題方面，少年和少女的說謊量並無區別。

根據孩子們對父母說謊的頻率，你可能會好奇父母是否能精準察覺到這些謊言。在實驗室研究中，父母只能在約百分之四十一的時間察覺到孩子在說謊。當孩子年幼時，察覺到他們的謊言較為容易（準確度百分五十三），但到孩子接近十一歲時，父母只能在大約百分之二十七的時間正確地察覺到謊言（Talwar et al., 2015）。和大人一樣，大多數孩子說起謊來熟練又具說服力。

思考與說謊

為什麼孩子們不會在一開始說話時就說謊呢？為什麼他們需要大約三年的時間才能掌握訣竅，而且為什麼隨著年齡的增長，說謊的技巧會愈來愈高超呢？說謊似乎就像許多其他行為一樣，某些認知能力是處理欺騙這一複雜任務的基礎，而這些認知系統在出生時並未完全發展。處理說謊的系統需要時間發展，一旦發展起來，孩子們就會開始說謊。這些認知系統將在童年時期繼續成熟，因此，編造可信謊言的能力也將同步進展。當一個人從青少年過渡到成年時，所有的認知能力都已完全形成，說謊的機器也完全鑄造完成。這個人已經成為一個有完整能力的說謊者，並且具備成為一個大騙子的心理基礎。

說謊或許看似容易，但對一個孩子來說，實際上是一個非常複雜的任務。首先，他們必須能夠表現出其他人的心智，並理解其他的心智可以擁有不同的知識和信念。他們必須明白，其他的心智具有精確呈現的世界，但這些心智也可以持有不準確的資訊。孩子們必須強烈認識到，他們可以在他人之中推廣虛假的信念，本質上，他們可以透過操縱資訊和信念來控制別人。為了說謊，一個孩子必須具有執行功能的能力，好記住並追蹤關於世界的真實資訊。他們還必須能產生可信的虛假資訊，這種製造虛假敘述的能力牽涉到建立替代現實的創意建構。然後，他們必須能追蹤那些不真實的資訊，還必須能抑制真實的反應，必須能顯得無辜和誠實，這代表他們須要知道自己在誠實時通常是什麼樣子。他們必須能執行這些心理和行為任務，往往沒有任何預警，還須要立即反應。要有這種高度複雜的分析、創意產物、記憶和戰略規劃，也難怪兒童需要好幾年時間才能說出他們的第一個謊言，也難怪他們需要再過幾年，才能說出那些經過算計的不實說法，愚弄最多疑的審問者。

如果我們揭開心智的硬體，我們會發現欺騙機器的一些基本零件。或許最重要的是，要成為一名成功的說謊者，孩子必須掌握語言。隨著孩子們長大，他們會使用愈來愈複雜的語言風格誤導他人（Hu et al., 2020）。

他們也開始理解他人的心智。這種準確判斷他人心智狀態的能力被稱為**心智理論**（theory of mind）（Premack & Woodruff, 1978）。兒童開發出從他人的行為和情境中獲取零散的線索來推斷他們的計畫、意圖、目標和感受的能力。心智理論對於欺騙他人至關重要，為了以高超的方式有效地愚弄人們，大騙子要能從對象的角度看事情，而為了要做到這一點，他們要能深入了解他人的想法。有趣的是，如果你訓練那些尚未說謊的孩子從他人的角度看事情，他們便會開始說謊（Ding et al., 2015）。觀點取替似乎是大騙子出現的關鍵。

諷刺的是，說謊的另一個發展關鍵是同理心（empathy）。當一個朋友問他們的新髮型看起來是否不討喜時，即使我們認為那個髮型很糟糕，我們也不敢告訴他們真相。我們可以感受到他們的不安、焦慮或不確定，所以我們感到有必要用鼓勵型的謊言緩解那些情緒。非常年幼的兒童往往未顯示這種同理的熱情，他們可以毫不猶豫地看著某人的眼睛說：「你的嘴巴很臭！」人們並非天生就具有同理心的天賦，但幸運的是，這是一種在人生初期就會發展的能力。已經發展出對他人的同理心的兒童，傾向用謊言和其他形式的欺騙來掩飾傷人的真相（Nagar et al., 2020）。大騙子之所以成功，是因為他們很早就學會了解人們的感受。

與說謊的出現有關的其他組認知技能，被稱之為執行功能（executive functions）（Alloway et al., 2015; Ding et al., 2018; Lewis, 2015; Talwar & Lee, 2008）。執行功能包括注意力（attention）、認知彈性（cognitive flexibility）、工作記憶（working memory）和決策（decision making）等過程。複雜的謊言仰賴這些認知操作。人必須注意到有機會說謊，編造一個與已知事實不會相矛盾的虛假陳述，產生一個可信的反敘述（counternarrative），然後記住這個謊言以便發揚光大。想像力和創造力也是至關重要的（Harris, 2000），為了讓孩子們說出令人信服的謊言，他們必須能夠塑造一個新的、可信的現實——一個實際上並不存在的現實（Byrne, 2005）。大騙子並非生來就具有欺騙他人的能力，而是必需有許多心理歷程的發展和成熟，才能使其他人相信不真實的事情。

軌跡

那麼，是什麼決定了哪些孩子在成年時基本上不說謊，而哪些孩子會成為大騙子呢？最近的研究顯示，孩子們有不同的說謊軌跡。他們之中的一些人走的主要是一條誠實的路線；有些則會短暫地走向不誠實的模式，但最終會返回相對誠實的常規。然而，還有一些則開始了長期的大量說謊的路程。我們已經開始了解塑造這些軌跡並導致大騙子出現的因素組合。

所有心理模式都源於我們從親生父母那裡繼承的基因，以及我們與其他人和周遭世界（我們稱之為**環境**）所經歷的無數經驗之間的複雜相互作用。不誠實的模式也不例外。大騙子的軌跡從人生初期就開始了。大騙子的發展取決於一個人的基本遺傳傾向和生物學，以及他們與所處的社交世界的環境因素之間複雜的相互作用。

基因

講到說謊的遺傳傾向，並沒有什麼大騙子基因。就像所有複雜的心理特質一樣，不誠實的傾向受到一系列複雜基因的影響。多基因影響單一特性被稱為多基因效應（polygenetic effect）。是多個基因共同塑造了一個人對誠實或詐欺的傾向，而非單一個讓人成為說謊者或讓人說真話的單一基因。每個人都帶有一整套基因，每一個都逐步推動他們培養誠信的習慣或說謊的嗜好（Ahern et al., 1982; Eaves et al., 1999; Loewen et al., 2013; Shen et al., 2016; P. A. Young et al., 1980）。由於這種多基因效應，誠實和不誠實存在於一個連續體上，而非各自的類別。因此，明確的「一般說謊者」和「大騙子」等類別是人為的，我們所有人在某種程度上都處於說謊的光譜中。有些人很少說謊，有些人卻說很多謊。大自然沒有一個分界點能標明某人屬於誠實陣營或說謊者陣營。但可以肯定的是，有些人繼承了更多使他們容易不誠實的基因。

對於大多數人來說，他們的基因組合使他們對欺騙的天生衝動上顯得相對普通或典型。然而，也有其他人遺傳了可能傾向於口是心非的全部基因組合。這些在基因樂透不幸中獎的人可能會發現，說謊更容易、操縱他人就像呼吸一樣自然。目前還沒有基因測試能突顯出誰可能誠實與否，但隨著像全基因組關聯測試（genome-wide association tests）等等科技的快速進步，那一天可能已經不遠了（Duncan et al., 2019）。最具說服力的證據顯示，約百分之三十的不誠實變異由基因負責，這代表了某人是大騙子與否，可能更取決於他們的環境，而非他們的生物習性（Loewen et al., 2013）。

環境

雖然兒童身上的基因對他們的心理狀態有著重要影響，但他們並非在真空中成長，大騙子也受到他們所處環境的形塑。從受孕的那一刻開始，以及整個童年期間，世界對他們施加力量，而這些力量會影響他們的發展。

這些影響因素包括形成畸胎的因素，如產前喝酒和鉛中毒；當地環境條件，如疾病流行和天氣；營養變項，如水源供應和熱量充足，以及許多其他因素。孩子們生活的世界會影響他們成為什麼樣的人。一個極大影響孩子誠實度的因素是他們所處的社交世界。從出生開始，孩子們被教導、慫恿、懲罰、鼓勵和由一群人引導，首先是父母和親近的家庭成員，然後擴大到朋友、老師和來自他們社群的人物，最後是讓他們長大成人、更廣闊的社會。每一個社會實體都會影響孩子性格的發展，甚至影響他們對誠實的喜好。

那些有可能成為大騙子的孩子，他們的家庭生活會朝那個方向影響他們。具體來說，父母能對孩子的誠實與否產生強大的影響。大多數文化都有一個普遍存在的社會規範，父母試圖灌輸給他們的孩子：人不應該說謊。在早期，孩子們首次嘗試去欺騙——雖然他們仍然緊握著筆，卻堅決否認自己在家具上畫過東西——而父母接下來的做法將改變年幼的孩子進入欺騙世界旅程的方向。有些父母可能會勃然大怒，有些可能冷靜地處罰孩子，有些可能會因謊言的荒謬笑了出來，而有些則可能試圖進行一場關於道德、信任和誠實重要性的良好對話。

懲罰性的環境似乎是培養大騙子的肥沃土壤。當孩子們覺得他們的錯誤和違規行為會受到嚴厲的懲罰時，他們就會傾向說謊（Talwar et al., 2015; Talwar & Lee, 2011）。如果成年人明確表明只要孩子們誠實，他們就不會因為違規受到懲罰，孩子們就會傾向誠實。然而，如果成年人要求孩子們誠實，但也表明違規行為將受到懲罰，孩子們就會傾向說謊。符合說謊和不誠實的三元論，如果一個孩子認為他們的過失會受到懲罰而非理解，那麼這個孩子很可能會考慮把說謊當成一種選項。

這種模式可以從一個例子中看到。有兩組兒童分別在西非的兩所學校就讀（Talwar & Lee, 2011）。其中一所學校對兒童的不當行為採取非懲罰性的方法，並且不使用任何形式的體罰；另一所學校則較為懲罰性，該學校經常使用體罰來維持秩序，如打耳光、捏他們，以及用棍子毆打，即使是小錯誤，比如做錯數學題，有時也會被K頭。如你可能預期的，生活在懲罰性環境中的兒童更有可能說謊。當人們認為誠實會帶來不快的後果時，他們會傾向說謊。在懲罰性環境中，說謊提供了一種在相反環境中不存在的效用。

大騙子也會透過模仿周遭不誠實人士的行為，來採納他們的不誠實模式（Engarhos et al., 2020; Hays & Carver, 2014）。孩子們非常擅長觀察其他人來學習（Bandura et al., 1961）。這種社會學習是孩子們習得語言，學會進食，並弄懂幽默規則的方式。每個聽到孩子第一次說出髒話的父母，都知道在孩子面前無意間展現不恰當行為的危險。父母能使孩子成為大騙子的一種方式就是自己示範說謊（Santos et al., 2017）。當父母經常說謊時，他們的孩子也傾向經常說謊。似乎沉浸在欺騙的環境中會影響孩子的道德觀和行為。此外，由經常說謊的父母養大的人，成年時的社會成就會比在誠實的環境中長大的人差。如果孩子們是在不誠實行為充斥的環境中長大，他們將會養成說謊的癖好。

幾乎所有的父母都會告訴他們的孩子說謊是不對的。然而，有些父母對說謊的態度比其他人更為寬容。有些父母告訴他們的孩子，雖然說謊是不恰當的，但在某些情況下是必要的（Lavoie et al., 2017）。而由這些態度更為寬容的父母所養大的兒童顯然更有可能說謊。另一方面，灌輸「說謊始終是錯的」規則的父母則更可能擁有堅持誠實的孩子。孩子們由他們的照顧者教導行為規範，他們也在很小的時候就被灌輸了道德規範。如果道德教誨允許說謊，那麼孩子們就容易說謊（Setoh et al., 2020）。不誠實的理論假設道德不安是抑制說謊的一個因素。但當說謊被視為道德上或倫理上可容許時，就沒什麼理由一直保持誠實。

不只有父母會影響孩子說謊（Nagar et al., 2019），孩子們還會模仿他們兄弟姐妹的行為。藉著觀察兄弟姐妹說謊和操控，孩子們就學會做同樣的事（O'Connor & Evans, 2018）。擁有年幼或年長的手足似乎會增加孩子說謊的可能性。

在考慮環境影響時，行為遺傳學家區分出家中兄弟姐妹共享和不共享的童年環境。舉例來說，一個家中的所有兄弟姐妹通常有相同的食物、電視、電腦和書籍的獲取管道還有棲身之處，科學家稱這為**共享環境**（shared environment）。然而，同一個家中的孩子們會以截然不同的方式經歷該環境的某些面向，例如，父母不會對每個孩子一視同仁；他們對待兒女的方式可能不同，對待長幼的方式可能不同，對待頭胎和後來出生的孩子也有所不同。另外，雖然兄弟姐妹可能會上同一所學校，但他們會遇到不同的老師以不同的方式推動他們；孩子們可能會隸屬不同的社團和運動隊伍，他們的經歷都是相當獨特的。遺傳學家將這些差異稱為**非共享環境**（nonshared environment）（Plomin, 2011）。

現代行為遺傳學研究顯示，令人驚訝的是，非共享環境對孩子們的影響遠大於共享環境。非共享環境中最強大的影響力之一，是孩子周遭的朋友群體。同儕在孩子可能成為大騙子的過程中發揮關鍵性的作用。父母經常試圖引導孩子離開壞榜樣，例如行為不端的朋友，這種引導是有充分理由的。父母推測，與說謊者交往的孩子也容易成為說謊者。另一個有趣的考量是，孩子的基因可能在一定程度上引導他們選擇調皮的朋友（Plomin, 2011）。

基因與環境之間的交互作用可能非常複雜，並很難完全理解。基因似乎驅使一個人走向某些非共享的環境經歷（Charroin et al., 2021）。事實證明，不誠實的孩子傾向於選擇不誠實的朋友，並受到那些朋友的進一步影響而說謊。有趣的是，本性上傾向於誠實的孩子即使選擇了不誠實的朋友，也不會受到同儕的影響而說謊。只有那些本身就有不誠實傾向的孩子才會受到他們同儕的影響而說謊。

發展障礙與說謊

說謊在兒童中很常見，但有些兒童確實比他人說更多謊。誠實程度的變異可能可以歸因於自然變異，就像孩子們也往往在身高、體重和智力方面有所不同。然而，兒童中一些說謊過度的案例可能源自心理障礙。我們將在第三章中更詳細地討論與說謊有關的心理障礙，但在這裡我們會提一些與童年特別相關的障礙。

其中一種疾病，儘管在兒童中相對罕見，是**佯病症**（factitious disorder）。患有人為疾患的兒童會欺騙他人，使自己看起來身體或精神上有病，有時是透過實際使自己生病或傷害自己。但這些佯裝生病和受傷並非孩子為了逃學或逃避家事的典型例子（M. D. Feldman, 2006; Jaghab et al., 2006）。在某個案例中，一名十二歲患有鐮形血球貧血症（sickle cell disease）的男孩因髖關節痛而被送到兒童醫院（Jaghab et al., 2006）。這名男孩的生活環境非常艱困，與他的祖母住在一起；他從未見過他的父親，而他的母親則時常出入監獄。在醫院裡，這個孩子從醫生和工作人員那裡得到了他急需的關注。據報導，他在醫院的時光是他一生中第一次獲得如此好的照顧。他接受打點滴和止痛藥的治療後被送回家。不過很快地又因其他疾病重返醫院。他變得經常去醫院，某次是因胸痛送醫，另一次因嘔吐送醫，又再另一次則是腹痛。每次檢查結果都是陰性，但他仍繼續去醫院。那年，他住院九次；隔年，他入院十三次，住院時間總共六個月。醫療人員開始懷疑他的疾病是捏造的，所以他們下令進行精神鑑定。但這名兒童不與精神科醫生合作，所以鑑定無法完成。第二年，他來醫院十九次，再次住院共六個月。同樣，從未發現他的疾病有任何生理原因。第三年，他入院十四次，醫院工作人員開始察覺他欺騙的跡象。他們發現這名男孩故意擦傷並在靜脈部位放上沙土，以引起感染，他還故意讓自己脫水。他們之後抓到他在尿液中加入血液，並將污染物注射到自己體內。

這些侵入性的策略在有伴病症的孩子中並不少見。在其他案例中，孩子們用加熱墊假裝發燒、將石頭插入尿道偽裝腎結石、打自己造成瘀傷、注射空氣到皮下造成皮膚炎、把自己的皮膚塗色，並且注射各種包括牛奶、雞蛋和糞便在內的污染物到體內。最後，醫院的工作人員與這名男孩對質，討論他的住院狀況。他們明確表示，他們知道他暗中製造出所有的醫療問題。他們指出，他的疾病是精神疾病而非身體上的。最後這名年輕人離開了醫院，再也沒有回來。後來有人回報，他仍試圖在其他醫院尋求入院機會，顯然是在尋找他所缺乏的關注和照顧。

另一種在兒童期更為常見、也以過度說謊為主要症狀的疾病，是**行為規範障礙症**（conduct disorder）。行為規範障礙症的特點是重複且持續地不顧他人權利和公然無視社會規範的行為模式。換句話說，這個孩子或青少年會有反社會行為。行為規範障礙症會在兒童期被診斷出來，如果他們成年後仍然保持同樣的行為，他們會被診斷為反社會人格疾患（American Psychiatric Association, 2013）。

罹患行為規範障礙症的孩子通常缺乏同理心、道德觀或良心。他們對其他人展現殘忍，傾向於破壞性行為，無視規則並忽視權威。他們對自身的反社會行為沒有任何悔意，而且經常說謊（Hinshaw & Lee, 2003）。許多行為規範障礙症的孩子，尤其是那些在十歲之前被診斷出來的孩子，展現了終身、持續的反社會行為模式，包括說謊過度，導致在學校、工作和人際關係中一直遇到困難的模式。當然，許多行為規範障礙症的孩子在成年時不會變成大騙子；但有可能許多我們認為最常說謊的成年人，就是從行為規範障礙症的孩子開始的。

行為規範障礙症的症狀遠超越說謊。有些罹患此症的孩子會折磨並殺害動物、放火、欺負其他孩子和破壞財物。他們製造混亂，並且似乎不在乎中途是否有人受傷。這個問題遠大於僅僅常說謊。但是，就像大多數違反規則、法律和規範的人一樣，這些孩子利用欺騙避免被發現，冷酷地操縱他人、欺負和傷害他人，為個人樂趣製造混亂。行為規範障礙症的孩子通常是大騙子，但說謊只是他們無止盡的不幸冒險中所使用的一種工具。

一些研究者建議，醫護人員必須特別關注行為規範障礙症的孩子。具有冷酷和無情特質的孩子，可能是初出茅廬的精神病態者（Kahn, 2012; Raine, 2013）。研究人員指出，那些可以在五歲之前被識別出精神病態傾向的孩子，有時會在以後的生活中成為習慣性的騙子和說謊者，完全無視他們所造成的痛苦和折磨去操縱別人（Caspi et al., 1996）。一項最近的研究證實，那些一開始就是精神病態新手的個體，後來在生活中多半成為罪犯般的操縱者和加害者（DeLisi et al., 2020）。

當說謊成為問題時

一名母親在談到她九歲的孩子時寫道：

我們遇到大兒子說謊的問題……一直都有……涉及了所有事，而且不只是小謊話，而是明目張膽的謊話，甚至有一些我不懂他為何要說謊的事。我說的所有事情是指，我可以抓到他正在做他不該做的事情，但他會堅持到底說他沒有做。他明明知道他被逮到，而且我都看到了。承認事實的真相對他來說似乎是一個未知的概念。

他會說謊，即使沒有任何理由說謊。這個問題已經持續了一段相當長的時間。我丈夫和我已經盡了一切方法來遏止這種行為，從沒收電子產品、做家事、禁足、花更多時間陪他，到冷靜地坐下來與他談論說實話的重要性，誠實並為自己的行為負責，以及理解我們的行為會產生有好有壞的後果。我告訴他很多次，真話可能會讓他遇到小麻煩，但遠不如說謊來得多。我讀過無數的文章，也調整了我的行為來試著幫他，我問他為什麼會覺得有必要說謊，他只是說他不知道。但是無論我多冷靜地處理這個問題，或是我們對他有多生氣……行為並沒有改變。這對他來說就像習慣，無法自拔。

兒童的說謊過度，首先由美國心理學家史丹利．霍爾（G. Stanley Hall, 1890）提出。霍爾研究了一群共三百名學齡兒童的說謊行為，他檢視他們說謊的內容、他們說謊的對象等等。他指出，他的研究中大約有百分之七的孩子進行他所稱的病態性說謊（pathological lying）。他觀察到，其中一些孩子會展現虛假的形象，並從事各種形式的欺騙，往往是為了吸引注意力。他注意到，一些病態性說謊者會進行非常複雜的詐騙和謊言。他很感興趣，因為雖然許多孩子最初是為了吸引注意力、尋求刺激或物質利益而說謊，但其中一些人似乎迷失在自己的謊言之中，反覆說謊卻沒有明顯的動機或誘因。霍爾質疑這些年輕人之後是否將成為我們這個世界的成年冒名頂替者和大騙子。成年人的病態性說謊將在第三章中有更加詳細的介紹。

在一九一五年，希利夫婦（Healys）這組團隊研究了一千名的少年累犯（Healy & Healy, 1915）。他們發現所觀察的青少年中，大約有百分之十八的人，說謊之於這些人是「一個體過度和惡名昭彰的特徵」（5）。他們得出的結論是，病態性說謊是一種從人生初期開始的疾病。希利夫婦也提到了樂觀的跡象：「有些案例從強烈且長期的說謊傾向中或多或少地康復了。對於治療和預後來說，這是一個非常重要的事實」（7）。

在一個病例研究中，希利夫婦描述了他們與一名十幾歲的女孩海瑟的經歷（Healy & Healy, 1915）。海瑟首次引起心理健康專業人員的關注，是因為她試圖募集已故哥哥的喪葬費。海瑟來到一間社區活動中心，講述了她的哥哥，一名軍人，在附近的一家醫院受疾病之苦、最終去世的悲慘故事。從醫學的角度來看，她的故事詳細且相當可信。海瑟接著描述了她是如何受訓成為護士，因此能理解她手足的疾病和死亡的可怕細節。一名社工堅持要與海瑟一起回到醫院，協助安排葬禮，但在醫院，工作人員堅稱沒有符合海瑟哥哥的身分或描述的人在那裡去世，甚至那裡也沒有這樣的病患。

海瑟被帶到心理健康專業人員那裡進行鑑定。幾天來，她向他們講述了她一生的細節。她聲稱自己在幾個小鎮長大，在愛荷華州德蒙市的高中畢業；她接受了一年的護理培訓，曾在辛辛那提和芝加哥擔任護士，還在幾個崗哨度過一段時間，因為她唯一的家人是身在軍隊的哥哥。她還在舊金山工作過。她的說法十分有說服力，直到有一名偵探去試圖追蹤她的家人。儘管海瑟聲稱她的母親和父親都已去世，但偵探在芝加哥的另一頭找到了她的母親。當她的母親被帶來見女兒的時候，海瑟被問到，如果有人說她的母親正在隔壁房間等著，她會怎麼說。而海瑟以非常有說服力的誠摯和驚訝表情回答：「她必須爬出她的墳墓才能到這裡。」

在她母親的協助下，當局得以判斷出海瑟的故事幾乎完全是虛構的。她生於芝加哥，也從未離開過。她自小就有說謊的明顯習慣，例如她放學回家時會告訴家人她在芝加哥的街道上被馬追趕的故事。她在八年級時就輟學了，從未受過護士培訓，也從未照料任何人。她有六個兄弟姐妹。她經常離家出走——謊報年齡、以假名生活，並聲稱自己已婚。而關於她婚姻的謊言，包括寫給她母親的信件，內容都非常詳細地描述了她與虛構丈夫傑克的已婚生活。

對治療海瑟的團隊來說，她作假的目的難以捉摸。就像許多病態性說謊者一樣，她的謊言似乎根本沒有可識別的目的。有趣的是，經過幾年與治療團隊和她家人的合作，海瑟不再那麼常說謊，也開始過著相對正常的生活。其他研究人員也證實，病態性說謊容易在青春期出現（B. H. King & Ford, 1988）。

總而言之，證據顯示幾種童年期的精神疾患會表現出說謊過度。在許多案例中，說謊只是疾患的一個特徵。此外，對於大多數表現出這些疾患模式的孩子來說，隨著他們成年，習慣性說謊會減少。因此，童年時期成為大騙子並不等於成年後也會成為大騙子。正如我們前面提到的，童年說謊有多種軌跡，只有一些人會在一生中採取持續說謊的模式。

如何讓孩子誠實

是否有一種方法，可以在萌芽階段阻止不誠實行為，並阻止可愛的小騙子長大成為大騙子呢？是否可以插手介入或調整來防止說謊加劇？證據並未清楚顯示，但一些研究結果提供了希望。有幾種策略可以促進與說謊負相關的態度的發展。舉例來說，培養孩子對說謊持負面態度的家長，一定會注意到欺騙行為的減少。畢竟，一個人對說謊的看法和他說謊的傾向之間，存在著強烈的負相關。

哈佛大學教育研究所的研究人員（2018）建立了一套增強兒童誠實度的建議。首先，試著鼓勵孩子誠實。鼓勵誠實包括討論誠實是如何重要，以及為什麼很重要，像是討論不誠實如何透過破壞信任來損害一段關係，還有關於信任的對話，以及如何在一段關係中建立信任。他們認為，鼓勵兒童誠實也代表父母必須讓孩子知道，完全的誠實並非總是站得住腳。父母可以承認，當孩子收到他們不喜歡的禮物時，他們不能完全實話實說。在某些情況下，他們必須掩蓋真相或者巧妙地使用善意的謊言，以免傷到他們關心的人。

他們建議的另一個策略是以身作則。年幼的孩子們並非完全憑空創造他們的行為模式。他們從模仿周圍大人的行為開始。如果大人希望看到他們的孩子展現誠實的行為，他們就須要示範如何做到這一點。大人必須成為通往真實之路上的堅定指導者。但即便是大人也會發現始終保持誠實很困難，當父母犯錯時，應該要勇於承認。父母應該承認他們未能完全誠實，表示遺憾，並討論他們應該如何行事。而孩子們在艱難情境下說實話時，大人也應該稱讚他們的誠實。必須讓孩子知道，有時保持誠實是非常困難的。必須讓孩子知道，他們以孩子如實告知為傲。

隨著孩子們成長，他們開始發展自己的道德標準，自行決定誠實是否為最好的方針。幼小的孩子往往持有嚴格的道德立場，認為說謊是絕對錯誤的。但當這些孩子大約十歲時，他們開始會對說謊採納更細膩的觀點。他們會開始從結果主義的立場考慮不誠實的道德性，根據謊言產生的結果進行道德推理（moral reasoning）。他們會開始意識到，不是所有的謊言都該受到指責。他們會認為為了保護他人的感受而說謊，比自私的謊言更具道德接受度。他們會以更成熟的方式思考和感受說謊。雖然我們可能無法養育出百分之百隨時誠實的下一代，且也不該有這種要求，但我們可以塑造，激勵和支持真誠和誠實。透過接受和關懷，我們可以培育出一個環境，讓孩子們能夠自己學到，活得誠實且真誠通常會比成為大騙子更加愉快。

結論

在一個人的早年生活中，並無單一的觸發因素會促使他成為大騙子。同樣地，無法從童年的單一線索區分出哪些孩子成年後會變成大騙子，哪些又不會。看起來幾乎所有的孩子都會說謊，他們試著把說謊當成達到目的的策略。這是一個自然的發展里程碑。大多數孩子終究會大致接受他們的家庭和社會的道德與文化規範，成為相對誠實的人。年輕人可能了解到說謊往往不值得他們冒險，或者他們保持誠實是因為他們想成為好人。被逮到說謊的負面結果，包括懲罰、社會排斥（social rejection）、失去社會資本（social capital）和關係破裂，能教會孩子們誠實其實是最好的方針。然而，有些孩子並沒有接收到這個訊息，與說謊和不誠實的三元論一致，有些孩子認為說謊在道德上是可接受的。同樣地，有些人無法看到不誠實的風險；有些人對說謊如魚得水、永不回頭，進入成年時期，他們已經精通詐欺藝術，準備處處耍詐達到目的。證據顯示，孩子所處的環境會影響他們說謊的傾向，在不誠實的文化中長大的孩子往往較不誠實（Hendy et al., 2021; T. R. Levine et al., 2016）。在家庭層面上，看到父母說謊的孩子也往往是個說謊者。說謊的父母時常會生出說謊的孩子這一事實，可以視為說謊跟基因相連結的證據，但我們也知道，父母會生出一群孩子，其中包含最善於觀察的直腸子和引人注目的說謊者。證據明確地顯示，環境因素和生物或基因因素，都是造成世界上有大騙子的原因。

孩子們在家裡和學校的社交方式，對養成誠實習慣的程度，或是走向重複欺騙的模式影響巨大。所有孩子都會說點小謊，他們學會說謊，然後在青少年時期不斷磨練這門技藝。試圖從孩子的行為範疇中完全根除說謊極具挑戰性。雖然孩子們幾乎一定會說謊，但父母可以幫助塑造他們的孩子成為重視誠實和真誠價值的人。父母可能無法完全阻止孩子們說謊，但他們通常可以減少說謊的頻率，並影響孩子們所說的謊言類型。

我們可以得出結論，即使在兒童中，有些人比其他人更容易說謊，有些人則是大騙子。有些人小時候是大騙子，在成年後卻常常會走向更誠實的模式；但也有些人成年後仍繼續走大騙子路線。在下一章中，我們將探討成年後過度說謊的各種顯現方式，從單純喜歡編造荒誕不經的故事的人，到可以診斷為病態性說謊者的人。

第三章

病態性說謊者及其他漫天說謊的人

我有一種比喬治・華盛頓更高遠的原則標準。他不能說謊，我可以，但我不會。

——馬克・吐溫

很久以前，有一位勇敢且有冒險精神的人經歷了數次非比尋常的事件。有一次，他陪同一支狩獵隊來到一座島上。在他的遊歷期間，他意外遇到一隻獅子，朝獅子開了一槍後，獅子衝向他。獅子跳起來弄傷了他，他摔倒在地。當他意識到自己沒被這頭野獸吃掉時，他抬頭看見獅子已經跳進了一條鱷魚的張開的嘴裡。這人急忙站起來，拔出他的劍，砍掉獅子的頭，並用獅子的頭把鱷魚悶死。這個戲劇性的故事是關於孟喬森男爵（Baron Munchausen）的眾多冒險之一（Raspe, 1785）

說出荒誕不經的故事和撒點小謊之間有區別嗎？在本章中，我們將目光轉到檢視虛構與謊言之間的差異。我們聚焦於如何更敏銳地辨識某人是否會是大騙子，還會詳細介紹一些病態性說謊，以及在其他精神疾患中所發現的說謊具體情況。

男爵會被描述成大騙子嗎？孟喬森並未被他的同輩視為說謊者，相反地，他被視為一個誠實的人，只是愛講荒誕和爆笑的故事娛樂別人。好故事很有魅力，尤其是以視覺形象、貌似真實的事件，和一些罕見的劇情轉折擄獲人心，觀眾會受到身在特殊環境的普通角色所吸引。描寫不可思議的事件是電影和虛構的故事能娛樂我們的原因之一，但被不可思議的故事所吸引也可能使我們更容易被騙。然而，一個講述大量虛構故事的人並不一定是大騙子。謊言和欺騙的定義包括「未事先警告」就意圖欺騙（Vrij, 2008: 15）。人們在觀賞電影、閱讀小說和欣賞魔術表演之前，通常會意識與預期一切非真。因此，虛構故事和荒誕不經的故事並不算欺騙，因為說者和聽眾之間存在一種共識關係，同意進行不真實的資訊交換。但儘管虛構本意並非欺騙，它還是能夠促進錯誤的資訊和錯誤的信念的傳播（Lewandowsky et al., 2012; Schreier, 2009）。

雖然虛構本身不是謊言的一種形式，但大騙子可以透過誇張的故事講出許多謊言。我們的一位親戚常常吹噓自己有與眾不同的經歷，這個人吹噓自己見過一隻九十五磅的雞。他經常把這個故事講給家人聽。除了這隻大鳥的故事，他還說過一個漫天大謊，說他曾搭過一架噴射機進入颶風眼（這不是真的）。他的說法並非以虛構的故事娛樂他人，而是以明目張膽的謊言或誇大其辭，為的很可能是他人的注意。單純的說書人也可能受到矚目，但與說書的不同之處在於雙方都事先同意該資訊不是真的。說書人會事先警告或至少暗示聽眾該事件實際上並未發生。一個精彩故事被如何講述的背後脈絡，可能是區分優秀的說書人和大騙子的關鍵差異。

是大話還是謊言？

講出好故事和講出謊言只有一線之隔。畫出界線時，聽者會感到焦慮——一方面想相信故事、神話和誇大的說法，同時又尋求並得知真相。書籍《大智若魚》（*Big Fish*）（Wallace, 2003），曾改編成電影，其中的一個主題就是卡在事實的吸引力與虛構的吸引力之間的左右為難。這個故事著墨在兒子急切想知道關於父親的真相，而父親卻想以誇張的神話故事形式，講述他的人生之間所產生的的矛盾（Canavan, 2011）。

一方面，講述捕到的魚比實際還要大的故事可以吸引和打動觀眾。釣到的魚愈大，釣魚者愈不凡。父母對事情誇大其辭會讓孩子留下偉大的印象，並對父母高度崇敬。此外，一個加油添醋的故事比一個平淡無奇、容易預測的故事更引人關注。一條重七磅的大口黑鱸似乎比一磅的魚更加令人振奮和獨特。然而，誇大其辭是有代價的。露出馬腳會導致不信任或失望。知道捕到的魚是一磅而非七磅可能會令人失望，未來可能會不再信任這位宣稱捕到大魚的人。人們通常都想知道真相，但他們也喜歡被娛樂，他們可能會喜歡一個無傷大雅、娛樂他們的虛構故事，但當他們的目標是了解周遭世界的事實時，他們通常會對不實的說法反應不佳。故事和謊言之間的界線也許很模糊，需要識別意圖和事先警告，提前知道這個人是在講故事，而非試圖使你相信他們抱持的信念。因此，不尋常又新奇的事物對我們的吸引力，可能會導致我們在聽大騙子的說詞時被欺騙。

世界上最會說謊的人

每年十一月，英國坎布里亞舉辦「世界說謊大賽」（The World's Biggest Liar, 2020）。此活動是源自十九世紀的當地人威爾・瑞森，他因講述了許多荒誕不經的故事而聞名。他有次聲稱「大頭菜……大到在山谷的人們『開採』它們當成主日午餐後，還可以用來當作山丘上的賀德威克羊（Herdwick Sheep）的棚子」（The World's Biggest Liar, 2020: para. 4）。從此開啟了一個傳統，邀請所有大騙子（除律師和政治家外）蜂擁而至英國講述他們的荒謬故事。雖然人們爭奪「世界上最會說謊的人」這個頭銜，但更適合的稱呼可能是說服力十足和引人入勝的說書人，而不是說謊者。

大騙子的標籤

當想到說謊者時，你會想到什麼？儘管人們通常對說書人有正面的感受，我們對說謊者卻容易抱持相當負面的看法——可能認為他們冷酷、惡毒和自私。特別是大騙子往往令人敬而遠之與仇視。在描述說謊的聖經故事中，上帝憎恨撒謊之舌，而魔鬼則被貼上大騙子的標籤，是謊言之父，也是整個世界的欺騙者。在宗教經文之外，根據漢摩拉比法典（The Code of Hammurabi）（L. W. King, 2008），說謊是死罪。諸如「狼來了」（The Boy Who Cried Wolf）之類的道德故事告訴我們說謊是不好的，而且說謊者會失去眾人的信任，導致他們被飢餓的狼群咬死。

我們想到說謊者時，我們傾向於想到那些說謊的人，而不是我們自己。然而，我們知道絕大多數的人承認每週至少說一次謊，通常還會超過那個頻率。那麼，我們為什麼會將「說謊者」這個標籤貼在他人身上，而非我們自己身上呢？在一項研究中，我們發現如果有人說謊，我們傾向將那個人貼上「說謊者」的標籤，但當我們說出相同的謊話時，我們卻不太可能認為自己是說謊者（Curtis, 2021b）。本質上，我們將自己的不誠實歸因於情境的迫切需求，而將他人的不誠實歸因於他們的性格。如果你說謊，那是因為你是個說謊者，如果我說謊，那是因為某事或某人害我被迫說謊。因此，我們可能會將那些經常說謊的人貼上「大騙子」的標籤。

漫天大謊

回憶一下，大騙子可以是說了很多次謊言的人，或者是說了一個有重大影響的謊言的人。二〇〇九年，一位父親通報說他六歲的兒子法康．希尼（Falcon Heene）在一個大型的自製氦氣球中飄走了（History.com Editors, 2011）。這個超大的氣球在科羅拉多州的柯林斯堡外面，當氣球接近丹佛國際機場時，飛機不得不改變航線。有人報警，國民警衛隊調派直升機出來尋找那個氣球和男孩。終於經過一個小時的飛行，氣球著陸了，結果搜救人員發現小法康不在氣球裡，便開始沿著氣球的飛行路線尋找，擔心是這個孩子在飛行途中掉了下來。幾個小時後，男孩被人發現藏在家中的閣樓裡，安然無恙。警方後來確定，這整件事都是一場騙局。檢察官認為，這個漫天大謊是家庭為了獲得真人秀而策畫的陰謀。結果，父親被定了重罪。在這個案例中，家庭說了漫天大謊，這個謊言後來因認罪而被揭露。這對父母被大眾認定為大騙子。這個故事說明，有些大騙子因說出引發嚴重後果的謊言而獲得大騙子的名號。

普遍型與特定領域的大騙子

一名二十歲的大學生在校內的身心健康診所尋求心理服務（Grzegorek, 2011）。在多次諮詢中，學生與盡責的治療師討論了他的身心健康問題。在最後一次諮詢中，該病患開始微笑，透露他之前的身心健康疾病都是捏造的。他之前告訴治療師的所有資訊幾乎都是假的，而且刻意誤導。治療師感到憤怒與困惑，問病患為什麼他會尋求諮詢服務，然後對一切說謊。病患告訴治療師，他想看看他是否能成功欺騙一位應該是人類行為大師的人。這個人說了很多謊言，都是為了達到一個目的，那就是營造出一種心理困擾的印象。經過所有的虛假細節和謊言，這個人可以被認為是一個大騙子。然而，沒有證據顯示他在生活的其他領域也大量說謊。看起來，他可能只在治療師的辦公室裡大量說謊。

有些人可能在所有情況下都會說謊，但有些人只會在特定情況下說謊。瓊奈兒．柏金斯（Jonnel Perkins）是費城的一名銀行家。她被控從一名已故客戶的帳戶中挪用超過二十萬美元，並說謊掩飾。柏金斯的不誠實行為似乎主要限於她的工作場所。當她的謊言被揭穿後，她被逮捕，最後認罪。像柏金斯這樣的人，有可能只在生活中的特定面向上大量說謊，如戀愛關係、友誼或職場生活。

在某一情境中傾向說許多謊言的人，與那些在多種情境中經常對許多人說謊的典型大騙子是不同的。我們可以稱前者為「特定領域的人騙子」而後者為「普遍型的大騙子」。也許普遍型的大騙子在性格上喜歡說謊，並在各種情境中都這麼做。另一方面，特定領域的大騙子也許在性格上是誠實的，但在特定類型的情境誘使他們說謊。特定領域的大騙子可能只對他們的配偶說謊，甚至只在某一主題上說謊，但在那特定領域中他們經常說謊。

大騙子vs.病態性說謊者

二十二歲的洛琳被困在一家法醫身心科，接受「三項與縱火相關的罪行、兩次公然的誤導（謊報）、三次做出虛假陳述、兩次偽造證據以及一次偽證的刑事責任」進行鑑定（Birch et al., 2006: 307）。洛琳聲稱她會不自覺地捏造故事，而且擅長欺騙他人。在不同時間點，她向警方通報說她的同事、她的最好的朋友，以及她未婚夫的前妻都曾向她發出死亡威脅。她表示她的最好的朋友曾經跟蹤、綁架她，甚至在她入獄後仍然不斷地發出死亡威脅。最後，洛琳通報說她未婚夫三歲的兒子縱了兩次火——一次是在洛琳母親的公寓，另一次是在她自己的公寓。在法醫鑑定中，洛琳承認她的指控都是假的（Birch et al., 2006）。洛琳似乎是一個大騙子，因為她確實在各種情況下說了很多謊。

雖然洛琳對不同的人說了大量的謊言，但還有一些其他特點使她的謊言被視為病態的。

在我們討論病態性說謊的各個層面之前，有必要指出它也有其他名稱，如：「強迫性說謊」（compulsive lying）、「習慣性說謊」（habitual lying）和「病理性說謊」（morbid lying）。我們認為這些專有名詞都指著同一現象——病態性說謊。我們的研究已經探討了病態性說謊者和大騙子之間的差異，請記住，大多數人都相對誠實，只有一小部分人會說很多謊。這些人就是大騙子。但他們是病態性說謊者嗎？我們認為，病態性說謊者與大騙子在幾個重要的方面有所不同。

為了理解病態性說謊與正常說謊的差異因素，我們須要討論促使行為成為病態性的因素。精神病理學不是一個具體的行為，而是應用於人類行為的一組標準。將一個人的思想、行為和情感分類為異常或病態性時，研究人員和臨床醫師會注意到他們行為的四個獨特特徵：（a）非典型性：行為在人口統計上不常見、出現的頻率不尋常，或違反社會規範；（b）適應不良：行為會損害功能；（c）受苦：行為對人造成情緒困擾；以及（d）風險或危險：行為為自己或他人造成傷害或損失的風險。舉例來說：讓我們來看看洗手這一行為，大多數人每天都洗手，然而有些人每天會洗手數百次。洗手過度有時出現在有強迫症（obsessive-compulsive disorder）的人身上，這是一種疾病，其中個體經歷侵入性的思想（執迷），如細菌或污染；並進行過度的行為（強迫），如過度洗手。這種行為符合精神病理學的四項標準：洗手的次數遠遠超過正常次數，所以是非典型的；經常干擾工作或社交，所以是適應不良的；從事這種行為的人經常非常沮喪和苦惱，他們無法停止洗手，所以他們在受苦；持續洗手往往導致皮膚潰瘍和感染，所以他們的行為呈現出風險或危險。總而言之，洗手過度符合精神病理學的標準。

我們將同樣的四項標準應用在說謊行為，以利區分正常說謊和病態性說謊（Curtis & Hart, 2020b）。我們著手確認說很多謊的人只是常說謊的人，還是其中一部分人表現出精神病理學的特徵，可以因此被視為病態性說謊者。在一項有數百名受試者的大型研究中，我們發現病態性說謊者是一個獨特的群體，與其他大騙子不同，病態性說謊者說了很多謊言，這些謊言經常損害他們的社交關係，使他們感到痛苦，並使他們或他人陷入受傷或危險的風險之中。此外，病態性說謊者在青少年時期開始說謊過度，有超過六個月的問題性說謊行為，而且有強迫性的說謊。

想想看之前討論的案例中的洛琳是否符合病態性說謊的標準。她說謊的次數確實比一般人要多得多，她的謊言也導致社會功能受損。洛琳所說的謊言「在她自己的生活和許多人的生活中，造成了嚴重的破壞和困擾」（Birch et al., 2006: 314）。此外，她的謊言確實使其他人陷入危險，導致她最好的朋友坐牢、她未婚夫的前妻被逮捕，以及公寓起火。此外，洛琳從十六歲開始病態性說謊已超過六年。洛琳似乎是病態性說謊者的明確案例。我們的立場是，病態性說謊者是大騙子的一個子集。所有病態性說謊者都是大騙子，但並非所有大騙子都是病態性說謊者。

儘管像洛琳這樣的案例研究證明病態性說謊已存在超過一個世紀，但病態性說謊還尚未被認可為正式的心理疾患。在分類心理疾患的兩大工具中，都沒有列出病態性說謊，這兩大工具分別是美國精神醫學協會（2013）的《精神疾病診斷與統計》（*Diagnostic and Statistical Manual of Mental Disorders*）（第五版；*DSM-5*）和世界衛生組織（2019）的《國際疾病及相關健康問題統計分類》（*International Statistical Classification of Diseases and Related Health Problems*）（第11版；*ICD-11*）。病態性說謊之所以未被認可為一個獨立的診斷，是因為說謊的特徵在傳統上被視為其他心理疾患的症狀。

說謊與心理障礙

想像一下，當你看到一個男子在路邊和不存在的人談話時，你走過去問他是否需要幫助。而他告訴你，他正試圖讓一個說有人在追趕他的聲音安靜下來。然而，你沒有聽到任何聲音。這名男子是對你說謊嗎？有時很難判斷某人是否在說謊，因為某些心理疾患可能會使某人看來好像在說謊，但事實上並沒有。在其他情況下，說謊過度可能是另一種心理疾患的症狀。理解在各種心理疾患中的說謊或被認定的說謊，可以幫助識別誰是否為大騙子。

妄想或謊言：有意與否的差異

我們觀察到一位先生告訴人們他是越戰的老兵，還經歷過激烈的戰鬥，導致了創傷後壓力症候群。然而，他的年齡太輕，不可能在戰爭期間服役。他在說謊嗎？答案取決於情況。請記住，謊言必須是有意的：傳播者試圖讓其他人相信某件事，而傳播者卻認為這件事是假的。因此，如果這名男子知道自己沒有參戰，卻說參加了戰爭，那麼他就是在說謊。然而，如果這名男子真的相信自己曾在越南服役，即使他沒有，那麼他就不是在說謊，而是有妄想。一個有妄想的人並沒意圖讓其他人相信他們認為是假的事情，一個受到妄想困擾的人會向其他人傳達他們真正相信的事情。妄想是心理疾患的表現，如思覺失調症（Schizophrenia）譜系和其他精神病疾患（American Psychiatric Association, 2013）。虛假的信念可以涵蓋各種內容，從相信FBI祕密竊聽了某人的房子來監聽對話，到相信有微小的蟲子在某人的皮膚上，甚至是在某人的身體裡爬行。

在試圖識別大騙子時，區分妄想和謊言是很重要的，因為我們可能會認為某人在說謊，但他們其實沒有。想想我們稱之為珍的二十五歲已婚婦女的案例（Dua & Grover, 2019）。在她婚後的三個月，驗孕棒顯示珍懷孕了，但珍並不相信自己懷孕了，反而還告訴其他人說，她的腹部膨脹是因為吃太多。在她懷孕的最後幾個月，珍聲稱她沒有感覺到任何胎動。在她生下一名女嬰後，她才接受了她的孩子並開始餵養她，然而在一周之內，她停止照顧孩子，說她沒有生下她的女兒（Dua & Grover, 2019）。另一個案例則與X先生有關，一位三十八歲的單身男子，沒有孩子（Lebelo & Grobler, 2020），他在加油站的洗手間被發現時，他的陰囊大量出血。他表示，他割開了自己的陰囊，除去他的睪丸，「搶在『折磨他的人』這樣做之前」（Lebelo & Grobler, 2020: 1）。X先生有被害妄想（delusions of persecution），認為有些人聽得到他的想法，並打算將他的睪丸取出用在宗教儀式上。

在兩個案例中的病患並非純粹羅織謊言來愚弄他人。他們確實相信他們公然的虛假信念，強烈地相信到他們以危險作結，一個案例中忽視了產前與產後的照護，另一個案例則造成了身體殘缺。理解這類心理疾患能幫助我們適當檢視人們的不當言論，這些人有著精神上的疾病，他們並非大騙子。

反社會人格疾患

不知悔改或肆無忌憚說謊的大騙子特別難以相處。這種說謊的模式可以是反社會人格疾患（antisocial personality disorder）（ASPD; American Psychiatric Association, 2013）的一個症狀或特徵。ASPD的患者通常使用欺騙「為了獲得個人利益或樂趣（例如，為了獲得金錢、性或權力）」（American Psychiatric Association, 2013: 660）。雖然說謊是診斷標準之一，但不一定要滿足說謊這個標準才能被診斷為ASPD。

ASPD主要是，正如其名，一種人格疾患，其特點是個體明顯目中無人、對抗權威和法律。查爾斯．曼森（Charles Manson）是一個因表現出ASPD徵象而備受爭議的人。曼森主動對抗權威，他的行為則導致他入獄。這種疾患並不常見，因為在美國的人口中只有約百分之〇．二至百分之三．三的人有被記錄，其中大多數是男性、有藥物濫用問題或遇到法律問題的人（American Psychiatric Association, 2013）。患有ASPD的人經常說謊，符合我們對大騙子的描述。與有這種症狀的大騙子的相處可能會很具挑戰性，他們除了說謊過度外，還經常表現出衝動、侵略、枉顧他人安全、不負責任以及缺乏悔意。

精神病態

精神病態（psychopathy）是一種通常與ASPD相關的心理建構（Hare, 1996）。被認定為精神病態者的人是大膽和操縱他人的人，他們對他人幾乎沒有同情心，情感淺薄，冷酷、疏離，且缺乏悔意。他們很不好相處。海爾（Hare）指出：「大多數精神病態者……符合ASPD的診斷準則，但大多數ASPD患者並非精神病態者」(2)。事實上，監獄中有百分之五十到百分之八十的人符合ASPD的診斷準則，但只有大約百分之十五到百分之二十五的人符合精神病態的診斷準則（Patrick, 2007）。精神病態的一個關鍵特徵是欺騙（Gillard, 2018），評估精神病態的準則之一是病態性說謊（Hare, 1991）。很少有研究探討精神病態者的說謊頻率和成功率，有些研究指出，精神病態者通過測謊機的能力，並未勝過沒表現出精神病態的人（Gillard, 2018; Lykken, 1978; Raskin & Hare, 1978）。

在某些情況下，大騙子可能具有精神病態特徵。最著名的連環殺手之一，泰德・邦迪，說了無數的謊。多年來，他對許多人說謊以免東窗事發。即使在他被逮捕後，他也對執法人員、法官、陪審團成員和其他記者說謊，否認參與任何謀殺。另一名連環殺手是居住在加拿大的克利福・奧爾森（Clifford Olson），他因殘忍殺害多名男孩和女孩而聞名；也因到處說謊而聞名（Hare et al., 1989），許多報章雜誌和記者都指出他滿嘴謊話，並警告人們不該相信奧爾森所說的任何事，因為他經常說謊（Hare et al., 1989）。

儘管邦迪和奧爾森體現了一個陰暗、冷酷、無情和毫無悔意的大騙子和殺人犯的形象，但他們絕不代表所有的大騙子或甚至所有的精神病態者。海爾等人表示：「並非所有的連環殺手都是精神病態者」（30）。另外，說謊過度不一定代表某人是精神病態者，因為大多數病態性說謊者都對說謊表示困擾和懊悔（Curtis & Hart, 2020）。邦迪和奧爾森只反映了大騙子的某個特定子集——既是精神病態者，也是連環殺手的人。

佯病症

另一個心理疾患，也在第二章中討論過，是佯病症（factitious disorder）。這種疾患的特徵是對於自己的健康狀況說謊。其盛行率未知，但估計約為百分之一。佯病症包括為了獲得關注而扮演生病的角色，可以藉由說謊或實際引發疾病來達到目的（American Psychiatric Association, 2013; Ferrara et al., 2013）。大多數人在生病時，他們會得到家人、朋友或醫療人員的關心，因此對於一小部分人來說，取得關注更讓他們想謊稱生病。回想一下本章開頭提到的角色，孟喬森男爵。佯病症最初根據男爵的奇妙故事，被稱為孟喬森症候群（Munchausen's syndrome）（Asher, 1951; J. Turner & Reid, 2002）。

一名名叫金的三十歲失業單身女子與她的父母同住（Hagglund, 2009）。由於她有慢性疼痛的病史，因此她正在考慮進行脊髓刺激器植入手術。她尋求身心科服務，並會經常分享身體上的不適，包括哮喘、扭傷、腕隧道綜合症、噁心、嘔吐、直腸出血、耳部感染、免疫力下降和慢性疼痛等其他不適。金在她的病歷中指出，她曾接受過十六次拔牙手術、囊腫切除手術、子宮內膜異位症和其他醫療行為。儘管金的檢測都正常，她仍然表示她生病了。金的案例反映了佯病症。她謊稱症狀和病史，好扮演一個生病的角色。

在佯病症的一些罕見案例中，有些人可能會謊稱他人的症狀或疾病，或者在他人身上引發實際症狀。這些案例被稱為代理型佯病症（factitious disorder imposed on another）（American Psychiatric Association, 2013）。代理型佯病症通常涉及一位家長使孩子生病或謊稱孩子的症狀，以吸引關注和同情。代理型佯病症的盛行率未知，因為在許多情況下可能無法被人發現。不幸的是，有些案例以死亡告終。例如二〇一四年，一名五歲的男孩賈奈特（Garnett）因鈉中毒死亡，原因是他的母親蕾西・史皮爾斯（Lacey Spears）在他的胃管中加了鈉（McCoy, 2015）。二〇一五年，史皮爾斯被判處二級謀殺罪（Higgins, 2015; McCoy, 2015）。經過更仔細的檢查後，史皮爾斯多次扯謊被揭穿，她開設了一個網誌，記錄她的生活以及面臨兒子的健康問題和丈夫過世引發的各種困難。但是，對她的過去的審視後發現，她曾告訴別人她是某位人家小孩的母親，她謊報她兒子的生父，而且她還指出賈奈特的幾個健康問題，卻毫無根據（S. Cohen & Kramer, 2014）。

有一個著名的代理性佯病症案例是迪迪（DeeDee）和吉普賽・蘿絲・布蘭夏爾（Gypsy Rose Blanchard）（Rosenbaum et al., 2019）。迪迪和吉普賽的生活和事件曾被改編成HBO的紀錄劇集，名為《惡行》（*The Act*）（Antosca et al., 2019）。從吉普賽還是嬰兒時，她的母親就聲稱她患有多種疾病，包括睡眠呼吸中止、白血病和肌肉失養症（Kettler, 2020）。因此，吉普賽被困在輪椅上，裝上了餵食管，而且禿頭（Kettler, 2020; Rosenbaum et al., 2019）。迪迪受到眾人矚目，並與吉普賽一起進行了多次喜願（Make-A-Wish）之旅，前往迪士尼主題樂園（Rosenbaum et al., 2019）。然而，吉普賽「能夠行走，並不需要餵食管，根本沒有罹癌。她的禿頭只是因為她的母親剃掉了她的頭髮」（Kettler, 2020: 4）。迪迪甚至還謊稱吉普賽的年齡，並更改了她出生證明上的資訊，使吉普賽看來比她的實際年齡年輕（Kettler, 2020）。

吉普賽後來在網路上遇到了一名男子尼可拉斯．戈德強（Nicholas Godejohn），並要求他殺掉她的母親，這樣他們就可以在一起，而他終於在二〇一五年六月痛下毒手（Kettler, 2020）。

詐病

在某些情況下，人們因為某種外部動機而假裝生病。你是否曾假裝生病打電話給老闆請假？詐病（malingering）的人為了某種外部原因而謊稱自己有身體或心理症狀，或是刻意引發這些症狀（American Psychiatric Association, 2013）。與動機是扮演生病角色的佯病症不同，詐病主要是為了獲得某種有形的利益或避免某些負面後果。舉例來說，人們可能會以詐病來獲得藥物、財務賠償，逃避兵役或減輕刑事起訴。

想想以下一位二十三歲的男子的情況。他的右手受到了鈍挫傷（Swiergosz et al., 2017），該男子通報說他工作時一台電動馬達壓到了他的右手和前臂上。他沒有任何骨折，也不需要手術或縫合，但這名男子稱受傷後的十五個月內都持續疼痛，且被診斷為反射性交感神經失養症。在接受了數個月多種不同的治療後，他聲稱只有最後的治療對減少疼痛有效。受傷大約十五個月後，該患者接受了勞工賠償訴訟程序所需的評估。評估顯示，沒有出現任何與行動不便的傷勢相關的跡象或症狀，例如敏感、萎縮或骨骼變化。隨後，一名私家偵探以影片捕捉到這名男子正在用他謊稱不能動的手釣魚。

另一個案例則是一名九歲的男孩喬伊（Joey），他因摩托車事故而受到中度創傷性腦損傷（Marasa, 2018）。當他住院時，他表示自己有「痙攣性四肢癱瘓、構音障礙和知能障礙」（7）。兩年後，喬伊的母親對摩托車公司提起訴訟，最初被判賠四百五十萬美元。多年後，在經歷多次住院後，喬伊對於自己逃過法律刑責，以及藉住院避免流浪街頭的能力感到自豪。一項神經心理學鑑定發現喬伊在詐病，而且還展現出了反社會人格疾患的症狀。

在這兩個案例中，這些人都因為金錢利益、逃避工作和刑責而謊稱症狀。詐病牽涉到特定類型的謊言和特定的原因，即為了外部的刺激。這種欺騙是關於身體或心理症狀的（American Psychiatric Association, 2013）。有些大騙子以他們的健康狀況騙人，來獲得具體的利益。

其他人格疾患

一些其他的人格疾患也與成為大騙子有關。雖然在大多數其他的人格疾患中，說謊並不是主要特點，但有些學者表示，自戀型人格疾患、做作型人格疾患和邊緣型人格疾患都可能會說謊（e.g., Dike et al., 2005; Garlipp, 2017）。

自戀型人格疾患（narcissistic personality disorder）包括持續的誇大行為、缺乏同理心以及對讚揚的需求（American Psychiatric Association, 2013）。患有自戀型人格疾患的人可能也會利用他人，在利用他人時，他們可能透過誇大自己的特點以獲得他人的認可，進而說謊（Dike et al., 2005）。這種說謊行為可能是一些人會認為說謊過度是自戀型人格疾患的症狀的原因（Garlipp, 2017）。

做作型人格疾患（histrionic personality disorder）則表現出過度的情感和受他人矚目的渴望（American Psychiatric Association, 2013）。患有做作型人格疾患的人「當他們不是關注的中心時，會覺得未受重視」（667）。雖然說謊並非診斷該疾患的準則，但患有此型人格疾患的人可能會透過裝腔作勢或誇大自己的特徵來博取注意力（American Psychiatric Association, 2013; Dike et al., 2005）。然而，某些罹患做作型人格疾患的人可能會被人認為在偽裝情緒，但事實上他們並沒有，而是因為他們的情感變化迅速（American Psychiatric Association, 2013）。

邊緣性人格疾患（borderline personality disorder）也與說謊過度或病態性說謊有關（Dike et al., 2005; Snyder, 1986）。戴克等人表示（Dike et al., 2005），「（邊緣性人格）疾患的核心特徵促成了虛假不實」（345）。邊緣性人格疾患包括了一種衝動的模式，以及在人際關係、自我感和情感中的不穩定（American Psychiatric Association, 2013）。因為患有此疾患的人展現了不穩定性、自我毀滅行為和自我觀念的變化模式，使得他們似乎容易說謊（Dike et al.,

2005），儘管說謊並非邊緣性人格疾患的診斷準則。

結論

當我們想到大騙子，我們可能會想到像邦迪這樣十足惡名昭彰的案例。但邦迪是一名有心理疾患又是連環殺手的大騙子，他是例外，而不是典型大騙子的精確代表。雖然有些大騙子可能有心理疾患，但大多數可能沒有。一般來說，患有心理疾患的人跟一般人相比，並不特別會說謊或成為大騙子。然而，有些人——病態性說謊者——可能說的謊話卻異常多，從而損害他們的功能、造成困擾，或對自己或他人構成危險。他們說謊過度，導致人生中產生重大的問題（Curtis & Hart, 2020b）。

大多數病態性說謊者會對他們說謊過度感到懊悔和內疚。另一方面，患有精神病態或ASPD的人也會說謊過度，但他們不會有如此悔意。他們的謊言對其他人造成了不良影響，還經常導致他們入獄。其他幾種心理疾患也可能有說謊的特徵；因此，說謊過度有時可能是一個更大問題的症狀，而非一個人的單一特質或特徵。

我們身邊到處都是大騙子。雖然有些大騙子可能因為他們患有心理疾患而容易不誠實，但大多數人的心理都是健康的，只是謊話說很多（Curtis & Hart, 2020b; Serota et al., 2010;

Serota & Levine, 2015）。其中一些表面上健康的大騙子使用操縱、欺騙和騙局來滿足他們的需求，包括錢財或升遷。在第四章中，我們會討論我們身邊的一些大騙子，包括騙徒、詐欺者和詐騙犯。我們還研究了幾個專業領域，包括銷售界、廣告界、政治界和法律界裡的大騙子。

第四章
各行各業裡的大騙子

柯林頓說謊。一個男人可能會忘記他把車停在哪裡或住在哪裡，但他永遠不會忘記口交，無論過程有多糟糕。

——芭芭拉·布希（Barbara Bush）

說謊是人性中普遍存在的一個面向，可以在各種職業和情境中看到。從舌燦蓮花的業務員為了成交而畫大餅，到詐騙犯利用精心規劃的詭計欺騙毫無戒心的受害者，再到政治家為了個人利益扭曲真相，大騙子比比皆是。在本章中，我們探討因作假而惡名昭彰的人，以及那些我們信賴，但最後卻以不誠實回報這種信賴的人。

安娜·索羅金（Anna Sorokin）於一九九一年出生於俄羅斯，在她十六歲時，跟著家人舉家搬到德國（Berman et al., 2021）。之後她到倫敦受教育，再搬到巴黎工作後，安娜終於在二十一歲時搬到紐約市。她到達紐約時無親無故，但她很快就交到朋友。也許當你很有錢時，交朋友就變得容易多了——安娜的新朋友得知她靠約八千萬美元的信託基金過活，而且還是她父親的遺產的繼承人，她的父親是一名極度富有的石油大亨。這一切都很合理，因為安娜住在曼哈頓的豪華飯店，下午在高級SPA度過，享受奢侈的假期，還經常可以看到她在最昂貴和最時尚的餐廳用餐。安娜沒有工作，但她試圖用她的財富成立一家藝術基金會。

但安娜的冒險人生有一個問題，這全是一場騙局。她實際上來自一個小康家庭，幾乎沒有自己的錢。她能夠說服她在紐約的富有朋友和熟人為她支付開銷，在某些情況下，她使用萬靈的「糟糕，我忘了帶錢包」一招欺騙新朋友。有一次，她邀請一個朋友一同前往摩洛哥參加一場已付費的豪華之旅，當她的信用卡莫名被拒，無法支付這次旅行費用時，她說服她的朋友先支付了六萬二千美元的帳單，等她解決信用卡問題。她使用偽造的文件，向銀行借了幾筆數萬美元的貸款；她甚至用她繼承的遺產作擔保，試圖借二千二百萬美元的貸款。她租了一架價值三萬五千美元的私人噴射機，卻從未支付費用。紐約地區檢察官得出結論，僅在十個月內，安娜就騙了紐約人至少二十七萬五千美元（District Attorney of New York, 2017）。安娜很有自信她能打贏官司，因此她選擇接受審判，而非被驅逐出境。不過她輸了這場官司，被判在雷克島監獄（Rikers Island）服刑。

詐騙

安娜是一個詐騙犯，也是一個大騙子，這一點非常明確。她利用自己的操縱和說服能力，從其他人那裡獲取所需。她熟練地使用她的剝削百寶箱中無數的心理工具，將其他人扭曲成自己的設計來達到目標。如果你稍微思考一下，會發現安娜的行為與所有人偶爾使用的策略和手段並無太大不同。我們都各懷鬼胎，為了抵達我們想去的地方，我們都需要偶爾說服他人。有時候，我們不得不說服朋友跟我們一起去看電影；有時我們必須說服老闆我們值得加薪；而在其他時候，我們可能會試圖說服警察不要開超速罰單。我們買車時會討價還價，試圖讓賣家從報價中再減幾百元。我們身處的世界不只有我們的心智，還充滿其他人的心智，每個人都在使用心理技巧和槓桿來影響其他人的心智。我們每個人都試圖將意志強加在他人身上，以實現我們所珍視的各種成果。當然，安娜用以達成所求的策略是極端的，她樂意使用大多數人認為不道德的策略，她完全樂意傷害他人達到目的。到頭來，像安娜一樣，我們會扭曲真相來操縱他人。我們誇大其辭、我們隱瞞資訊、我們隱藏真實意圖、我們偽裝情感，我們會為了到達想去的目的地，以自私的方式塑造敘事。像安娜一樣，我們向他人銷售理念。

在市場上，我們可以將銷售化為概念，作為施壓和說服策略，以便立即進行符合自身利益的經濟交換。但是銷售不僅僅發生在商業交易中，人們出售想法、信仰、意識形態、文化習俗、宗教信仰、政治原因和行為偏好。在我們複雜的社會世界中，當他們成功出售給你一個點子時，許多人就以某種型態或形式受益。欺騙只是用來銷售的一種策略，我們都這樣做，人們也對我們這樣做。誰在第一次約會時沒試圖強調他們的積極面，並刻意隱藏消極面？我們都在出售想法，包括關於我們是誰的想法，有時我們使用欺騙以便實現這個目標。事實是，某些形式的欺騙性行銷得到社會的認可。如果在第一次約會結束時，有人問他們的對象是否想來他們的公寓聽聽音樂，大多數人都會明白且接受暗示。**暗示**（*innuendos*）是提供推諉不知情（plausible deniability）的隱晦欺騙。雙方都明白這個人可能對性有興趣，但都不必公開承認這個話題。暗示是一種欺騙策略，讓人們可以禮貌地詢問，接受或拒絕提供，無須將事情擺在檯面上。事實上，在這些情況下，大多數人都會把誠實（「嘿，你想上來嗎？這樣我們就可以做愛」）當成粗魯和笨拙的態度，這種誠實可能會讓一晚迅速結束。

我們也可以將印象管理（impression management）視為一種欺騙性的銷售策略（Goffman, 1956）。我們仔細規劃他人能看到的那個版本的我們，我們隱藏關於我們的私事。想想你可能在家裡獨自做的事情，但在你的老闆、傳教士，或健身教練面前並不會做。我們所有人，即使只是隱晦地，也使用欺騙來操縱其他人對我們的印象，跟安娜索羅金這樣的騙子只是在程度上有所不同。

安娜並非第一個謊稱擁有富有親戚的人。在一八九七年，加拿大出生的凱西．查德威克（Cassie Chadwick）「不小心」讓一位律師看到她從工業鉅子安德魯．卡內基（Andrew Carnegie）那裡得到的一張二百萬美元（約相當於二〇二三年的六千五百萬美元）的本票（Abbott, 2012）。她偷偷對律師說，她是卡內基的私生女，他死後會留給她更多的財產。律師答應保守她的祕密，但他沒有。他把這個資訊分享給銀行家們，銀行家們不久後便找上查德威克女士，提供她貸款和其他金融服務。在接下來的五年裡，她接受並花去銀行獻上的數百萬美元。這個詐騙最終東窗事發，她在服刑期間去世。果不其然，她的漫天大謊佔了她大部分的人生，還導致三次婚姻破裂，以及數次被逮捕入獄。

在部分大騙子破壞後隨之而來的是讓一些人破產，或破壞了他人的關係，或浪費其他人的時間和努力。對於那些先取得他人信任，然後用欺騙手段詐騙他人的大騙子，有一個特殊的類別。我們稱他們為**騙子**、**騙徒或詐騙犯**。不管我們選擇什麼名字，在他們的核心當中，這些人都是大騙子。

詐騙的階段

凱西．查德威克和安娜．索羅金是詐騙犯。心理學家瑪莉亞．柯妮可娃（Maria Konnikova, 2016）以猶如研究蝴蝶的昆蟲學家般，細心鑽研了各種詐騙犯。她訪問了騙子、他們的受害者，以及只在一旁旁觀騙局的人。她觀察到，儘管騙局在目的和主題上迥然不同，但通常都依照相似的腳本。在基本層面上，所有的騙徒都使用欺騙來操縱我們對周遭世界的看法。他們透過扭曲我們對現實的認知，說服我們給予他們所求之物，我們則欣然拱手奉上。

騙局有幾個階段，但都僅止於心理操控，旨在鼓勵受害者自願交出他們的資產。第一個階段是**「選定受害者」**（put up），即是騙子確定他們的目標。騙徒非常擅長辨識出可能成為騙局受害者的恰當人選。事實證明，沒有一種特定類型的人一定會成為騙局的受害者。更確切地說，我們都容易受到某些情況的影響，我們可能太想要某樣東西，或者我們可能覺得自己太脆弱和無知，讓我們過度依賴他人的建議（E. H. Smith, 1923）。那麼，什麼因素使我們最容易受到騙局的影響呢？通常是某種程度的需求、貪婪或同情。騙子學會識別出正處於容易受到貪婪、需求或同情影響的情況的人。

下一個階段是**「詐騙前戲」**（the play）。在這個階段，騙徒與目標成為朋友，利用他們的心理弱點引誘他們。我們所有人有時都有深厚的心理需求，例如對愛和關懷的需求、希望人們看見我們真實面貌的需求，或者希望與我們欽佩的人建立聯繫的需求。當我們過度需要某物時，我們會開始冒險去得到我們想要的東西。大量的騙局仰賴於情感需求當推動力，例如對愛和歸屬感的需求。這些力量讓受害者忽略最高明的騙子所呈現的危險訊號。大量的證據顯示，對歸屬感和情感聯繫的需求對人們產生了沉重的影響，當這些需求不足時，人們常會出現心理問題（Baumeister & Leary, 1995; Leigh-Hunt et al., 2017）。對聯繫的渴望使人們容易受到騙子的攻擊。一項研究檢視了超過五百八十場不同的騙局，發現騙子通常使用情感訴求、信任信號和行為承諾來引誘受害者（Fischer et al., 2013）。

另一個使人們容易成為受害者的心理特徵是貪婪。騙局經常仰賴受害者的貪婪，當成他們自身失敗的燃料。騙局經常承諾提供迅速致富的機會，人們被輕鬆致富的前景所深深吸引，蒙蔽了他們的判斷力，只看到他們希望為真的事情。心理學家將這種認知錯誤稱為確認偏誤（confirmation bias）。我們傾向注意支持我們希望為真的事物的證據，同時我們未能注意或忽略了與我們珍視的希望和信念相反的證據。

同情是讓人們變得脆弱的另一個致命傷。看到一個可能處於危難中的人，陌生人只要發揮舉手之勞便能拯救，令人難以抗拒。大多數人都強烈渴望減輕他人的苦難。騙子使用心理學的小技巧來釣他們的目標。詐騙者利用我們的同情和仁慈打開我們的心和錢包。在自然災害後，假的慈善機構如雨後春筍冒出，利用那些被無助的災民牽動心弦的人。騙子徵求捐款，而我們這些富有同情心的人面臨被欺騙的風險。

在「詐騙前戲」階段，騙子使用精微的技巧，例如請目標為他們保管錢包，或分享自己的尷尬資訊。騙子願意使自己顯得如此脆弱，讓目標信任他們，並與他們建立情感連結。他們使用他們的說服技巧讓目標喜歡他們、愛他們，並信任他們。大多數人都被調教成信任並樂於助人，而騙子正是利用我們內在的這些傾向。

在確保了目標的信任後，騙子會移動到下一個階段，稱為**「詐騙圈套」**（the rope）。這是騙子首次向他們的目標投放計謀的地方。「嗨，我從我阿姨那裡繼承了一千萬美元，但我欠稅，所以我不能合法繼承我的遺產。」或者可能是，「我已經愛上你了，真的想和你在一起，但我被困在海外，現在無法兌現我的薪水支票。」在這個階段，騙子利用貪婪、需求或同情。

在騙局的下一個階段，**「詐騙童話」**（the tale）中，騙子用餌說服受害者。「如果你能幫助我，我的錢會分給你。」輕鬆財！或者「如果你可以寄錢讓我買機票，我下週會飛來見你，我們可以在一起。我到時候就會還你。」或者可能是，「如果你可以借我一筆小錢，我們就能一起用我孩子需要的藥物，拯救她的性命。」騙子創造一個情景，其中你的或他們的困境可能只需一個小動作就能解決。許多人只是為了表現出一點同情和善意就主動站出來，然後掉進騙子的陷阱。他們提出的問題經常很小，以免嚇跑目標，例如：「銀行在我付稅之前，不讓我使用這筆巨額遺產。如果你能借我一百美元，讓我付給我在銀行認識的一個人，他們會釋出幾千美元給我。我明天就可以還你二百五十美元。」

「詐騙童話」為騙局的下一個階段設定了舞台，**「獲利誘餌」**（the convincer）。在受害者借了一百美元後，騙子實際上確實回報他們二百五十美元。這次的回報使目標確信他們所冒的風險是一個偉大的決定，使他們確信他們有一個穩賺不賠的方法。他們還可能確信自己的慷慨，因為幫助了身陷困難的人。並非所有的騙局都跟金錢有關，在愛情騙局中，說服物可能是愛情或親密的告白，比如「當我看到你對我有多慷慨時，讓我想要永遠和你在一起。」

當目標完全確信騙子的合理性時，詐騙者就要來大開殺戒了，通常被稱為**「一敗塗地」**（the send）階段。他們可能會說「我的銀行朋友說，如果我們可以在星期五之前付她一萬美元，他們就可以釋出剩下的一千萬美元給我們。如果你能借我一萬美元，我可以在星期六還你五萬美元，就像我們上次一樣。」他們甚至可能增加一點額外壓力：「如果你不行的話，我很確定我其他朋友會很樂意幫忙。盡快讓我知道，這樣我才可以把你納入。」

一旦目標的存款被騙走，騙徒通常會掩蓋他們的蹤跡，並阻止受害者報警：「哦，我的天哪！幫助我們的銀行朋友剛剛被逮捕了，現在FBI正試著查出我們是誰。我不確定該怎麼拿回我們的錢，但我們也許應該避一下風頭。」通常，被逮捕的恐懼不是讓受害者保持沉默的必要條件，而是被如此輕易地愚弄的羞恥和尷尬，就足以讓許多受害者保持沉默。

行使詐騙的大騙子是受到貪婪的驅使。他們想要你的錢，而且他們想免費得到。誠實通常不會讓人們與他們的財富分離，所以詐騙者說謊。好好思考對說謊和不誠實的三元論，我們可以看到騙徒認識到誠實並不會引發他們想要的反應。人們不會只因為騙徒想要他們的錢就雙手奉上，因此騙徒看到了說謊的效用。他們還相信他們能逃脫說謊的懲罰。騙徒經常以說謊維生。他們擅於此事，並且相當明白。另外，他們可以在道德上為說謊辯解，騙徒經常相信他人的財富是自己應得的，他們將受害者視為壓迫他們的不公平體系的一部分。他們說服自己，如果其他人也是聰明絕頂、足智多謀的話，他們也會做出同樣的事情。電影《神鬼交鋒》（*Catch me if You Can*）（Spielberg, 2002）所描寫的連續詐騙高手小法蘭克・威廉・艾巴內爾（Frank William Abagnale Jr.）宣稱：「那時只要我沒有傷害任何人，人們就不會覺得我是一個真正的罪犯。我的受害者都是大公司，我當時是一個洗劫權勢集團的孩子。」（Strickler, 2002）儘管他的受害者表示，他們被他的謊言嚴重傷害。柯妮可娃（2016）研究了數十個詐騙高手，她聲稱他們有一種自戀的、膨脹的自我感，他們相信他們比我們其他人更特別，因此有權取得他們想要的東西。他們覺得他們比你更值得擁有你的錢（Pazzanese, 2019）。雖然並非所有的大騙子都是詐騙高手，但所有的詐騙高手都是大騙子。他們使用說謊這個工具取得他們想要的一切。

龐氏騙局

伯納・馬多夫是一位美國金融家，他成功地騙了他的受害者六百四十億美元（Graybow, 2009）。他說服了熱切的投資者，如果他們將錢寄托給他，他可以為他們賺取驚人的回報——超過華爾街上的任何一家投資公司。但是，那些夢幻般的金錢回報全部都建立在謊言的基礎上。馬多夫操作的是一場龐氏騙局（Ponzi scheme），這是美國史上最大的龐氏騙局。其運作方式是，用後期投資者的錢來償還給初期投資者，以支付給原始投資者的高回報當作該操作的強力行銷。初期的投資者急切地向其他人吹噓，拜天才投資經理之賜讓他們發大財。這種熱情的讚美使得更多的投資者交出他們的錢，讓騙局得以持續。許多投資者對自己能夠發財感到吃驚，於是再投資他們的收益，並更進一步維持龐氏操作。馬多夫年復一年進行他的騙局，拉入一個又一個的投資者。然而，只有源源不斷的新投資者帶來更多金錢，龐氏騙局才能持續，畢竟新的受騙者是唯一的收入來源。而隨著馬多夫的龐氏騙局愈滾愈大，人們退出投資的速度開始快過投資者的貢獻速度，馬多夫馬上嘗試招募新投資者，但他的運氣已經用盡。這個操作的資金不足就崩解了。

如同所有龐氏騙局一樣，在謊言的重壓下崩解了。一直以來，馬多夫都對證券交易委員會說謊，以免聯邦當局發起任何偵查或起訴。他也對幫助經營公司，但對龐氏騙局一無所知的家人說謊。他對幾乎所有人保密，只有少數幾個人知道真相。實際上，馬多夫從未實際被逮到，在他一意識到無法再愚弄投資者後就自首了。他最後向替他工作的兩個兒子坦承，讓他們知道整個價值數十億美元的公司「只是一個大謊言」（Appelbaum et al., 2008）。

馬多夫是如何能讓他的計畫持續（聯邦當局估計）約三十年？他說謊，他每天都在說謊。他對投資者、對聯邦政府和他的家庭都說謊。但這不僅僅是說謊，如果一個簡單的謊言可以讓某人詐騙數十億美元，那麼這種情況將會更加頻繁地發生。他以大騙子的身分大獲成功可能可以歸因於一些事情。首先，馬多夫有公信力。在開始龐氏騙局之前，他曾是一個成功的合法投資者。他也是證券業協會（Securities Industry Association）的董事會成員，這個職務為他增添更大的公信力。馬多夫也在他的騙局中利用了認同的親和力。我們所有人都對同圈子的人感到特殊的親和力，無論他們是家族成員、童年時代的朋友、大學校友，甚至是跟我們支持同一運動隊伍的人。我們對我們的內團體（ingroup）有偏愛或親和力。馬多夫是猶太人，他將猶太社群的內團體親和力變成他的優勢。然而，比起其他策略，馬多夫更仰賴的是受害者的貪婪。不過這並非暗示他的受害者有錯，而是說像其他投資者一樣，他們也想盡可能提高他們的收益。但有時候，貪婪會讓人們對警告訊號視而不見。

最後，馬多夫的騙局受害者範圍從富有的好萊塢名人，如：史蒂芬・史匹柏（Steven Spielberg），到相對不知名的退休者，他們把所有財產都託付給馬多夫（Pak, 2021）。其中一個受害者是諾貝爾和平獎得主和納粹大屠殺倖存者，埃利・維瑟爾（Elie Wiesel）。馬多夫騙走了他的畢生積蓄，以及另外的一千五百萬美元，這些錢來自維瑟爾成立的一個非營利組織，宗旨在對抗世界上的不公義和不寬容。總而言之，馬多夫欺騙了超過三萬個受害者。

研究明確顯示了騙子對社會所造成的巨大經濟和心理代價（European Commission, 2020; Gee & Button, 2019）。最近的估計是，全球因詐欺造成的損失超過五萬億美元。所有的詐欺的核心元素都是一個謊言。但世界上並不是所有的大騙子都是職業罪犯。對一些人來說，他們的職業原本就與說謊有關。

銷售人員與廣告

市場行銷和廣告似乎可以追溯到幾千年前（Eckhardt & Bengtsson, 2010）。毫無疑問，在許多世紀以來，擔任兼職心理學家的市場行銷人員意識到，他們可以多麼輕易使用誤導性廣告來利用愚笨的消費者。最早的廣告科學家之一是西北大學的心理學教授，華特・迪爾・史考特博士（Dr. Walter Dill Scott）。史考特曾說過：「人被稱為理性動物，但更真實的稱呼是暗示的生物」（1903: 59）。他認識到，無論廣告是否真實，人們對其的反應是情感上的，而非以理性的力量實事求是評估廣告商的說法。廣告商使用一些技巧，例如掛羊頭賣狗肉的手法、修飾的圖片或描述、謊稱品質或效果，以及潛在費用。這些謊言讓消費者難以辨別任何行銷說詞的真實性。

在美國，聯邦貿易委員會（Federal Trade Commission，FTC）（FTC, 2021）終於頒布真實廣告法（the truth-in-advertising laws），限制了廣告商一直在使用的謊言。然而，廣告商仍然以漫天大謊鼓勵我們購買他們的產品。二〇一六年，FTC控告福斯汽車（Volkswagen）以所謂的「乾淨柴油」引擎為行銷販售他們的車款（FTC, 2016）。這個謊言隱藏了福斯汽車實際上販售的是產生非法高度污染的車款的事實。在很多情況下，產品的健康功效都是胡說八道——在某些情況下，會使用一些籠統、富含意義的詞彙，如「天然」和「有機」，傳達有益健康和保健的感覺；但有時候，廣告詞墮入全然的不實，例如達能（Dannon）食品公司在毫無證據的情況下暗示他們的Activia優格能增強免疫系統時。FTC（2010）控告他們廣告不實，也控告家樂氏（Kellogg）在爆米香（Rice Krispies）玉米脆片的廣告不實（S. Young, 2010）。雖然現在在廣告領域當大騙子較難僥倖脫身，但廣告商似乎仍試圖挑戰極限。

廣告和行銷可以被看作是銷售的工具，所以人們可能會期待在一些組織的銷售部門中找到大騙子。銷售是一種談判的形式，如果我想買某件東西，而你想賣那個東西，我們可以協商交換的條款。在許多情況下，這是個合作的過程——我們有一個共同的目標，以確保雙方都以對條款感到滿意的方式完成交換。在其他情況下，銷售談判是對立的——每一方都會使用軍火庫中的每個武器來勝過另一方（Shonk, 2021）。對立的方法經常利用欺騙另一方的工具。「背叛的行為」，「一樁詭計、虛構故事等等」，「一個計畫好的詐欺、騙局、欺騙」——這些都是牛津英語辭典中「賣」（sell）一詞定義中的一些元素。有幾則以達成交易為名公然欺騙的恐怖故事：在德州的一個法律案例中，一家汽車經銷商被告，其中一個原因是，銷售人員將一位聾啞客戶的鑰匙藏了起來，好讓客戶在買下車子前都無法離開（George Grubbs Enterprises, Inc. v. Bien, 1994）。法院判定銷售團隊有系統地使用欺騙，以及其他形式的心理操作盡可能提高他們的利潤。

銷售人員說謊一般不會被視為壞的特質。約翰霍普金斯大學（Johns Hopkins University）

和芝加哥大學布斯商學院（University of Chicago Booth School of Business）的研究人員研究了在職場上如何看待說謊者（Gunia & Levine, 2019）。他們最重要的發現是，人們傾向於將說謊視為在需要銷售的工作中的能力標記，例如銷售人員或廣告人員，但如果這個人的工作與銷售無關（例如化學家、圖書館館員），那麼人們的態度則反。此外，他們實際上更傾向聘請說謊者從事銷售工作。因此，成為一個大騙子，或者至少成為有能力的說謊者，在銷售領域似乎會被視為一項資產。

值得注意的是，消費者也會對銷售人員說謊（Anthony & Cowley, 2012; Papachristodoulou, 2019）。他們說謊是為了以談判得到他們所能得到的最好交易。有些顧客在情況不利時說謊，以獲得退款和換貨。他們謊稱自己支付全額的能力，他們為了折扣做出不正確的要求，他們謊稱自己對產品的感興趣程度，他們也謊稱自己有能力在其他地方找到更好的交易。他們密謀與說謊，將自己置於一個更好的經濟地位。也許不該感到驚訝的是，銷售人員也在這些價格和供應的對決中使用欺騙這一工具。討價還價是對爭議範圍的談判。也許這是一個把人變成大騙子的情境。

企業的說謊者

伊莉莎白・荷姆斯（Elizabeth Holmes）是一位聰明、有抱負的史丹福大學化學工程學生，她擁有職業行銷專家的公關才能。在二十歲之前，她就訂立了一個計畫，要經營一家註定改變醫療樣貌的血液檢測公司。當一個人去看醫生做血液檢測時，醫療技術人員會將一根針插入手臂，並抽出血液到小瓶子中。這些瓶子通常會被寄到實驗室，而病人和醫生則須等待結果出爐。荷姆斯設計了一個迷你型血液檢測單位，用一滴血就能進行便宜且即時的血液檢查，不再需要針、小瓶子和實驗室，只需要刺破手指的一滴血和幾分鐘的處理就可以產生所有結果。

荷姆斯從史丹福大學休學，並創立了一家名為療診（Theranos）的公司。她迅速從創投家和散戶那裡募集到資金。在短短幾年內，療診的價值達到九十億美元，而荷姆斯也得到了歐巴馬、拜登和柯林頓等人的盛讚。到二〇一四年初，還不到三十歲的荷姆斯，身價就已達到四十億美元（Pflanzer, 2019）。

根據荷姆斯的說法，被稱為愛迪生（Edison）的血液檢測機器正在迅速發展。不久之後，喜互惠（Safeway）連鎖百貨店和沃爾格林（Walgreens）連鎖藥局已經與療診合作，並投入數百萬美元來改造他們的藥局位置以使使用療診的設備。

但可惜了，事情並非如表面所見。療診的財務長因為質疑公司產品的可信性，以及管理團隊的誠實度而被解雇。療診被指責急著將產品上市，卻無視技術層面還跟不上。更有人說療診偽造測試結果。《華爾街日報》上的一篇文章狠狠批評了療診和荷姆斯（Carreyrou, 2015），該文聚焦在療診的技術有多項缺點，以及荷姆斯和其他高階主管所做出的可疑聲明。療診的合同被取消，當局開始進行調查，投資者們膽戰心驚。

果不其然，荷姆斯是一個大騙子。她一直在欺騙投資者，謊報公司所取得的技術進展。她聲稱愛迪生機器可以創造奇蹟，但事實是它幾乎無法做到荷姆斯所聲稱的事情。公司瞬間瓦解。到了二〇一六年，荷姆斯的財富蒸發了。二〇一八年，療診不復存在。美國證券交易委員會（U.S. Securities and Exchange Commission）指控荷姆斯和療診「大規模詐欺」。她被判詐欺投資者有罪，並被判處十一年以上徒刑。另外，她可能還必須賠償一億美元以上給受騙的人。企業組織專家朗．卡魯奇（Ron Carucci）對於為何像療診這類公司的領袖似乎把欺騙當成核心價值，而其他商業領袖卻格外誠實的現象很感興趣。透過他的諮詢公司，他根據與大小公司多年合作所進行的數千次訪談，進行了一項研究。他發現腐敗個人似乎並非公司表裡不一的重點，而是組織因素導致公司中的人變得不誠實（Carucci, 2019）。他發現具有詐騙性質的公司往往缺乏戰略清晰（strategic clarity）。也就是說，公司的實際行為與其陳述的使命不一致。不一致的公司的員工注意到了這種不連貫，似乎忽略了公司所說明的價值觀，包括誠實和正直。卡魯西也發現，不誠實的公司裡員工也傾向認為他們的公司不公平。他們認為，不論他們做什麼，都不會得到應有的功勞，所以他們靠說謊取得領先地位。最不誠實的公司也往往治理不善，會議被視為浪費時間，真正的決策以謠言和八卦為本，而非事實和頭腦清晰的管理。最後他發現，當組織中的人或小組被孤立或分離時，他們的不誠實就會失控。組織內的小團體開始互相競爭，他們以謊言取得領先地位。結果顯示，公司內的合作和透明度能維護誠實度。

俄勒岡大學（University of Oregon）的教授人衛・馬可維茲（David Markowitz）等人（2021）可能已經找到了為什麼有些組織充滿了大騙子，而有些組織則相反的另一個重要線索。研究人員研究了《財富》（*Fortune*）前五百大公司中的一百九十家的行為準則。他們好奇行為準則的訂定方式是否對公司的道德和誠實行為有任何可識別的下游效應。他們進行了詳細的語言分析，研究了每個行為準則中使用的單詞和短語的類型。他們發現的情況非常有趣，大多數公司都有涵蓋關於誠實、公平、忠誠、尊重等道德領域的政策。然而，研究人員發現並非所有公司都清楚地傳達了對這些價值觀的期望。他們確定許多公司使用非常直接了當、坦率、明確的語言，然而有些公司在措辭上則稍微模糊、混亂、抽象或複雜一些。使用這種晦澀的語言導致了研究人員稱之為「欺騙螺旋」（deception spiral）的結果。當人們閱讀一個混亂的行為準則時，他們會認為公司在可信度、道德和熱情度方面都很低。你可以想像，在這些公司的員工，可能不會覺得他們的雇主真的在乎美好的德行。

欺騙螺旋進一步持續。研究人員發現，相較於閱讀明確、直率的價值觀和期望的人，閱讀含糊不清的行為準則的人顯然更可能參與各種形式的舞弊行為（Markowitz al., 2021）。因此，行為準則的措辭方式的確可能導致人們出現不誠實行為。

在欺騙螺旋的最終階段，研究人員檢視了研究中的《財富》前五百大公司的違反道德行為（Markowitz et al., 2021）。違反道德包括詐欺、違反規則和其他違規行為。結果顯示，行為準則晦澀的公司比書寫明確的公司更可能發生違反道德的行為。來自組織高層的訊息似乎轉化為員工抱持的態度，促進誠實或不軌的行為，導致公司出現廣泛的不道德行為模式。看來公司也可以是大騙子，而它們是否屬於這種情況，則取決於公司的結構和文化。

安隆（Enron）創立於一九八〇年代中期，是一家能源供應和貿易公司，並以創新的措施進軍電子商務。在肯尼斯・雷伊（Kenneth Lay）和傑佛瑞・史基林（Jeffrey Skilling）的領導下，安隆在一九九〇年代和二〇〇〇年代初成為了一個巨頭集團。年復一年，安隆公布了令人難以置信的龐大收益。在該公司巔峰時期，市值高達七百億美元。安隆的驚人成功取決於一個小技巧——其管理者們說謊了。當公司遭受巨大損失時，高階主管們會建立合夥公司，然後將巨大的損失轉移到這些公司，基本上就是這樣掩蓋了數十億美元的赤字。安達信會計師事務所（Arthur Anderson），最大型和聲望最高的會計公司之一，為安隆的帳目作擔保，密謀幫助安隆進行企業史上最大的一次詐騙（National Public Radio, n.d.; Thomas, 2002）。安隆的領導者向低階主管施壓，要求他們隱匿債務，滿足華爾街的期望，並透過一些會計技巧，故意放煙幕彈，以及曲解利潤的資訊，來掩蓋安隆真正的情況（McLean & Elkind, 2003）。安隆說服了投資者和監管機構，他們的收益在四年內從一百三十億美元成長到一千億美元以上，也就是百分之七百五十的成長，十分驚人。

人們開始質疑為什麼安隆對資產負債表保密周到。投資者驚恐萬分，證券交易委員會則著手進行調查。在二〇〇〇年底，安隆的股票交易價格為九十美元。一年多以後，同樣的股票只值幾分錢。安隆崩解了，投資者蒙受巨大的損失。對詐騙一無所知的安隆的低階員工，他們的退休帳戶則與公司的股票綁定，積蓄隨之消失了。那是當時美國歷史上最大的一次會計醜聞。然而一年後，另一家公司世界通訊（WorldCom）發生了類似的會計醜聞，打破了安隆的紀錄。

執法機關

一項二〇二〇年的蓋洛普（Gallup）民意調查顯示，對警察的信心已跌至歷史新低，對執法單位表示信任的美國人不到一半（Brenan, 2020b）。儘管喬治・佛洛伊德（George Floyd）

被殺害，以及其他明顯的警察不當行為的廣泛報導確實促使信任感下跌，但對警察不太信任的氣氛持續存在，可能與警方中的不誠實行為相關。歷史上，時常出現執法人員說謊和以其他方式展現不誠實的傳聞、謠言、主張，甚至是有紀錄的例子。甚至在美國大城市，還有許多針對警察不誠實行為所做的全面性調查。舉例來說，在一九九四年，紐約市市長大衛．丁金斯（David Dinkins）指派紐約市委員會（City of New York Commission）調查警察貪腐的指控以及警察部門的反貪腐程序，俗稱為莫倫委員會（Mollen Commission），目的是調查警察不當行為的性質和程度。該委員會得出的結論是，對貪腐鬆懈的文化導致了紐約市警察部門的普遍腐敗、犯罪和無法無天。欺騙和對違反規則視而不見使該部門成了一個謊言窩。有資料記載芝加哥（Morell & Smith, 2020）、洛杉磯（Rector et al., 2020）和其他主要城市的警察部門，因明哲保身而對謊言普遍容忍。許多公民將警察視為大騙子。

但並非所有警察的謊言都是非法的。事實上，許多警察局的大騙子都得到法律體系撐腰，而且這些謊言本身就被認可為合法行為。一九六九年，美國最高法院審理了**法希爾對卡普**（Frazier v. Cupp）的案例。馬汀．法希爾（Martin Frazier）在酒吧和他的堂兄一起喝酒，警察後來發現該酒吧的有個老主顧被謀殺；警察接著拘留了法希爾和他的堂兄，並將他們分開進行審問。調查人員對法希爾說了謊，謊稱他的堂兄已經坦承，還說法希爾也有參與謀殺。法希爾否認了這個指控，但最後卻承認涉案。在審判時法希爾的律師主張，由於警察的欺騙行為，應該讓法希爾後來提供的自白無效。但最高法院作出了相反的裁決，認為警察的欺騙行為並不影響自白的採信。從那時以來，法庭已將此案視為支持警察以公然說謊當審問策略的合法性。在各種案件中，警官謊稱有不利嫌犯的證據，引出他們的自白。例如警官謊稱一個已死的嫌犯仍然活著，謊稱指紋證明嫌犯與犯罪的關聯，謊稱衛星影像顯示嫌疑人正在犯罪，以及謊稱DNA證據是不容否認的（Najdewski & Bonventre, 2014）。雖然這些欺騙技巧可能有助警察從有罪的嫌犯口中取得自白，但同時也增加無辜的人說出虛假自白的可能性。

萊德偵訊技術（Reid technique）是美國最廣泛使用的警察審問技術之一（Sanow, 2011）。這是一九五〇年代由約翰・萊德（John Reid）所發展，他是一位曾當過芝加哥警察的心理學家。該技術在審問中用來讓嫌疑人產生情緒的雲霄飛車，審問者透過說服嫌疑人沒有逃脫的機會，然後轉變為富有同理心、樂於幫助和理解的態度，創造跟嫌犯站在同一邊的氣氛，來施加極大的壓力逼他招認。萊德偵訊技術提出了幾個欺騙策略，包括對嫌犯的困境顯示虛假的同理心，欺騙嫌犯說犯罪行為在道德上似乎是正當的，並虛偽地提供一個原因或理由來解釋為什麼犯罪可能是合理的。對萊德偵訊技術的其中一個批評是，它導致了不實的自白，主要是嫌犯完全相信他們無法擺脫他們的困境，於是他們假裝認罪希望獲得從輕量刑。

但在德國和英國，警察的這種說謊行為並非標準做法，執法人員不僅能維持取得自白的高比率，假自白的比例也很低（Craven, 2020）。這些發現質疑了聲稱警察為了有效保護大眾，不誠實有其必要的正當性。

美國的一些法院開始將警察審問時的欺騙策略視為過度強制。舉例來說，在伊利諾州，某上訴法院推翻了一位十八歲少年的謀殺罪。在那個案例中，警察審問時騙嫌犯說，他們有無可辯駁的證據證明他有開槍。他們使嫌犯相信，面對這種無可否認的證據，如果他認罪，情況會對他較有利。於是他提供了自白並被定罪。上訴法院隨後確定嫌犯的認罪不實，主要是因為他相信了審問者所捏造的謊言（M. Cohen & Kuang, 2018）。二〇二一年，伊利諾州通過了一項法律，禁止調查人員在審問未成年人時說謊，儘管他們仍然可以對成年嫌犯撒謊（Taylor, 2021）。在其他幾個州，政治家們已經提出了大幅度限制在審問中使用欺騙的法案（Quiroz, 2021）。

講台上的說謊者

安迪・特勞布（Andy Traub, 2017）描述了他所處教區的牧師的案例。他發現他的牧師既好笑又吸引人，而且真誠，但他也是一個大騙子。一些敏銳的信眾注意到，牧師的布道內容與其他牧師的內容類似。他們做了深入的研究，得出了一個令人不安的結論。他們的牧師過去五年來所發表的每一次布道，幾乎每一個字都是盜用。他偷了標題、藝術作品、他的詮釋、他的笑話、他的童年故事等等。他在每次布道中說的一切都是從別人那裡偷來的，然後講得一副都是他自己的東西。這個站在祭台上的人是一個大騙子。結果顯示，一些大騙子的動機似乎純粹是因為懶惰。

其他在講台上的大騙子為了金錢利益而說謊。著名的電視布道家吉姆・巴克（Jim Bakker）因被判定多項詐欺和密謀罪而入獄多年（Effron et al., 2019）。他向他的追隨者說謊，告訴他們捐獻的錢將用來幫助海外的窮人。他對其他人說謊，告訴他們捐款會拿去投資在一家飯店上。實際上，他使用這些資金來維持奢華的生活，並付給一名他涉嫌迷姦的女性。

其他著名的宗教人士也利用漫天大謊來掩蓋不良行為，如性冒險。泰德・賀格（Ted Haggard）是一位福音傳教士，領導一個有一萬四千名成員的教會（Harris, 2010）。他反對同性戀，但後來被指控與同性外遇和使用非法藥物；他向他的追隨者否認所有指控。終於，一則語音留言洩漏了他請求他的男性戀人幫他取得一些安非他命。他繼續說謊了一段時間，最後才向他的信眾全盤托出。

還有些人僅僅是為了創造出令人印象深刻的個人故事而說謊。賓夕法尼亞州的牧師吉姆・莫茲（Jim Moats）花了多年時間說服他的信徒他曾待過越南，在海軍海豹突擊隊（Navy

SEAL）服役（Daily Mail, 2011）。他用令人痛苦的軍事冒險故事打動他的教區教徒。他似乎借用了好萊塢電影的故事情節，包括因為態度不良被分配到廚房洗碗（來自史蒂芬・席格〔Steven Seagal〕主演的電影《魔鬼戰將》〔*Under Siege*〕；A. Davis, 1992），或者他在接受審問抵抗訓練時，被水刑虐待的橋段（來自黛咪・摩兒〔Demi Moore〕主演的電影《魔鬼女大兵》〔*G.I. Jane*〕；Scott, 1997）。他會戴著真正的海豹突擊隊的金色三叉戟徽章（在一家軍事用店買的）在鎮上走來走去。他的謊言最終被一位真正的海豹突擊隊隊員揭穿，莫茲承認他是一個大騙子。

其他在天主教會被廣為報導、制度中的大騙子實例，以大量兒童性虐待事件為主。二〇一九年，樞機主教希歐多・麥卡瑞克（Theodore McCarrick）對未成年人和成年人的性騷擾與性虐待被判有罪。他隨後被解除天主教神職人員的職務。有許多對麥卡瑞克提出的指控，但全部都被他駁斥。有些專家認為他是病態性說謊者。儘管麥卡瑞克的惡行令人反感且不安，但有令人信服的證據顯示，教會的領袖們密謀說謊並掩蓋他的罪行（Rocca & Lovett, 2020）。

醫生的謊言

從事助人行業的人較不會被判定為大騙子。醫護往往被大眾一致評為最誠實和道德的職業，即使有些護理師會說謊（Gallup, 2020; Teasdale & Kent, 1995）。醫生和心理學家也容易遇到對病人說謊的困境，但他們的工作通常不會被視為說謊的職業（Curtis & Hart, 2015; Palmieri & Stern, 2009）。這些助人的行業可能被視為誠實，特別是因為這些專業人士在幫助他人，即使需要付出說謊的代價。

在一項研究中，超過一半參與問卷的醫生承認，有時用比事實依據更樂觀的態度描述病人的預後（Iezzoni et al., 2012）。他們還表示，他們會隱瞞與藥商的金錢關係，以及隱瞞醫療過失的事件。不過，整體而言，大多數醫生說他們大部分時間都很誠實。約百分之九十的人表示，在過去的一年裡，他們對所有病人都很誠實。

在二〇一四年，心理健康基金會（Mental Health Foundation）召集了一大群專業人員、研究人員、護理人員和其他專家來探討向失智症（dementia）患者說謊的主題。經過十八個月的廣泛調查、分析和探索後，小組得出結論，許多照顧失智症患者的護理人員、專業人員和工作人員經常使用謊言和其他形式的欺騙，維持他們病人的健康（Mental Health Foundation, 2016）。小組得出結論，最好脫離「永不說謊」的哲學，而是考慮使用「非真實」的互動，以減少他們病人的困擾。他們主張，秉持善良且慈悲為懷的努力來幫助病人理解他們自己的現實才是最重要的，而非讓護理人員把真相強加給病人。也就是說，他們贊同慈悲為懷的不誠實。

萊恩（Ryan, 2004）主張，因為在我們的文化中，醫生擔任一個家長式的角色，引導病人穿越病人可能不太熟悉的水域時，他們通常不會說謊；相反地，他們會謹慎嘗試少談真相，保護病人免受令人極度不愉快的真相之痛。與其說出殘酷的事實，醫生經常與他們的病人共謀，找到最好的真相版本，這個版本傳達了病人可以忍受、最接近的大略真相。透過這種共同的現實建構，醫生和病人共同撰寫了關於痛苦、倖存和死亡的可接受敘事。這些積極的詮釋並不一定且經常不必要公然說謊。畢竟，以「你有很大的機會度過難關」描述一個有百分之九十機會很快就死亡的人時，僅只是一個樂觀的觀點。

有些醫生因為慈悲、溫暖和同情而成為大騙子。然而，並非所有的醫生都是仁慈的欺騙者。法里德．法塔博士（Dr. Farid Fata）是一位腫瘤學家，擁有密西根州最大的腫瘤診所之一（Schecter et al., 2015）。他開設診所幾年後，其他醫護人員開始對他對患者的治療表示關切。法塔似乎正在使用過度積極且可能不必要的癌症治療方法。在當局調查法塔的一些醫療措施時，他們沒有發現不法行為的證據。但隨著時間的過去，愈來愈多的患者和同事擔心法塔正在使用非標準的方法來治療患者，而且偶爾會發生誤診。

有一次，法塔不在國內，他新診斷的其中一名癌症患者摔斷了腿。她被法塔的一位同事治療。而當那位醫生再次檢視患者的血液檢查結果時，他大為震驚。她根本沒有癌症的跡象。這位醫生在懷疑之下，開始再次檢視法塔其他患者的病歷。他發現了驚人的事實：即使患者沒有任何生病跡象，法塔仍診斷他們罹患癌症。然後，他使他們接受不需要的昂貴化療，有時多達數年。後來FBI終於介入，迅速確定法塔對患者謊報診斷，並向他們和他們的保險公司騙取治療費用。一位患者勞勃．索布雷（Robert Sobieray）談到了他所忍受的傷害，這位醫生捏造了一個假診斷給索布雷，告知他罹患一種罕見的血癌，這將需要大量和昂貴的化療和放射治療。這些治療產生了代價，索布雷的身體無法控制地抽搐，牙齒也逐漸脫落，他終於了解到他的痛苦都是漫天大謊的結果。最終的紀錄顯示，法塔至少向五百五十三人說謊，使他們相信自己患有癌症並需要治療。他已經詐騙了患者和保險公司至少三千四百萬美元。他承認他的謊言全出於純粹的貪婪。

儘管有些醫生可能是大騙子，但有些人則將說謊帶往另一個境界。艾瑟．厄茲基拉茲（Ayse Ozkiraz）的父母希望他們的女兒學醫，並成為一名醫生（Kaya, 2022）。當艾瑟宣布她在醫學院入學考試上考得很好，還被醫學院錄取時，艾瑟的父母欣喜若狂。最後她畢業，並在一家國立醫院擔任一般科醫生，她發現自己對外科手術感興趣，因此她開始與兒科手術部門的一位醫生合作。她進行了檢查，甚至被允許參加手術，在手術程序結束時替病人縫合。

但遺憾的是，艾瑟・厄茲基拉茲根本不是醫生。她未能通過醫學院入學考試，但她仍舊假裝去醫學院上學；她住在宿舍，經常與醫學生一起廝混，但從未踏入醫學院的教室。她偽造了她的文憑並謊稱她的資格。她是一個完全的騙子。在她因謊言被捕後，她承認她的所作所為全因為她不想讓家人失望。

說謊的律師

律師經常被視為比大多數的職業更不誠實和不道德（Gallup, 2020）。經典故事《梅岡城故事》（*To Kill a Mockingbird*）（H. Lee, 1960）裡的阿提克斯・芬奇（Atticus Finch），被描繪為一位坦率和誠實的律師。與醫生不同，律師背負著被普遍認定是說謊者和詭計多端的刻板印象（T. L. Davis, 2016）。有趣的是，儘管律師被視為比醫生不誠實得多，但他們的專業度並未被否定。看來在法律的世界，不誠實被視為職業樣貌的一部分。偶爾扭曲事實是為了仁慈地幫助他們的客戶，就像醫療專業人士運用欺騙幫助他們的病人一樣。

根據美國律師協會（American Bar Association, 2019），「律師不得蓄意對第三人做出與重要事實或法律相關的不實陳述。」也就是說，律師不應該說謊。他們會這樣做嗎？布魯斯・格林（Bruce Green），福坦莫法學院的路易斯史坦法律和倫理中心（Fordham Law School's

Louis Stein Center for Law and Ethics）主任，認為儘管公然說謊是不道德的，但這種道德要求，與極力捍衛和服務一個客戶到最大程度的道德義務之間，存在著緊張關係（American Bar Association, 2018）。這種微妙的平衡行為可能排除了律師的公然謊言，卻為其他形式的欺騙騰出了空間，例如隱瞞、誇大、誤導和保留。就像那位高尚的醫生一樣，為了產生效果，律師不能將所有事實都搬上檯面，因為許多事實勢必為他們的客戶帶來問題。他們也不會說了謊還毫無悔意。律師反而接受了挑戰，創造出節約版本的真相。他們講述他們所能講的最好的真相版本。

儘管如此，還是有些人做得更為過火。律師麥克・阿維納蒂（Michael Avenatti）被判處十四年徒刑，還需償還數百萬元給受害者。幾年來，阿維納蒂代表了幾位客戶，為他們爭取到數百萬美元的賠償金。唯一的問題是，他自己私吞了這些賠償金。他侵占了某位客戶的數百萬美元賠償金，且立刻用這筆錢購買了一架私人噴射機。他謊稱這筆錢被對方律師誤扣。他對其他客戶也故技重施，偷錢後再說謊掩飾他的行徑。

政治

當我們告訴你政治家有時會說謊時，希望不會讓你覺得震驚。早期的美國總統被視為正直的支柱，實際上，人們將華盛頓的話當成神話般引用，當他被問到砍倒櫻桃樹的事情時，他無法說謊。林肯的正直使他被賦予「誠實的亞伯」的綽號。然而到了歷史時間表上的某處，美國總統和政治家的誠實徽章被替換為大騙子的獎杯。一項最近的蓋洛普民調（2020）發現，政治家被視為最不誠實和最不道德的專業人士之一。

在最近的總統選舉中，大騙子的指控往往備受矚目，候選人藉由公然稱呼對方為說謊者，來質疑對方的正直。在二〇一六年的總統選舉中，唐納·川普（Donald Trump）指控希拉蕊·柯林頓（Hillary Clinton）掩蓋電子郵件一事說謊，而希拉蕊則指控川普關於稅收的謊言。同樣地，在二〇二〇年的選舉中，川普總統指控拜登說謊，指控他無法說明在兒子的生意中所佔的角色，而拜登則指控川普對新冠病毒造成的威脅說謊。

透過使用「說謊者」這個詞進行抹黑攻擊，對總統候選人來說並不是一個令人意外的策略，因為給人誠實的觀感對這個職位來說很重要。一項民意調查發現，美國人認為候選人的誠實性是選擇總統的最重要因素，比議題立場和領導力、經驗和智力的問題更為重要（Fournier & Tompson, 2007）。諷刺的是，反對說謊的政治人物往往連任率較低（Janezic & Gallego, 2020）。因此說謊往往在政治中深化。

在政治中，說謊是無所不在的（Macqueen, 2017）。在美國，歷史描述了一個個在政府高層的大騙子。人們可以思考看看誰是說謊最多的人，是那個說了一個謊言就使國家一頭衝進一兆美元的戰爭、造成數十萬人喪命的人，還是那個持續不斷說謊，但後果較不嚴重的人。勞勃・甘迺迪（Robert Kennedy）曾說副總統（但即將成為總統的）林登・詹森（Lyndon Johnson）「一直在說謊。我告訴你，他不斷地對所有事情說謊。即使不需要說謊，他也會說謊。」（Shesol, 1997: 109）。這句話指的是他內閣裡的一個成員，而非反對黨。在艾特曼（Alterman, 2020）的書《國家謊言》（*Lying in State*）中，記錄了總統欺騙的悠久歷史，從詹森對越戰的謊言、尼克森（Nixon）對水門案含糊其辭；到雷根（Reagan）在軍售伊朗醜聞（Iran-Contra affair）的不實之詞，其祕密出售武器（儘管有武器禁運）給美國的宿敵伊朗，以用來資助在尼加拉瓜進行的祕密戰爭（儘管國會已禁止這種援助）。老布希（George H.W. Bush）謊稱科威特的嬰兒被伊拉克士兵從保溫箱中扔出，以爭取對美國入侵的支持。柯林頓不斷對他的婚外情說謊。小布希（George W. Bush）散布伊拉克擁有大規模殺傷性武器的謊言，使美國陷入最長且成本最高的戰爭之一。歐巴馬說謊是為了炒作他的議題，淡化他施政的缺陷，並對他的對手提出不實的指控。例如他聲稱：「我們簽署了史上最大的中產階級稅收減免的法律。」儘管事實上許多歷史中發生過的稅收減免比他所說的還大得多。

然而，只要討論任何政治大騙子，就不能不談川普總統令人矚目的欺騙能力。他從一開始就以謊言展開他的任期。儘管在他的就職演說期間一直下雨，他卻宣稱：「事實是，雨立刻停了，然後就放晴了……等我一走就傾盆大雨，傾盆大雨。」

《華盛頓郵報》（*The Washington Post*）記錄了川普在任期間發出的每個不實或誤導性的聲明（Kessler et al., 2021）。在他的總統任期結束時，川普已經累積了驚人的三萬〇五百七十三個不實或誤導性的主張。這相當於他在任時每天說了二十一個謊言。而這些謊言中幾乎有一半是在他最後一年的任期內說的。在一天之內，他就說了一百八十九次謊。許多評論家和歷史學家都指出，雖然所有的總統都是紀錄有案的說謊者，但川普次數頻繁且無憂無慮地隨口欺騙完全是史無前例的。為了進行比較，有個分析只探討明顯的虛假和謊言，不包括誤導性的陳述。他們發現川普在上任的第一年說了大約一百二十四個謊。相比之下，《華盛頓郵報》記載歐巴馬在他八年的任期內，每年說了大約兩個謊。川普以吹噓就職典禮觀禮人數的謊言開始了他的總統生涯，並在卸任時散播了一個漫天大謊，也就是他實際上贏了大選。

儘管川普的謊言透明無比，但在他任期晚期的一項蓋洛普民意調查發現，仍有超過三分之一的美國成年人認為川普是誠實和值得信賴的（Brenan, 2020a）。難道他們相信他的謊言嗎？如果人們認為分享故事的人是值得信賴的，那麼他們就會傾向於相信故事，而非說故事的人本身的可信度（American Press Institute, 2017）。研究顯示，當人們在網路上評估故事的真實性時，他們更相信他們所信任的人，而非可靠的媒體機構。因此，如果一個被大眾信任的政治人物說出了一個虛假的陳述，而一個新聞機構暗示前者是不實的說法，人們可能更傾向於相信他們所信任的政治人物，而不是指出謊言的新聞來源。

但為什麼人們即使在有明確且有力的證據表明那些政治家在說謊之後，仍然繼續支持和跟隨他們呢？看來大多數人都成為了部落主義（tribalism）、選擇性知覺（selective perception）、認知失調（cognitive dissonance）、動機推理（motivated reasoning）和我們認知硬體中其他錯誤的受害者。我們經常透過我們的內心感受，而非我們面臨的事實來得出我們的結論。部落主義是普遍存在的（Packer, 2018），我們所有人都屬於某個群體，無論是我們支持的運動隊伍、我們畢業的學院、我們居住的州等等。這些都是「我們的人」，而其他人則是「其他人」。我們更喜歡與我們同族的聯繫，當他們犯錯時，我們會對他們網開一面，我們會給他們優惠待遇，而且我們認為他們是更好的人。

部落主義甚至導致人們在他們的群體裡的人說謊時，選擇視而不見。在一項調查中，百分之九十六的人，無論是共和黨還是民主黨，都說他們認為誠實是政治領袖「絕對必要」或「非常重要」的特質（Heimlich, 2008）。然而，在參與調查的百分之五十五的共和黨人表示，他們將在二〇二〇年投票支持他們認為會為了掩蓋真相而說謊的總統候選人（Dallas, 2018）。在二〇一五年時則有百分之十二的共和黨人持同樣說法，不降反增。民主黨人也容忍說謊。當柯林頓對他與陸文斯基的性關係說謊被抓包時，他在黨內的支持度基本上沒有改變（Desilver, 2019）。

支持者允許政治家明目張膽說謊的原因根植於同盟心理學（coalitional psychology）

（Tooby, 2017）。同盟（Coalitions）是一群擁有共同抽象身分的人，同盟可以因地理接近性、表現型相似性、共同經歷、相似的信仰體系或共同目標而形成。以一個緊密的團體而言，聯盟會共同行動、通過共享的身分來實現共同的目標並捍衛共同的利益。人類學家圖比（Tooby）認為人類是瘋狂於身分認同的。人們很容易識別同盟成員，無論是基於宗教、社會、政治、民族主義還是其他圈子。同盟的成員資格允許成員在與非成員發生衝突時放大他們的力量。想像一下，如果酒吧群架中的一個參戰者恰好旁邊有著他的橄欖球隊隊友，那麼情況可能會如何發展？同盟成員會為這個原因聚集在一起，支持和捍衛彼此，與將他們綁在一起的意識形態價值。

但是，同盟如何確定需要戰鬥時，每一位成員真的會挺身而出呢？圖比（2017）認為，其中一種方式是透過認可那些同盟特有的共享信念來表現忠誠。舉例來說，在宗教中，成員會一致認同某些信念，如酒會變成血、無形的天使在頭頂飛翔、老鼠是轉世後的人、信仰可以保護人不受毒蛇咬傷，或者透過自殺，一個人的永恆靈魂會被藏在彗星尾巴後的太空船中的外星天神所拯救。同樣地，圖比認為，政治部落也會圍繞共同的信仰結合在一起，而且同盟認可的信念愈是荒誕，同盟就愈能確定每位成員是「忠誠」的成員。

這個過程或許可以解釋共和黨人對川普某些謊言的反應。當一些曾被認為具有堅定共和黨資格的人開始質疑川普的這些謊言，比如「勝選是從川普手中被偷走」的這種想法時，同盟的其他成員會將他們視為叛徒，認為應該將他們從團體中驅逐出去，或者更糟。不可否認的事實、理性的論點、邏輯和理智都不重要。當同盟成員質疑同盟的神聖教條時，他們就顯示出不再可靠的狀態。另一方面，即使面對明顯矛盾的證據，那些願意重複明顯是虛假陳述的黨員會被視為真正的信徒，值得繼續擁有同盟成員資格。

根據這一理論，人們願意附和的謊言愈是荒謬，其他人就愈能確定他們對同盟的忠誠。從這層意義而言，一個人說相信某個謊言可能根本不代表他們的實際信念。更確切來說，重複這個謊言僅只是向團體發出一個人站在哪一邊的信號。

接受謊言並不僅僅是川普風格或保守派的問題。一些自由派同盟的同盟信號也包括這樣的主張，例如認為男女之間沒有天生的差異、認為傷害性的言詞是實質的暴力等等。這些荒謬的主張被用來實現社會凝聚力。這種形式的信號被稱為說「藍色謊言」（blue lies）。大多數人認為說謊在道德上是令人反感的，然而，有些謊言能被接受，是因為它們以某種方式達到團體或部落的更大利益，以一套信仰讓部落結合在一起，儘管論點不實，卻表現出對團體的奉獻。在這層意義上，它們被視為有利於社會，因此在道德上是正當的（J. A. Smith, 2017）。無論是川普暗示歐巴馬不是在美國出生，還是希拉蕊宣稱對她丈夫的財務與不端的性行為進行調查，是龐大的右翼陰謀的一部分，這些謊言都被同盟的忠實成員所接受。挑戰謊言被視為是公然背叛的行為。

政治家的謊言因社群媒體的傳播而加劇。研究人員發現，在二〇一六年美國總統選舉的最後幾個月，公民們更有可能讀到關乎選舉的前二十篇假新聞報導（例如，〈教宗方濟各震驚全球，支持唐納．川普〉）而非關乎選舉的前二十篇最受歡迎的真實新聞報導（T. B. Lee, 2016）。當考量到其他研究顯示大多數社群媒體用戶無法區分真新聞和假新聞時（Donald, 2016），這一發現變得更加令人擔憂。大騙子似乎在政治上取得成功，是因為選民經常無法識別這種欺騙，或即使他們能夠識別出來，他們似乎也不介意。

結論

社會是建立在信任之上。要以合作的方式完成任何事情，人們必須相信其他人都是實話實說。當大騙子棲息在我們的世界時，知道誰是否能信任變得具有挑戰性。信任的崩潰會使人生本身變得艱辛，因為我們必須耗費心力，試圖辨別我們是否應該相信某人。而當我們放下警戒時，社會各個領域的大騙子就會撲上來，趁我們失去戒心時佔便宜。

不論是在商業、政治、宗教的世界或生活的任何其他領域，說謊氾濫通常不是自然而然的事。更確切來說，將欺騙當作正常的操作模式，是隨著時間慢慢發展的。一開始說謊可能會令人不適和感到不道德，但隨著愈來愈常的接觸，人們開始忽略他們曾對欺騙所產生的反感情緒。這種對不誠實的習以為常被稱為說謊的正常化（normalization of lying）（Jenkins & Delbridge, 2017）。如果在社交環境中說謊相當普及，那它就會被編織到社會的結構之中，慢慢地，曾經罕見且被譴責的事情變得熟悉和可原諒——說謊成為忠誠的象徵，說謊會被獎勵，謊言造成的傷害被否定或淡化；最後，充斥各處的說謊成為文化規範。我們環顧四周，就能發現大騙子在我們身邊。

這一章討論了我們在普遍的社會情境中遇到的大騙子。幸運的是，這些通常不是我們經常會親自遇到的人。在第五章中，我們將檢視那些人們更可能與之建立親密關係的大騙子，包括朋友，家人和戀愛對象。這些人是當他們成為大騙子時，最有能力直接影響我們的人。

第五章

對情人與我們生活中的其他人說謊

被欺騙的最糟糕部分是知道你不值得被告知真相。

——尚—保羅・沙特

二〇二一年，雀兒喜・柯奈特（Chelsea Curnutt）過得相當不錯（Britzky, 2021; Sicard, 2021）。她住在維吉尼亞州，她的未婚夫則在那裡的軍隊工作。除了有些不便之處，比如她的未婚夫，中校理查・曼瑟（Richard Mansir）必須調到國外，而且他必須住在軍事基地裡，而雀兒喜只能住在鎮上一間他為她租的公寓裡。但是她很愛他，她即將成為他的妻子，而且還懷有他們的第一個孩子。有一天事情出現變化，當她打電話給未婚夫說她正在陣痛，他卻叫她在他工作時不要打擾他，然後無視她隨後發出的一堆簡訊和電話。絕望的她打電話給他辦公室的工作人員，他們卻說他休假不在。她驚慌之下打電話給他的前妻，看她是否知道他的下落。而她所聽到的回應讓她目瞪口呆——對方根本不是曼瑟的前妻，而是他現在的妻子——即使過了十八年，他們仍處於婚姻狀態，儘管她目前與他們的三個孩子住在不同的地方。且稍微挖掘便發現，曼瑟實際上與另一個跟他訂婚的女子住在基地中。結果，已婚的他在過去五年裡與六名女子長期認真交往，他告訴每個女子他已經離婚，而且他其中一個孩子已經過世。他解釋他長時間不在是因為他被調派出國。一個幾年前跟他訂婚的女子說：「他的劇本是這樣的……他會講他去世的孩子，講他的（創傷後壓力症候群），講他被調派和所有他不得不做的可怕事情的謊言。他創造這些虛構的創傷掩蓋他的謊言。」事實上，他自二〇一四年以來就沒被調派過。他偽造調派的公文以便和另一個女子在一起。曼瑟透過大量說謊來處理他所有的過錯，每個謊言都需要其他幾個謊言來支撐。曼瑟是一個大騙子，他留下了極大的心痛、糾紛和破碎的人生。

在這一章中，我們提出像曼瑟中校這樣的例子——大騙子，他們的不誠實污染了他們的親密關係。所有親密的關係都可能被說謊過度的人破壞，包括我們在初次約會時遇到的對象、我們的另一半、朋友和家人。我們會討論在親密關係中說謊的相關因素，以及與那些大騙子交往的後果。

在關係中說謊

不誠實在各種情境和類型的關係中都很常見，因此在戀愛關係普遍存在，可能也不足為奇。人們說「我愛你」或「我想要你」時，可能實際上並非如此（O'Sullivan, 2008）；有些人說他們對某人沒興趣或不渴望，實際上卻口是心非。舉例來說，許多人至少部分為了發生性行為的可能性，而維持與異性的友誼（Bleske-Rechek & Buss, 2001）。人們以各式各樣的方式欺騙他們的另一半：他們明明火冒三丈卻否認自己在生氣（O'Sullivan, 2008）；他們被嚇壞時，卻裝出一副勇敢的表情；他們覺得無聊時，卻表現出有興趣；他們對聽來糟糕的計畫卻表現出熱誠；即使他們確定那些話是假的，他們也會說出鼓勵的話語。在一項探討在戀愛關係中不誠實的研究中，研究人員發現公然說謊是人們最常使用的不誠實形式（百分之四十五），其次是誇大其辭、半真半假、轉移焦點、祕而不宣（Guthrie & Kunkel, 2013）。人們稱在一週內欺騙他們的伴侶平均五次，最不誠實的人則欺騙了十一次。他們提供的不誠實原因包括維持關係（例如減少衝突與恢復和諧），支持並保護伴侶的感受，平衡伴侶與自己的需求（例如獨立自主vs.膩在一起），試圖控制伴侶的行為，以及圓一個之前的謊言。只有百分之三的人稱在一週內沒有使用欺騙。持久之愛的承諾不一定伴隨著完全誠實的承諾。

研究欺騙的學者蓓拉・迪波洛（Bella DePaulo, 2018）報告稱，已婚人士在每十次對話中會向配偶說一次善意的小謊，未婚人士則在每三次對話中對伴侶說一次善意謊言。迪波洛（2018）認為，人們願意對他們所愛的人說善意的謊言，是因為在面臨選擇坦率說出痛苦的真相（例如：「不，我真的不喜歡你做的那頓飯」），或說出更仁慈、更溫和的善意謊言時，人們經常認為說謊才是正確的事情。更大、更嚴重的謊言往往很少見，然而比起說給其他人聽，更有可能說給親密關係的另一半聽。迪波洛（2009）發現百分之四十的漫天大謊是說給戀愛對象聽的。在一項對大學生的研究中，百分之九十二的人稱會對他們的性伴侶說謊（Knoxet al., 1993）。最常見的謊言是關於過去的伴侶數量（他們會少報），但參與者也以說謊來避免傷害伴侶，例如他們常常謊稱他們多喜歡跟伴侶的性體驗，他們對他們的性伴侶做出虛假的恭維，還經常誇大他們對這個人的感情深度。在另一項研究中，迪波洛和卡西（Kashy, 1998）發現人們約在每三次互動中，就對他們交往的戀人說一次謊，這比他們對朋友說謊的次數還要多。同樣地，與配偶一起時人們則更為誠實，每十次對話中只說一次謊。

威廉斯（Williams, 2001）探討了大學生的說謊行為，發現人們對他們的性伴侶大多誠實以待，如果他們的關係親密，比起隨便玩玩，他們往往更加誠實。參與者稱他們說謊大多是為保護他們性伴侶的感受，而不是出於自利的原因。梅茲（Metts, 1989）比較了已婚和未婚伴侶，對所有伴侶而言，說謊最常見的原因是為了避免傷害另一半的感情；情侶傾向於使用完全捏造的話語，而已婚伴侶則傾向於以省略的方式說謊。已婚伴侶說的謊言主要在提升另一半的自尊心或防止尷尬，但情侶則更可能以說謊保護他們的資源，避免關係終止或避免壓力。

說謊和不誠實的三元論主張，大騙子是那些一直認為如果他們誠實的話，其他人就會有不良反應的人。我們可以看到有時情侶之間說謊，是因為他們擔心真相會使導致關係結束的個人不良行為曝光。謊言也被用來隱藏尷尬的細節，比如一個人的性愛史。但是人們也藉著說謊避免傷害他們交往對象的感情。在所有情況下，說謊都有被視為有效用。在歐蘇利文（O’Sullivan, 2008）探討人們在交往時的說謊意願研究中，她清楚地指出了最常說謊的人是誰：他們往往是男性。她問了男人和女人在各種主題方面中，對交往對象的說謊意願。在十四個主題中的任一個，男人比女人更願意說謊。這些主題包括：

- 謊報他們賺了或擁有多少錢
- 在避孕方面說謊
- 謊稱未曾罹患性病
- 對伴侶的性器或性能力印象有多深刻的方面說謊
- 對未來規劃（例如結婚）說謊
- 誇大他們認為戀人有多迷人或聰明的程度
- 說他們戀愛了，但事實並非如此
- 謊稱對伴侶的身體或身材多印象深刻
- 謊報他們與朋友共度的時間
- 謊報他們是否為處子
- 對伴侶不會贊同的往事說謊
- 說一個謊話避免傷害他們伴侶的感情
- 對與其他人調情或對其他人感興趣的問題上說謊

• 說一個謊話避免讓他們的伴侶對他們生氣

有趣的是，歐蘇利文沒有詢問是否願意說謊來隱瞞不忠的問題，但她的數據趨勢暗示，男性比女性更可能表示願意這樣做。

考量到在關係中所說的謊言時，首先想到的經常是掩蓋不忠的謊言。自一九七二年以來，每年國家科學基金會（National Science Foundation）的社會概況調查（General Social Survey）都會問美國人與他們性不忠的有關問題（參見Parker-Pope, 2008）。在任何一年裡，大約有百分之十二的男性稱與配偶以外的其他人發生性關係，女性的比率則是百分之七。男性的終身發生率似乎約百分之二十八，女性則約百分之十五。在大多數不忠的研究中，男性的不忠率比女性高得多。這個差異似乎主要是由性興趣和對性寬容的態度差異所造成。翠斯（Treas）和吉森（Giesen）（2000）發現，當比較對性同樣有興趣且對性持有相似（寬容或嚴格）態度的男性和女性時，不忠的差異消失了。謊言支撐不忠行為。鑒於男性更可能有不忠行為，我們可以合理地得出這個領域的大騙子往往是男性。

不忠的大騙子可以有多種形式。一些研究顯示，有過一次不忠的人更容易再次出軌（Knopp et al., 2017）。也就是說，大騙子有時會反覆開始短暫的新戀情，然後再用說謊來掩蓋每段新的逢場作戲。然而，有些大騙子會培養一段長期的外遇關係，再說謊多年隱瞞。他們編造如此深入和普遍的謊言，導致他們與主要伴侶之間該有的羈絆結構完全是一場騙局。

五十年來，珍─安．康恩（Jean Ann Cone）和她的丈夫道格拉斯．康恩（Douglas Cone）在佛羅里達州的坦帕過著美好的生活（Chachere, 2003）。他們是大富豪，因為道格拉斯擁有一家成功的道路建設公司。珍─安開著一輛勞斯萊斯，而且擔任他們三個孩子就讀的高級私立學校的董事會成員。學校甚至有一棟以他們的名字命名的大樓。這對夫妻眾所皆知十分恩愛，而且非常融入坦帕的社交圈。道格拉斯經常需要出差，所以他大多數週末都不在家。結果最後大家發現道格拉斯在週末根本不是在工作──他與他的第二個家庭一起住在十五英里外的地方──近三十年來，道格拉斯（在他的化名道格拉斯．卡森〔Douglas Carlson〕之下）與希拉蕊．卡森（Hillary Carlson）共組家庭。這個家庭與道格拉斯的第一個家庭有著驚人的相似之處，他和「妻子」希拉蕊也非常富有，希拉蕊也開著一輛勞斯萊斯。道格拉斯和希拉蕊也有兩個孩子，他們就讀與他另一邊的孩子相同的精英學校。希拉蕊和道格拉斯．「卡森」甚至在學校有一個以他們的名字命名的運動場。許多人認為希拉蕊知道道格拉斯的原始家庭，而他們的兩個孩子並不知道。道格拉斯將他一週中的缺席解釋為由於他高度敏感性的政府工作。道格拉斯的漫天大謊持續了近三十年，但沒有證據顯示他背負著大騙子的惡名聲。請回憶一下，一些大騙子似乎在特定方面經常說謊，我們稱之為「特定領域的大騙子」（參見第三章）。正如道格拉斯的故事所示，一個骯髒的祕密可能需要一堆謊言來掩蓋。

以說謊吸引伴侶

在很多關係的一開始，說謊似乎就存在，因為許多人最初用欺騙來吸引交往對象。人類並非是隨機形成戀愛關係的，我們是有選擇的，我們在一大片的可能性中搜索，希望找到一個似乎能滿足我們所有欲求和需要的人。這個人夠善良、夠吸引人、夠富有、夠嚴肅，還是夠好笑？他們有符合要求的教育、宗教、政治信念，或工作前景嗎？他們忠誠、勇敢和認真嗎？他們喜歡相同類型的音樂、食物和假期嗎？他們想要相同的事情，如長期關係、婚姻和孩子嗎？我們四處搜索，尋找似乎符合這個條件的人，或至少適度地接近這個條件。

也許是意料之內，男人和女人在尋找潛在伴侶時，通常不會尋找相同的特質，儘管二者的偏好有相當大的重疊。男人和女人都稱對看似善良、健康和聰明的交往對象感興趣。然而，綜觀不同文化來看，男人和女人對其他優先事項的看法不同（Buss, 1989; Walter et al., 2020）。與男人相比，女人更傾向於喜歡具有良好財務潛力、有野心和勤奮、並且具有高社會地位的人；而男人則傾向於優先考慮年輕和外貌吸引人的伴侶。

我們預期的啟示是，發現人們在戀愛市場上經常不完全誠實，並非意料之外。如果人們相信潛在伴侶正在尋找一套特定的屬性，那麼他們可以培養並提供那些屬性。舉例來說，如果一個男人發現他遇到的女人希望有一個擁有好工作的對象，那他可以試圖去找到一份好工作。然而，吸引對象的另一個可能途徑也會是，只要假裝擁有他們認為潛在對象正在尋找的特質。根據巴斯大量探討異性戀關係中在吸引對象方面的性別差異的研究（Buss, 1994a, 1994b），他主張女性傾向在性方面欺騙，而男性則傾向在承諾上欺騙。他主張以男性作為對象的女性傾向使用性接觸的機會來吸引他們。有時她們使用性當誘餌將男人帶進承諾的關係。其他時候，他主張，女性使用性行為來說服男人為昂貴的晚餐、度假或其他有形獎勵買單。另一方面，以女人作為對象的男人，則更可能偽裝成對承諾的關係有興趣，或者裝出他們實際上沒有的感情來獲取性接觸。

現在網路上有成千上萬的交友網站。這些交友網站使用複雜的科學演算法，幫助人們識別並與理想的約會對象建立聯繫。許多人使用這些網站，讓他們可以快速且有效地找到潛在的交往對象，無須靠面對面的相遇。在交友網站上，男女的說謊率大致相等（Markowitz & Hancock, 2018）；在這些網站上發出的每二十則訊息中，大約有三則是騙人的。欺騙型訊息在兩人聯絡初期最為頻繁，然後隨著對話的進展而減少。謊言主要是關於印象管理（即試圖顯得更有吸引力）和實用性。研究顯示，為了印象管理，男女傾向於講不同的謊話，例如男性傾向於多報他們的身高，而女性則傾向於少報她們的體重。此外，當男性發布大頭照時，他們傾向於選擇顯示財富和地位的照片（例如一輛昂貴的汽車），而女性則傾向於選擇她們年輕時的照片（Hancock & Toma, 2009; Toma et al., 2008）。

在交友領域中的大騙子往往具有黑暗三角人格特質（Jonason et al., 2014）。他們在馬基維利主義上的得分很高，代表他們很樂意為了個人目的而操縱潛在的對象。他們也往往在自戀上的得分很高，這指出他們的權力感和過度關注自己的需求，導致他們在戀愛關係中以不誠實獲取所求。最後，他們在精神病態上的得分也很高，暗示他們顯著的反社會傾向以及缺乏同理心和懊悔，這使他們會在戀愛關係中使用不誠實和其他危險的策略。一位名叫蘇珊娜的女子這樣描述了與擁有黑暗三角人格特質的人約會的經歷：

> 他說：「你是我的一切，我的靈魂伴侶，你使我完整。我迫切地愛你並需要你。」這是最糟品質保證的鬼扯，混合著真相和謊言。完全都在說他的需求……總是在說他的需求，並讓每個人都為了服務他而失衡。完全是寄生蟲。他們只喜歡「獲勝」和以騙人為樂。

在性事上說謊

人們透過說謊獲得性接觸。在一項研究中，參與的百分之三十四的大學男生稱他們為了獲得性行為而說謊，而百分之六十的女生則稱人們向她們說謊以獲得性接觸（Cochran & Mays, 1990）。該研究中的大學生還說，他們對自己的性經驗說謊：百分之四十二的女生和百分之四的男性表示，他們少報了他們擁有的性伴侶數量。

除了為了達到初次性接觸而說謊之外，人們在他們的性生活中也持續說謊。舉例來說，在一項研究中，超過一半的女性稱自己會偽裝高潮（Wiederman, 1997）；男性也傾向在性愛過程中偽裝熱情和享受程度，儘管他們可能很難偽裝高潮。偽裝性亢奮的動機，通常是為了取悅性伴侶或讓自己顯得很性感（O'Sullivan, 2008）。

我們探討了在臥室內發生的欺騙和謊言（Hart, 2017）。在研究的第一部分，我們請一百五十一名男性與女性舉出他們在性方面，欺騙過去或現在的伴侶的一個情況。人們列舉了幾十種不同類型的欺騙行為，包括劈腿、偽裝高潮和聲稱是處女。接下來，我們以這些數十個性不誠實的類別建立了一項調查。然後我們請三百三十名男性與女性指出他們是否進行過哪種形式的性欺騙。結果發現，平均來說，人們表示他們在八個與性有關的主題上說謊。然而，一些大騙子承認他們在多達三十四個主題上說謊。

以下是女性稱在性生活方面向伴侶謊報的前十五個謊言，以及謊言的百分比：

- 在性行為中偽裝高潮或滿足：百分之七十三
- 在性行為中誇大快感：百分之六十九
- 對於渴望發生性關係的熱情作假：百分之六十五
- 謊稱因太累或生病而無法發生性關係：百分之五十八
- 否認對其他人有性感覺：百分之四十三
- 謊稱對他們的性生活有多少滿意或享受：百分之四十二
- 謊稱對性有興趣：百分之三十九
- 謊稱他們認為伴侶很有吸引力：百分之三十六
- 謊報性經驗的數字：百分之三十四
- 謊稱他們偏好的性活動類型：百分之三十二
- 謊報過去性伴侶的數量：百分之三十二
- 在偷吃問題上蒙騙他們：百分之三十
- 謊稱他們的性慾：百分之三十
- 謊稱伴侶在床上表現很棒：百分之二十七

- 謊稱對未來關係的認真態度：百分之二十四

對男性來說，前十五名是

- 對於性行為的熱情做出欺騙：百分之五十一
- 性行為時偽裝高潮或滿足：百分之四十二
- 在色情出版品的使用上說謊：百分之三十八
- 誇大性行為時的快感：百分之三十七
- 否認對其他人有性感覺：百分之三十四
- 謊稱他們認為伴侶性感的程度：百分之三十四
- 謊稱因為太累或生病而無法做愛：百分之三十三
- 謊稱對未來關係的認真態度：百分之三十二
- 為了做愛謊稱對整體關係的滿意度：百分之三十二
- 謊報過去的性伴侶的數量：百分之三十一
- 謊報性經驗數量：百分之三十
- 謊稱他們偏好的性活動類型：百分之二十八

- 謊稱他們對自己的性生活有多少享受或滿意：百分之二十六
- 為了做愛謊稱自己感覺的真正強度：百分之二十六
- 在偷吃問題上蒙騙他們的伴侶：百分之二十六

看到研究結果後，兩件事引起了我們的注意。我們的第一個觀察是，男人和女人傾向在同樣的事情說謊。我們發現女人說謊的前十五個主題中有十二個也是男人說謊的主題。在性生活的背景下說謊，似乎像是女人和男人在生活的一個領域建立了一定程度的平等。其次，許多謊言似乎是出於善意，或至少不是出於完全自私。偽裝熱情、快樂和亢奮是人們在許多情況下，嘗試保護他們關心的人的自尊和感情的方式，所以當這些策略出現在臥室時，也許我們不該感到驚訝。

道德偽善

鑒於謊言和不誠實的三元論建議，大騙子一直認為他們的謊言受到道德允許，那麼情侶如何證成對伴侶說謊的道德性呢？想像一下，你看到你的長期交往對象和前任離開餐廳，他／她明明承諾再也不會和那個人見面。後來，在他／她描述自己的一天時，你的伴侶並未提到在餐廳和前任見面的事情。你會怎麼想？如果你這樣對他們，他們會怎麼想？一項有趣的研究要求人們想像這樣的情境，並從說謊者或被隱瞞者的角度來看待問題（A. K. Gordon & Miller, 2000）。研究者發現，從說謊者的角度看待問題的人，傾向認為這個謊言錯得沒那麼嚴重，不太應該受到譴責，而從被隱瞞方的角度看待問題的人則不這麼認為。此外，從說謊者的角度看問題的人用以下理由為謊言辯護，例如伴侶可能會感到不安、嫉妒和不信任。而從被隱瞞者的角度看問題的人認為，謊言是不合理的和錯誤的，並認為說謊者不值得信任也不誠實。因此，看待說謊的道德錯誤和對說謊者的道德歸因，是取決於觀點的問題。人們似乎有一套雙重標準。如果是我說謊，那在道德上是可原諒的，但如果是你說謊，就不行。也許大騙子比其他人更傾向於採用這種雙重標準的推論。

雙重標準似乎甚至適用於所謂仁慈的善意謊言。當人們被要求從說謊者或被欺騙者的角度來看待善意的謊言時，差異出現了（Hart et al., 2014; Kaplar & Gordon, 2004）。說謊者認為這種善意的謊言不算太糟，甚至理由充分；但當同一個人從被欺騙者的角度看待謊言時，他們會突然認為謊言是不可理喻。事實上，有些人認為有道德義務或責任說這些善意的謊言，但認為他們的伴侶應該隨時告訴他們真相。這個例子顯示了道德偽善（moral hypocrisy）。我們有動機偏見——我們想把自己視為好人，即使我們有時會失足，但我們不會給其他人同樣的好處。當我們是說謊者時，我們會以自利的謊言評估寬以待己；當我們是謊言的目標時，卻會引發道德上的憤慨。

謊言應對

正如我們明確地解釋，人們會對他們的交往對象說謊，而有些人謊話很多。證據顯示，人們往往非常信任他們的伴侶，所以很多謊言可能都未被發現（T. R. Levine, 2020）。當謊言被揭穿時，可能造成很大的傷害；當謊言的接收者發現受到欺騙時，會出現強烈的負面情緒反應（McCornack & Levine, 1990）。被你在乎的人欺騙是很傷心的。在關係中的參與程度和說謊資訊的重要性，都是欺騙的受害者會有多沮喪的重要預測因子。而在大多數情況下，儘管謊言令人不安，卻未能導致關係終止，絕大多數人在發現伴侶說謊時不會結束關係。

有些研究者已經探討了伴侶間對關係中開誠布公的期望，以及他們在說謊上所訂立的規則（Roggensack & Sillars, 2014）。在關係中，伴侶有義務遵循某些規則，例如禁止對關係之中性的排他性說謊。然而，許多其他關於誠實的規則是酌情決定的。也就是說，與其嚴格地堅持絕對的誠實，每個人都允許自行決定如何提供資訊。舉例來說，一對夫妻可能不會認為，誠實說明是否熱衷拜訪雙方的朋友或家人很重要。

有趣的是，關係中誠實的規則通常是默契，讓人自行推測實際的規則為何。雖然夫妻通常會認為他們誠實的規則是一致的，但往往並非如此（Roggensack & Sillars, 2014）。在誠實的強制性規則上缺乏共識，會引發關係中的重大衝突。另外，意見分歧源自每個人對其伴侶的信念所做的錯誤假設。也許這裡的重點是，在關係中的謊言最好是透過每個伴侶公開對關係中誠實的期望，以及明確討論來解決，才能避開大騙子。

在關係中的謊言，尤其是漫天大謊，總是弊大於利（Knopp et al., 2017）。即使人們迫切想說出有益的善意謊言以保護他們的伴侶，但他們的伴侶並不認為這些謊言是必要或可接受的（Cantarero, 2021; Hart et al., 2014）。人們通常希望得到真相，即使是令人震驚的消息。即使謊言可能帶來短期的好處，但關係中的不誠實所引發的長期後果，似乎難以成為划算的妥協。

戀愛詐騙

在加入國家美式足球聯盟（National Football League）之前，曼泰・提歐（Manti Te'o）是聖母大學（University of Notre Dame）的明星球員。二〇〇九年，他在臉書上遇到一位名為琳內・凱庫亞（Lennay Kekua）的美麗學生，她說她是史丹福大學的排球運動員，兩人也互加為朋友（Gutman & Tienabeso, 2013）。到二〇一一年，他們的關係變得更加浪漫認真，他們經常互發簡訊，也常講電話。曼泰稱她為他的女朋友。有天他打算去加州探望琳內，但她打電話說她剛剛出車禍，所以行程不得不延後。後來，她告訴曼泰她被診斷出罹患白血病。二〇一二年九月，就在曼泰的祖母去世的隔天，曼泰接到琳內的哥哥啜泣的電話，告訴他琳內已經過世了。幾天後，曼泰在賽後訪問中提到了她的死，曼泰的悲劇故事成為了全國頭條新聞。然而，琳內並沒有死，琳內其實從未存在過。曼泰被誘騙進一場持續多年的「網路交友詐騙」（catfishing）詭計。網路交友詐騙包括說謊和冒充成別人，試圖追求一段僅限於網上的交往關係。曼泰表達愛意的人其實是一個叫羅奈雅．圖亞索索波（Ronaiah Tuiasosopo）的男子，他甚至製造了一個非常有說服力的聲音。但是，曼泰不是唯一一個上當的人。在交友網站上的網路交友詐騙相當普遍。幸運的是，大多數的使用者都不會上鉤（Mosley et al., 2020）。

網路交友詐騙的犯罪者通常似乎是為了滿足心理需求而說謊，如獲得關注、陪伴或娛樂，但也有些愛情騙子似乎是為了物質回報。舉例來說，一名三十九歲的日本男子宮川隆史因詐騙他的女友們——總共三十五位而被捕（Cost, 2021）。他同時和所有女人約會，承諾永遠愛她們，部分原因顯然是為了從她們那裡得到禮物。他甚至對不同女人講的生日日期都不同，好確保自己可以持續收到禮物。

隨著交友網站的激增，以及對在這些網站尋愛的依賴增加，網路約會詐騙也急劇上升

（Coluccia et al., 2020）。詐騙犯會先建立假資料，通常盜用俊男美女的照片，然後開始與受害者取得聯繫。而一旦建立起聯繫，受害者也似乎有興趣時，詐騙犯透過熱絡和深情的固定交流建立信任。詐騙犯會讓受害者相信他們是完美的一對。在詐騙犯說服受害者該連結的合法性後，他們開始宣稱對受害者的熱情和愛意，並建議面對面見面。然而，詐騙犯將無法避免地拖延見面時機，往往會聲稱有緊急情況，如住院、親人死去或意外事故。而這些所謂的緊急情況經常帶往金錢的請求。在某些情況下，詐騙犯會要錢支付旅行費用，以便他們去與受害者見面。慢慢地，對小額金錢的要求增加，直到超過受害者的能力或意願所及。

我們記錄了一個人成為愛情詐騙受害者的案例。該詐騙犯，據稱是一個非常有吸引力和善良的人，花了幾週的時間透過建立和睦的關係、分享個人資訊和奉承受害者來誘騙受害者。詐騙犯最初要求財務援助，來購買機票去找受害者。在他抵達的那一天，詐騙者聯繫受害者，聲稱他不小心去錯了城市，於是受害者匯了更多的錢幫助這個大騙子購買公車票完成旅程。但很不幸，後來詐騙犯聲稱下公車時被另一輛公車撞到，所以需要住院、需要更多的錢來幫助支付部分的醫療費用，且這些傷勢恐怕需要那人飛回家中休養，所以見面延後了。於是受害者又匯出更多的錢幫助受傷的人飛回家。而由於受傷不能工作，詐騙犯又要求更多的錢來支付租金和購買雜貨。家人再多的解釋都無法使受害者相信這全是一場詐騙，因為這段關係感覺太真實、太親密、太美好。當受害者承認這是詐騙時，詐騙犯已經騙走他們數千美元。最後當受害者停止回應詐騙犯時，詐騙犯試圖敲詐受害者，威脅要在網路上發布受害者天真地寄給詐騙犯的裸照。對愛和連結的強烈渴望會驅使許多人對顯而易見的危險訊號視而不見。

有一組研究者研究了網路詐騙，試圖弄懂這些網路大騙子（Stantonet al., 2016）。這項研究不只檢視了詐騙犯，還包括所有在網路謊報自己資料的人。他們得出的結論是，那些在網上偽裝成別人的人，往往認為在網上說謊毫無問題。這些網路說謊者稱，他們發現在網上愚弄別人非常興奮，這一種感受被稱為欺騙快感（cuping delight），而且他們形容自己不喜合作，也不太關心道德或他人的福祉。他們還稱他們善於操縱，不願履行他們所做的承諾。這些特質是人們在找交往對象、上網時或在其他方面極力避免遇到的。

說謊的對象是誰？

人們不會不分對象說謊。他們對某些人說謊的頻率比對其他人更高。幸運的是，跟我們最親近的人也是最不可能對我們說謊的人（DePau o, 2009, 2018; DePaulo & Kashy, 1998）。這並不是說我們最親近的人不會對我們說謊。他們確實會說謊，但他們對陌生人和泛泛之交說謊的次數更多。雖然人們不太常對他們覺得最親近的人說謊，但當這種謊言出現時，更有可能造成傷害。只需想像一下，比起一個完全的陌生人對你說謊，你會發現你最信賴的朋友對你說謊，會有多傷人。

與其辨識出最容易對我們說謊的人的類別，不如從最常被欺騙的人的角度來看待這個議題。想想你可能更傾向於對哪類人說謊，以及你較不可能對哪些人說謊。在迪波洛（2017）的研究中，分析了騙子提供給她的報告內容，並發現他們最常向某些特定類型的人說謊。他們傾向於對那些非常看好他們的人說謊。舉例來說，想像一個人認為她的孫子是世界上最聰明的人，整天對朋友吹噓那位孫子。那麼告訴她孫子被大學退學或被公司開除會很是困難。他們也傾向於對道德標準非常高的人說謊，例如想像你的一位鄰居是一位宗教領袖，而另一位鄰居因竊盜被捕正在假釋中。你會更願意跟哪位鄰居誠實地討論你前一晚因喝醉而昏倒的事實？我們都害怕被他人嚴苛的批判所刺傷，而且我們傾向於認為站在道德高處上的人更可能視我們為無恥之徒。因此，我們更容易對他們說謊。

當人們與真正欣賞的人互動時，往往也容易說謊。舉例來說，如果我認為你很了不起、想多跟你相處，我可能不會想冒著被拒絕的風險，分享關於我自己的不堪真相。人們也更可能對有權力或地位高的人說謊。世界的其中一個真理是，持有地位和權力的人有能力為我們的生活帶來好事與壞事。大多數人會覺得不安，讓他們的老闆知道他們未能及時完成報告，但他們可能完全不介意告訴同事同樣的事情。人們傾向於對他們害怕的人說謊。有些人很霸道甚至很惡劣，與他們分享真實的感受會使人感到非常焦慮。有時，說謊似乎比誠實風險小得多。

人們也會對那些容易被真相傷害或感到不安的人說謊。想像一下，你最近開始交往的那個人就像蛋殼一樣脆弱，每當生活受到打擾或事情不如他們的意時，他們都會哭泣、精神瀕臨崩潰。那如果你想和他們分手，你會告訴他們你察覺到自己不再喜歡他們嗎？或許來一點「不是你的問題，是我的問題」的小謊言會提供一個更暢快的出路。人們會說謊，而且他們似乎更容易對某些類型的人說謊。

朋友與家人

一項探討友誼中的誠實的研究顯示，即使是那些真正支持我們的人也願意對我們說謊（DePaulo & Kashy, 1998）。雖然在一般的友誼中不誠實是相當普遍的，但值得安慰的是，在非常親密的友誼中人們說謊的次數明顯較少。此外，他們說的謊言類型也不同。在一般的關係中，人們傾向說一些利己的謊言，但在親密的友誼中，通常會是利他的謊言。舉例來說，人們傾向於說謊來安慰他們親密的朋友，提振他們的自尊，使他們感覺良好。人們試圖表現出關心和理解，並透過心理上的鼓勵來加強友誼的羈絆，即使他們需要稍微扭曲真相。在研究友誼中的說謊行為時，一項發現是最為焦慮型依附的人傾向於說最多謊（Ennis et al., 2008）。也就是說，那些擔心說出真相會危及友誼強度的人傾向於更常說謊。

正如我們在第二章中所討論的，孩子從小就開始說謊，他們的許多謊言都是對父母說的。這種說謊行為似乎在青少年晚期達到高峰。研究高中生之間的說謊行為發現，不出所料，他們經常說謊。確切來說，在一項研究中，他們說謊的次數比大學生多百分之七十五，比成人多百分之一百五十（T. R. Levine et al., 2013）。該研究中的青少年每天平均說四・一次謊，但有些人一天說了多達十七次謊。詹森等人（L. A. Jensen et al., 2004）也發現高中生經常對父母說謊。謊言偏向他們可能會遭到反對的事物，例如朋友、約會、派對、酒精、藥物、性。

青少年說謊的原因往往是為試圖堅持自主權。許多父母在孩子過渡到成年期並尋求控制自己的生活時，仍然對孩子的生活施加很大的控制。也許青春期晚期正是說謊出現的完美時機。說謊和不誠實的三元論認為，當人們認為如果他們說出真相，重要的人會有負面的反應時，他們就會說謊。在青春期晚期，青少年傾向於想要打破父母的限制，想要按照自己的意願行事，但許多父母仍然試圖做行為控制。這種目標不一致和權力不平衡的混合是一道絕佳的不誠實配方。

在為這本書做研究時，我們聽到了一位青少年的故事，他在十八歲上大學後不久就開始對父母說謊。父母計畫在他的大學四年裡為他付學費、住宿和開銷，然而這位年輕人在第一學期剛開始不久，就不再去上課，因為他覺得這些課程無聊得讓人受不了。相反地，他的日子充滿了電玩遊戲，以及跟朋友悠閒度過的下午。當學期結束時，這位學生陷入兩難：他的父母認為大學教育是進入成年生活的唯一真正途徑，但他修的所有課程都沒過。

與其面對自己選擇的後果，這名學生告訴父母他的學業表現良好，並期待著下一學期。下個學期開始，這種模式再次重複，年輕人所有課程再度不及格，最終被大學停學。同樣地，為了不讓父母失望，他謊稱自己藉著有趣的課程作業而有長足的進步。這個謊言已經演變成一個龐大又醜陋的怪物。謊言愈大，說出真相的後果就愈悲慘。他一學期又一學期地拖延坦承的時機，直到「畢業」的時候終於到了，家人要來城裡，他的父母也正在為畢業典禮做準備，於是這位年輕人沒有退路了。他向他的父母承認，他花了他們幾萬美元鬼混四年。雖然他們原諒了他，但他們的關係受到了巨大的破壞。

不過即使是成年人，也會對他們的父母說謊。孩子們從小就開始說謊，來試著逃避懲罰或獲得一點自由。成為成年人後，許多人仍然非常重視父母的判斷，他們會竭盡全力避免讓爸爸或媽媽失望。當孩子們還住在家中並受到父母的直接控管時，他們說的謊最多，而當他們成年後，隨著他們建立自主權並與父母建立成人之間的關係，他們的謊言通常會減少（K. Jensen et al., 2014）。然而，有些習慣很難改掉，有些親子關係仍然停滯不前，父母給予嚴格的評判，而現在已經成年的孩子害怕父母的評判和控制。因此，即使是成年人，許多人仍然繼續對他們的父母說謊。

父母也會對他們的孩子說謊。在一個案例中，有個孩子養了最愛的寵物，一隻名叫奧立佛的貓。有一天，奧立佛不見了。牠不在牠常待的任何地方。當孩子告訴媽媽他找不到奧立佛時，她說牠可能藏在某個地方。幾天後，當孩子表示對奧立佛仍不見蹤影感到擔憂時，媽媽暗示奧立佛可能已離家出走還找到了新家，因為貓有時就是會這樣。這個男孩很難過，但最後仍接受現實。幾年後，男孩成了青少年，他的母親透露奧立佛其實是在他們家門前被車撞死了。他的母親對他說謊是為了不讓他因貓過世而感到悲傷。這種對所愛之人說的謊言並不少見。

在一項研究中，問道人們被說過最大的謊言是什麼時（DePaulo, 2009），有百分之十二的參與者稱，一個關愛他們的人（通常是父母）向他們說謊，隱瞞可能令人痛苦的嚴重疾病或死亡。雖然這些謊言的意圖是善意和有助益的，但謊言的接收者通常不這麼認為。一名參與者寫道：「即使人們說謊是為了保護其他人，或者因為他們認為他們在做正確的事，但你不一定會這麼看。」（27）。另一名參與者寫道：「你無法真正替他人決定何時該成長、何時必須面對事情……你應該有面對自己的反應的機會，而非讓某人替你決定你將如何反應。」（27）。

從告訴孩子打針不會痛到關於聖誕老人的謊言，父母使用不誠實來操縱他們的孩子（Santos et al., 2017; Setoh et al., 2020）。在我們進行的一項小型研究中（Hart, 2021），我們發現大多數人認為對孩子說謊，在道德上比對成人說謊更能接受。然而，父母應該意識到，對孩子說謊會增加孩子對他們說謊的可能性。從這層意義上說，在孩子面前當大騙子的父母很可能會培養出大騙子孩子。此外，愈來愈多的證據顯示，父母會對他們說謊的孩子更容易有心理調適不良的問題。雖然對孩子說謊經常是取得控制的好用方式，但長期下來的後果可能不值得。

結論

在這一章中，我們探討了發生在親密關係中的各種形式的謊言，包括約會、長期關係、朋友和家庭。這方面的研究顯示，雖然大量說謊的程度可能取決於關係的類型，但所有關係中都存在著說謊。從經驗上說，當我們問人們他們所遇過最常說謊的人時，很多人認為是交往對象。人們利用欺騙有助形成關係，並隨著時間維持這些關係。雖然說謊在親密關係中很常見，但在這種情境下的許多謊言並非出於惡意。更確切來說，人們說謊是為了有助應對任何關係中不可避免的利益競爭。事實上，人們在最親密的關係中所說的許多謊言，都是為了謊言對象的利益。然而，證據顯示，即使出於好意的謊言也會腐蝕關係的基礎，而大騙子更經常導致他們的關係瓦解。我們將在第八章中再次探討與大騙子往來的後果。

在第六章中，我們研究大騙子用來欺騙他們周圍的人的策略和技巧。為什麼有人可以如此輕易說服我們相信虛假的事呢？大騙子有一整套伎倆，即使他們謊話連篇，也可以使自己看起來可信。當我們能夠識別這些伎倆時，我們就可以著手揭開大騙子用來蒙蔽我們雙眼的許多手段。

第六章
說謊者的伎倆

當真相被沉默所取代時，這個沉默就是一個謊言。

——葉甫蓋尼．葉夫圖申科

一九九三年二月二十一日，奧里奇．黑森．艾姆斯（Aldrich Hazen Ames）在維吉尼亞的家外被FBI逮捕（Powell, 2002）。他告訴探員：「你們犯了大錯！你們一定是抓錯人了！」但實際上，他們抓對人了，艾姆斯在說謊。他其實有一段很長的說謊史。艾姆斯在中情局（CIA）工作了三十一年。在他的職業生涯初期，他負責找出並招募有潛力的蘇維埃情報員，為美國提供關鍵情報。但艾姆斯在這個任務上並不算成功，因此他被派去做其他工作，例如管理那些已經為美國提供情報的間諜。不過他在那個任務上也不太熟練，據說他是一個拖延症患者，他對重要的細節漫不經心，還很健忘。人們認為他喝酒喝得太多，有時他會醉到干擾他的工作。艾姆斯的私人生活也很不穩定，他有多次外遇，最後甚至婚姻破裂。而因為艾姆斯擔心贍養費和愛花錢的新女友可能會讓他破產，因此他決定將中情局的祕密賣給蘇聯。

儘管他的計畫是進行一次性的交易，以一些相對平凡的祕密換取五萬美元，但他與蘇聯的往來日益深入。到那時，即使艾姆斯在工作中的表現不太出色，他還是被分配到超敏感的蘇聯反情報單位，並開始向蘇聯提供有關中情局行動的重要細節。他交出愈來愈多美國破壞性間諜活動的資訊，並警告他的蘇聯窗口每個在蘇聯集團國家運作的美國資產；蘇聯用愈來愈大筆的金錢酬謝艾姆斯的背叛。很快地，美國人開始注意到他們的間諜正在消失——被格別烏（KGB）抓走，受到折磨和審問，再被處決。艾姆斯執行了他的間諜活動多年。

中情局終於將焦點鎖定在艾姆斯身上，認為他就是那個出賣美國機密的內鬼。他們注意到，艾姆斯明明領著普通的薪水，卻沉迷於不符合收入的奢華生活方式。他穿著精緻的西裝、開著名貴的汽車，還買下一座昂貴的豪宅。當艾姆斯被問及他的奢侈品時，他聲稱他的新妻子來自一個非常富裕的家庭。但當調查人員深入調查艾姆斯時，發現他有大量的卡債，單是他的電話費就超出了他的薪水所能負荷，而且未有證據顯示他的妻子對他的銀行帳戶有所貢獻。在調查員逮捕艾姆斯時，他已背叛了他的國家將近八年。他的行為導致中情局在冷戰高峰時期，幾乎對抗蘇聯的所有情報資產的身分曝光。差不多有十二人被處決。格別烏付給艾姆斯超過四百萬美元當作交換。

一個人如何能在中情局擔任如此敏感的職位，長期造成如此大的損害卻沒被逮到？簡單的答案是，他說謊了。但中情局難道都不預期人們會偶爾說謊嗎？他們難道不會提防組織中有叛徒嗎？事實上，他們一直都很有警覺心，他們要求中情局官員定期接受測謊機考試，並回答各種邪惡活動的問題。在艾姆斯當蘇聯間諜時，他進行了兩次測謊機考試。

當艾姆斯首次得知有測謊機考試時非常害怕，他確定自己會被拆穿，他不切實際的計畫會崩解。但艾姆斯最後卻通過了考試。他是如何成功地欺騙那些所謂的測謊專家多年的呢？蘇聯人是不是給了他特殊的玩意兒通過測試？在他當間諜期間，是否學到了一些特殊的心理技巧？完全不是。當他問他的格別烏主管該怎麼辦時，他們告訴他「放輕鬆就好，別擔心，你沒什麼好害怕的」（U.S. Senate Select Committee on Intelligence, 1994: 45）。當他與測謊機考官見面時，他表現得很友好。他溫暖且親切。他的行為……很正常。

在這一章，我們討論了像艾姆斯這樣的人如何成功地欺騙他人。考察說謊這一任務提供了深刻的見解，讓我們了解一個說謊者必須做些什麼才能成功地欺騙他人。然後，我們會思考說謊者，據他所言，用在說謊時看起來誠懇的各種策略。我們還將探討一些特徵，讓一些大騙子看起來可信，而其他人卻看起來明顯地不誠實。最後，我們討論了成功的大騙子為了取信於人，所使用的操縱策略。

說謊與說真話是不同的，通常更具挑戰性。說謊者必須避免透露真相，捏造一個虛假的經歷，而且始終看似泰然自若。說謊者必須即時創造出事實上連貫的虛假說法，不能與其他已知事實相矛盾。此外，說謊者必須能夠記住一貫敘述的細節，可能還要多次重複。說謊者必須掩藏他們的努力、他們的焦慮和他們的內疚。

說謊者有被揭穿的風險，因為說謊涉及四個特定的問題（Zuckerman et al., 1981）。首先，說謊會產生一種普遍的心理激動狀態，這種激動狀態能被偵測出來。我們通常可以判定某人是放鬆還是緊張。緊張的跡象可能會讓說謊者露餡。其次，說謊往往會使人產生強烈的情緒，如恐懼、罪惡或羞愧。隱藏情緒可能是一項棘手的任務，我們都可能試過對一個無聊的故事裝出有興趣，或者在收到一份不太合適的禮物時，表現出比實際還更加興奮的感覺。第三，說謊是一項耗費認知能力的任務。說謊者必須反應迅速、思維敏捷才能完成勞心費神的任務。面對勞心費神的任務時，我們經常表現得不同：試著不要顯得努力地記住一個電話號碼或由七開始倒數。最後，第四，當我們努力隱藏前三個問題的證據時，我們冒著在試圖表現出「正常」時卻形跡可疑的風險。如果你曾不得不在眾目睽睽下經過一個房間就會知道，你想要嘗試「正常地」走路，諷刺的是，你可能很快就會發現，你正在創造一個異常的步伐或正在不尋常地擺動手臂。

說謊者試圖表現出毫不費力的誠實，但說謊是一項在情感、行為和認知上都很有挑戰性的努力。這是一項任務，如果人們注意到說謊者很拼命，他們可能會產生疑心。像艾姆斯一樣，成功地將自己偽裝成老實人的大騙子能夠隱藏與說謊相關的興奮、情感和認知努力，從而使自己看起來冷靜和沉著。

我們可以使用兩種方法來了解說謊者如何說謊。第一種方法就是直接問說謊者，在說謊時他們都做了些什麼，他們的親身經歷可以讓我們知道他們如何管理行為的寶貴資訊。他們的自我報告可以讓我們深入了解他們說謊的伎倆和策略。第二種方法是在人們說謊時仔細觀察他們。我們可以細心注意他們在說實話時的行為，然後再觀察他們說謊時的行為。如果他們的欺騙有某些露餡的線索，我們觀察得夠仔細就可能發現。

研究顯示，人們很樂意說出他們在說謊時所採用的技巧或策略（Wanasika & Adler, 2011）。他們意識到，如果想看起來可信，他們必須努力。如果人們知道他們在說謊，尤其是如果他們害怕被逮到時，他們可能會擔心、拼命想出可信的謊言，或試圖隱瞞他們的犯錯證據，而這些說謊的特徵可能會讓他們事跡敗露。人們把自己的過錯隱藏在誠實和真實的虛假面紗之後。在一項研究中，參與者在模擬犯罪後，被真正的警察盤問（Strömwall et al., 2006）。參與者說了謊，他們向研究者回報自己感到非常緊張，發現說謊掩飾犯罪非常困難。百分之九十的說謊者表示他們使用了特定的策略裝出誠實。

在另一項包括坐牢的人的研究中，研究者問參與者他們如何說出有說服力的謊言。這些人透露，策略規劃（strategic planning）是說出令人信服的謊言的一個重要環節（Granhag et al., 2004）。在盤問期間，說實話的人和說謊的人都會計畫該說些什麼。然而，說謊者會想好自己的舉止，而誠實的人通常不會，誠實的人比不誠實的人計畫得少，比較沒在防守，因為他們往往天真地相信，清白會保護他們免受任何傷害（Kassin & Norwick, 2004）。而說謊者則知道，他們免受懲罰的自由取決於他們被相信的能力，所以他們會全力以赴呈現一個可信的行為。

說謊者如何表述自己的說謊行為

我們進行了一項研究，探討說謊者是如何述說他們的欺騙行為（Hart et al., 2023）。我們聚集了超過二百人，並給他們以下的提示：「當人們說謊時，他們經常使用策略來隱藏他們的欺騙行為，使自己在他人面前顯得誠實……描述當『你』對他人說謊時，你所使用的策略。」參與者接著花了十五分鐘詳細寫下他們用來說令人信服的謊言的策略和伎倆。之後，我們的研究團隊分析了數百頁的回應。我們將回應分類為單獨的說謊技巧，然後將這些技巧進行統計，以確定最常使用的是哪些技巧。我們的目的是將人們最常用的說謊策略編列成表。我們發現，許多人表示使用多種策略，且人們傾向於依賴相同的欺騙策略來愚弄他人。

人們所使用的策略大致分為兩大類：用於管理言語的，和用於管理身體行為的。人們可能較偏向回報使用身體管理策略（百分之五十九），高於回報使用言語管理策略（百分之四十一）。從最常使用到最少使用的八種身體管理技巧如下：

- **維持眼神接觸**（百分二十二）：人們表示他們故意試圖維持或增加與他們說謊的對象之間的眼神接觸。例如有人寫道：「我死盯著他們的眼睛。」也有人描述了類似的策略，如保持眼神接觸，或說謊時避免移開目光。

- **控制臉部表情／情緒表達**（百分之二十一）：人們表示他們試圖操縱自己的臉部表情，尤其是情緒表達，好呈現出一張可信的面孔。他們寫道試圖不讓恐懼或驚訝的表情出現在他們的臉上，例如有人寫道：「我只是試圖保持面無表情。」
- **表現鎮定／自信／正常**（百分之二十）：這類回應表示當說謊時嘗試表現得鎮定、自信或正常的整體策略。人們寫道，他們試圖保持正常的舉止，例如有人表示他們「表現得好像沒事發生或有所不同。」
- **別坐立不安**（百分之十四）：人們聲稱他們故意控制或減少手或腳的小動作，並嘗試保持正常的身體動作，例如交叉雙臂以減少任何亂動的衝動。有人寫道，他們「嘗試不亂動、玩弄自己的手或耳朵，因為對我來說，那是說謊的徵兆。」
- **表現認真或真摯**（百分之六）：這個類別包括一般而言會使自己看起來比自己所感覺得更認真或真摯的方法。提供這些技巧的人說了這樣的話，比如他們「只是試著盡可能地表現得很認真」，或是他們「看起來非常認真或真誠。」
- **避免眼神接觸**（百分之五）：有趣的是，儘管大多數人認為無法進行眼神接觸是說謊的明確跡象，但有些人寫了這樣的策略——他們試圖隱藏自己的眼睛或以其他方式避免眼神接觸。例如有些人說：「我不會看著那個人的眼睛」、「（我）試著不做眼神接觸」，和「（我）看著地板。」雖然這似乎不像明智的策略，但要記住的是，儘管大多數人都是出色的說謊者，有些人還是絕對無法說出一個可信的謊言。

- **增加身體動作**（百分之四）：有少部分的人表示他們增加身體動作，使自己看起來更可信，例如一個人寫道：「嘗試使用手勢和身體語言來傳達故事。」

以下六種與語言操縱相關的策略，從最常見到最少見，依序為：

- **管理語氣／音高**（百分之三十七）：人們表示努力改變和管理他們的語氣或他們聲音的音高，例如試著用聽起來有自信的語氣、使用嚴肅的語氣，並試著不讓音高上升。
- **聽起來正常**（百分之十九）：一些參與者直接表示，當他們說謊時，他們集中精神試著讓自己聽起來正常。他們提到試圖以與他們正常說話一致的方式說話，例如：「我試著聽起來像我平常那樣」和「對話或回應是正常和放鬆的」。
- **控制細節**（百分之十六）：人們指出他們努力管理他們分享的細節或證據的數量或性質，保留關鍵資訊或有時加油添醋，試著聽來更有說服力。例如他們稱：「我試著不……誇大我的說法」和「我也可能試著給出不必要的深度細節，試著讓我的說法聽來更逼真。」

- **說話清晰**（百分之十五）：有些人聲稱他們的策略是為了避免被發現而說話清晰。他們避免口吃或結巴，並試著避免在回答中出現停頓和拖延。例如他們寫道：「我試著在說話時不嘀咕或結巴」、「我試著用清晰的聲音說話，避免口齒不清」。
- **說話速度**（百分之七）：人們指出，說謊時他們會努力調整說話的速度。他們提到了一些事情，例如強迫自己說話慢一點（如：「強迫我自己說慢一點」）或快一點（如：「說得更快」）。
- **音量**（百分之五）：這些策略涉及這個人增加、降低或試圖維持其說話音量（如：「用聽起來更輕的聲音說話」或「我會提高我的聲音」）。

除了這十四個類別外，參與者還提供了少數的其他技巧，無法輕易或以邏輯劃分。其中一些獨特的策略讓我們覺得相當奇怪。舉例來說，人們稱「我通常會咬我的嘴唇側邊，或者在側邊捲舌」、「我咳嗽」、「我說了很多髒話」、「我摸摸我的太陽穴，一副很沮喪的樣子」，以及「我走開了」。參與者提供了這些只算少數的奇怪說謊策略。整體而言，我們發現我們研究中的大多數說謊者，傾向於依賴少少的幾組伎倆來假裝誠實。

其他研究者也採取了與我們類似的方法，問人們他們如何試圖用謊言欺騙他人。在一項研究中，研究者付錢給參與者進行一次模擬偷竊（Hines et al., 2010）。然後，他們盤問了參與者，這些參與者已事先收到指示要說謊以避免被查到。之後，研究者訪問參與者，詢問他們認為製造和講述有說服力的謊言所需的策略和技巧。許多人說他們準備妥當並在心裡演練了他們的謊言，透過計畫他們要說什麼以及提供的虛構細節，說謊者的目的是減少盤問一旦開始，他們肯定會經歷的認知工作量。知道如何回答問題，減少了伴隨而來必須迅速思考的壓力和焦慮，因為他們已經弄懂了虛假的敘事，所以擁有一個準備周全的說法可以降低焦慮。準備周全的故事可以幫助說謊者避免矛盾，讓他們注意到必須隱藏的敏感資訊，以保持謊言的可信度。

參與者也普遍提到他們在謊言中呈現適量細節的擔憂（Hines et al., 2010）。他們擔心提供的資訊太少或太多會聽起來很可疑。細節必須夠充足，才會近似真實事件的實際記憶，但又不能太多，否則看來會像是誇大的呼籲。另一個常見的策略是提到情緒細節，他們表示，在虛構的說法中分享自己的感受會使這個說法聽來更可信。此外，他們還指出提到與謊言無關的周邊細節，這種策略也被他們認為可以使說法聽起來更真實。與此同時，說謊者稱他們講述的說詞既連貫又一致。細節不一致的說詞是無法說服人的，隨著時間改變的說詞也是如此。

另一個廣泛的策略類別涉及印象管理（Hines et al., 2010）。讓說謊者免受懷疑的不僅是他們敘說的內容，還有他們敘說的方式。最重要的是，說謊者表示試著表現出冷靜和自信，他們還試著讓自己聽起來非常精確、沒犯什麼錯。為了達到這一目的，他們提到了保持眼神接觸、管理他們的語調，並試圖聽起來很有信心。像艾姆斯這樣的大騙子就利用了這些伎倆。他們計畫好要說的內容，他們小心地選擇用字，他們說得夠多但又不能太多，而且他們都以看似真誠的態度全盤托出。

善於說謊者

在一項最近的研究中，科學家發現擅長說謊的人的說謊次數，實際上遠多過不擅長說謊的人（Verigin et al., 2019）。也就是說，大騙子往往是善於說謊者。那麼，向善於說謊者請教說謊之道非常合理。研究者的第一個發現是，善於說謊者傾向重度依賴操縱自己所說的話，而非過度專注於操縱自己的肢體語言。這些善於說謊者更有可能將他們的成功歸因於少數幾種策略。

雖然大騙子經常說謊，但他們在說話時通常會實話實說。成功的騙子選擇性地說謊，一個善於說謊的人意識到，如果他們的每一句話都是謊言，他們很快就會被視為滿嘴謊話，他們的謊言將不再具有說服力。他們只在真正有所得時才會謹慎地說謊。善於說謊者意識到，當他們受人信任時，欺騙才是最有效的工具（C. V. Ford, 1996; T. R. Levine, 2020）。

成功的騙子傾向於將他們的謊言隱藏在一團真相之中。如果一個大騙子試圖欺騙你，他們很可能會在一大堆真相中埋藏一個謊言，從而掩蓋欺騙。他們還表示在說謊時，他們試著讓謊言中的細節數量，與實話中的細節數量差不多。且不僅僅是細節的數量，還有細節的類型，如果一個善於說謊者在說實話時，傾向於談論他們的想法和感受，那麼說謊時他們也會談論想法和感受。善於說謊者也會試著讓他們的謊言簡單明瞭，簡單明瞭的謊言容易製造、容易記住，不太可能與其他已知資訊有衝突。更好的是，善於說謊者試圖提供無法驗證的細節。舉例來說，如果一個謊言不涉及其他人，那麼沒有人可以反駁這些說詞。善於說謊者還會專注於近乎情理的謊言。一個古怪的說法可能會引起不必要的關注和審查。如果有人問你昨晚在哪裡，那麼「我看了電視然後去睡覺」會比「我決定去獵鴕鳥」更合情合理。最後，善於說謊者會迴避，他們有策略地試著避免被人質疑。如果他們可以完全閃避問題，那麼說謊就不太可能被拆穿。

在複習熟練說謊者的相關研究文獻時，我們可以挑出十八種特質和特色，這似乎有助培養特別成功的說謊者（Vrij et al., 2010）：

1. 善於說謊者的操縱能力與生俱來。他們不會因操縱他人而感到緊張。更確切來說，當他們利用他人時，他們總是充滿信心、強勢且放鬆的。

2. 善於說謊者是出色的演員。說謊，就像其他形式的印象管理一樣，是一場將特定版本的自己呈現給世界的遊戲。善於說謊者走上舞台，扮演誠實的人的角色。

3. 身為優秀的演員，善於說謊者必須表情豐富。他們必須以可信的熱情和情感呈現生動形象。

4. 善於說謊者往往在外型上有吸引力。人們有強烈的認知偏誤，就是**月暈效應**（halo effect）（LeClaire, 2017）。這種偏誤指的是我們傾向因一個人的某一正面特質，影響我們對該人其他無關面向的判斷。月暈效應的強烈例子包括身體的吸引力。外貌吸引人的人被非理性地視為比不那麼吸引人的人更有能力、更善良、更友善、更聰明和更值得信賴。外貌吸引人的人也會比外貌較差的人被視為更誠實。

5. 善於表演者是動態的表演者。他們可以迅速地適應情境中的動態變化。根據情境的需求，他們可以迅速應對。

6. 善於表演者練習他們的技巧。他們在欺騙方面擁有豐富的經驗。這種練習有所回報，因為他們找到了有助他們管理恐懼和罪惡感的技巧，並且他們會磨練卓越的表演技能。

7. 善於說謊者相信自己的欺騙能力。那種自信減少了他們的焦慮，並幫助他們將一套說詞推銷給觀眾。

8. 善於說謊者擅長偽裝情緒。無論是表達快樂、驚訝、悲傷還是蔑視，善於說謊者都能夠皺起眉頭、揚起眉毛或露出牙齒，以有說服力的方式掩飾真正的情緒。研究者發現，表情豐富的人會被認為是可愛和有同情心的（Friedman et al., 1988）。情緒表達（emotional expressivity）也有助人們看起來誠實。

9. 善於說謊者是優秀的演說家。他們伶牙俐齒，能夠在正確的時候找到正確的詞語，說出他們認為某人想要聽到的話。

10. 善於說謊者為說謊準備周全。他們事先排練和計畫。在被逮個措手不及的時候才急忙跌撞地尋找一個好的藉口，會使自己陷入謊言被揭穿的窘境。一個準備萬全且有條理的敘述會使謊言看來自然且沒有矛盾。

11. 善於說謊者會謹慎選擇他們的細節。說謊者最糟糕的事情就是提供可驗證的錯誤細節。當某人的信用卡帳單說明了他們上了館子又去了夜店時，辯稱自己待在家裡的說詞就無法讓人信服。幾年前，我們的某位泛泛之交在他女友外出探訪家人時開車出城與他人幽會，當他離家數百英里外與情人尋歡時，他發簡訊及打電話給女友，向她保證他在家過著無聊的幾天。但是有個問題，他在外地因超速被罰款，如果被人發現，這項證據會明確地揭穿他的謊言。善於說謊者會說出無法輕易被發現的細節，例如說他因某種相對籠統且無法驗證的原因而去了達拉斯，像是觀光。

12. 善於說謊者只說必要的話。一個人說得愈多，他說的細節就愈可能戳破謊言。有效的說謊者會說出足夠的話以獲取信任，但不會多說。
13. 善於說謊者只需說（大部分）真話，避免創造不符的故事。他們編造的故事會幾乎完全符合真實情況，直到真相變得難以維持，才會插入不實的資訊。
14. 善於說謊者很有創造力。在接受盤問時，他們永遠不知道下一個問題是什麼，因此創造一個逼真但又虛假的現實版本的能力是不可或缺的。那些有能力發明新想法的人將會最成功。
15. 善於說謊者思維也很敏捷。花太長時間回答或突然使用填充時間的詞，如「嗯」和「啊」，聽起來難以信服。
16. 善於說謊者很聰明。操縱一個謊言的各個組成部分，或創造一個可信的場景，其中的細節不會與其他人可能知道或不知道的事實相矛盾，是一項艱鉅的任務。說謊是一項需要高度認知能力的壯舉，智力是極大的助力。
17. 善於說謊者能夠記住事實的真相。有效的說謊者記得他們說了什麼，以及是對誰說的。說謊很複雜，所以良好的記憶力是關鍵，一個說謊的人必須記住所有的細節。當誠實的人被要求在兩個不同的場合重述一個故事時，他們是在重建事情發生的記憶。然而，記憶是不完美且可塑的（Baddeley, 1990; Lofus, 1979），所以他們的敘述經常前後不一；每次重建都略有不同，某些細節浮現，某些則被遺忘，或者增加了一些見解。這種真實記憶變化的性質有時可能會讓聽者覺得是欺騙的證據。而為了避免聽起來不誠實，善於說謊者會避免在講故事時運用即時重建的策略，相反地，他們專注於每次盡可能準確地重複故事。他們的目標是讓重述之間零變化，零變化代表聽者沒有差異可以關注。換句話說，說謊者是在重複而不是重建。有些謊言維持了幾十年，長時間保持故事的一致性可能需要高於平均水準的記憶能力。

18. 最後，善於說謊者是優秀的聽眾。他們了解聽眾的反應，識別出聽眾何時想要更多資訊、何時感到滿足、何時開始懷疑，以及何時可以安全地改變話題。

大騙子之所以能持續下去，是因為他們對自己的技術運用自如。他們已經學會了如何成功地使用欺騙來達成自己的目標。如果他們的謊言一再失敗，他們很可能會放棄不誠實，嘗試其他方法。透過掌握一些技巧，大騙子已經學會了如何有說服力地讓別人相信一些不實的事情。

誠實的人看來是什麼樣子？

人們可能會認為，善於說謊者能夠完美模仿說實話的人的外表和行為。但令人驚訝的是，完美模仿誠實的人的能力，並不是讓說謊者之所以可信的技能。相反，他們已經掌握了其他人眼中誠實的人如何舉止的能力（Vrij et al., 2010）。許多人對誠實行為的表現有其誤解（Strömwall et al., 2004），主要是，人們相信誠實的人會有很多眼神接觸，並且不會坐立不安。這些不準確的信念在坊間流傳。善於說謊者之所以成功，不是因為他們表現得很誠實，而是因為他們表現得像一個誠實的人的仿製形象。

當我們第一次遇到某人時，我們會對他們形成第一印象（Aronson et al., 2007）。而隨著我們與他們的互動增多，我們對他們的印象通常非常穩定（Gunaydin et al., 2017），即使我們面臨與之矛盾的證據，這種印象也傾向於保持不變（Rydell & McConnell, 2006）。我們對他人的印象基於多種因素，包括他們的性別、種族、年齡、服裝、化妝、言談、吸引力和行為。

社會學家厄文．高夫曼（Erving Goffman, 1956）在他的著作《日常生活中的自我呈現》（*The Presentation of Self in Everyday Life*）中討論了印象的動態形成。他主張，我們都試圖透過印象管理來經營我們的社會價值，我們積極嘗試影響他人對我們的看法。我們在這一努力中使用的一種機制是塑造我們的行為舉止。我們管理自己的行為方式、面部表情的傳達以及我們帶給他人的印象。

在欺騙研究中的一項關鍵發現是在幾項研究中實現的。有些人因為他們的神態，看起來更誠實，而其他人不幸地看起來沒那麼誠實（Bond & DePaulo, 2008; T. R. Levine, 2020）。也就是說，不論某人的陳述的實際真實性如何，有些人看起來就是更可信。在一系列研究中，研究人員檢視了神態在可信度中的作用。他們發現對於某些人來說，這種效果非常強大。有些人即使在講真話時也看起來非常不誠實（Bond & Fahey, 1987; Bond et al., 1992; T. R. Levine, 2020）。與大騙子這個話題更相關的是，有些人天生看來非常值得信賴，即使他們正說著厚顏無恥的謊言。大騙子——那些能夠走進任何情況，撒一些漫天大謊，並讓大家都相信的人——有一種可識別的神態。一項分析將這些神態的各個方面去蕪存菁為所謂的可信度指數（believability quotient），或稱之為BQ（T. R. Levine, 2020）。BQ由十一種看似誠實的人似乎具備的屬性組成。事實證明，如果有人在其中一種神態上看起來誠實，他們通常在其他十種上也看起來誠實。所以，這些屬性是：

1. 可信的人表現得自信且鎮定。
2. 他們友好且愉快。

3. 他們具有投入和積極的互動風格。
4. 他們有合理的說法。
5. 他們保持眼神接觸。
6. 他們對回答問題感到熱切且迅速。
7. 他們不會坐立不安。
8. 他們表現得冷靜。
9. 他們的神態始終如一。
10. 他們用語言傳達確定性。
11. 他們在語調中傳達確定性。

萊文（T. R. Levine, 2020）發現他能訓練學生控制這些元素中的每一個。他邀請了許多付費志願者來到他的實驗室，並花時間精心訓練，使他們能夠熟練地掌握BQ的十一種神態。接下來，他要求他們說謊和說實話，同時讓其他人試圖辨別誰在說實話、誰在說謊。一個令人驚訝的發現是，觀察者無法分辨誰在說謊、誰在說實話。而那些在BQ屬性上變得更加熟練的學生，即使在說謊時，也更可能被視為是誠實的人。所以，看來一個人的神態可能比他們的實際誠實性更重要，這決定了他們是否會被人相信。把話題帶回到大騙子上，那些能夠持續避免被發現的大騙子似乎很可能已經掌握了BQ，他們已經培養了使世界上的其他人信任他們並相信他們的技巧和方法，即使他們在欺騙時也是如此。換句話說，有許多大騙子無法僅透過欺騙的明顯跡象來發現，儘管我們在第九章和第十章中會討論一些可以用來找出一些手法最俐落的騙子的策略。

破壞交談的規則

保羅．格萊斯（Paul Grice）是一位英國哲學家，曾於一九七〇年代在加州大學柏克萊分校任教。他提出，當人們彼此交談時，他們參與的是一種思想分享的協議（Grice, 1989）。他將這一概念稱為合作原則（cooperative principle）。格萊斯認為，為了有效地進行對話，每個人都必須說出暗示特定意義的話。舉例來說，如果我想向你表達我想吃東西，我可能會說：「我想吃東西。」這些詞有效地在你的腦海中暗示了一個意思。而當人們說謊時，他們違反了溝通的合作原則。

格萊斯確定了四個他認為對合作交流很重要的原則，每一個都可以被用來誤導對話夥伴。

- **數量**（Quantity）：這個原則指出，在誠實溝通時，人們必須提供足夠的資訊來完整分享想法，但不提供超過所需的內容。
- **品質**（Quality）：這個原則非常重要，與說實話有關。人們必須說出真實的事情，並且避免說出不實的內容。
- **關係**（Relation）：這個原則要求保持相關性。人們不應該說出與討論無關的事情。
- **方式**（Manner）：這個原則關乎清晰性的重要性。在溝通時，人們應該直截了當，避免含糊或晦澀。

當人們遵守格萊斯的原則時，對話往往會是誠實的，並且進行得很順利。而當說者違反或炫耀這些原則時，溝通就不再具有合作功能。

謊言以幾種不同的方式違反了格萊斯的原則。首先，用語言欺騙的意圖本身就違反了整體的合作原則。當一個人在說謊時，對話參與者之間不存在合作。相反地，溝通成了一種語言對立的形式。說謊者有時違反了量的原則。當一個睡眼惺忪的司機被警察問到今晚是否喝了任何飲料時，他可能會如實地說「喝了幾瓶啤酒」，但卻省略了這些啤酒之外的六杯烈酒。欺騙者有時會無視關係原則。當被問到是否知道為什麼收銀機少了一百美元時，一個偷竊的員工可能會提到其他幾個員工的不誠實習慣，而非透過是或否的回答來談及個人所知的相關問題。

柯林頓總統在討論與實習生陸文斯基的關係時，就臭名昭彰地違反了方式原則。當他被問到兩人是否有不當關係時，柯林頓回答「我們之間沒發生任何事」和「沒有不當的關係」。而後來當柯林頓和陸文斯基之間的性關係被揭發，且他顯然對此說了謊時，柯林頓則辯稱在說「沒發生任何事」和「沒有不當的關係」時，他的意思是在那個確切的時刻沒有這樣的關係，儘管幾個小時前可能有。這種故意含糊其辭是違反方式原則的典型。

說謊者違反對話合作的最明顯方式是透過違反質的原則。當我們稱某人為說謊者時，通常是因為他們故意且蓄意地說了一些他們認為與事實不符的話。無論謊言是誇大、遺漏、厚顏無恥的謊言，還是故意使用模稜兩可的語言，所有的謊言都違反了我們被告知真相的期望。當我們與他人對話時，我們期望誠實，否則談話有什麼意義呢？當我們討論說謊時，我們在某種程度上以意圖來定義。人們可以僅僅透過成為糟糕的溝通者、資訊不足或思路混亂來違反格萊斯的原則。然而，當人們故意利用溝通來誤導時，那種溝通就是謊言。我們將說謊定義為成功或不成功的對語言的操縱，無預警地創造另一種溝通者認為是不實的信念。說謊者以隱晦或不那麼隱晦的方式，故意操縱對話規則來使我們相信不實的事情。

大騙子說謊的方式

說謊並沒有特定的單一方式。更確切來說，人們可以以各種方式扭曲和誇大陳述和對話，以混淆、困惑，最終誤導對話夥伴。當人們想到典型的謊言時，他們可能會想像到徹底的謊言。徹底的謊言或捏造包括了完全構造虛假故事（DePaulo et al., 1996），它們是將完全虛構的敘述，呈現為真相。完全的捏造是一個危險的賭注，因為證據線索往往可以證明它們的虛假。

其他更隱晦且更易辯解的說謊技巧更為常見，也更容易產生——隱瞞、半真半假，以及單純包括未提及真相的遺漏（Metts, 1989）。例如當有人被問到，配偶整晚外出時他做了什麼，他可能會提到他看了電視並煮了一些晚餐。而儘管這個說法是真的，他卻隱瞞了一個事實，就是有鄰居來訪，他們還發生了一小時的性關係。隱瞞比公然說謊更容易進行，因為隱瞞是被動的，不需要虛構的故事情節，也不太可能引發深入的質問。隱瞞還有一個額外的好處：如果被發現，通常沒人會認為比其他形式的說謊邪惡（T. R. Levine et al., 2003）。雖然隱瞞可能不符合說謊的實際定義，但許多人將其視為騙人的造假，會以對待公然說謊的態度應對。

大騙子也運用模糊和含糊其辭（Clementson, 2018）。也就是說，他們使用曖昧、不精確或混淆的語言，隱藏他們所說的話的真實含義。舉例來說，如果有個人的老闆問他們今天一直在做什麼，員工可能會回答：「啊！自從今天進公司，我就一直在打電話或用電腦工作。」但可能不會提到他們是和朋友通電話，以及在電腦上預訂旅遊行程。

假裝諷刺是人們說謊的另一種方式。諷刺本身是一種相互承認的說謊形式（Shany-Ur et al., 2012）。如果我語帶諷刺地說，「哦，你知道我有多麼喜歡付巨額信用卡帳單！」，我沒有說實話，我是用諷刺語氣故意告訴你我沒有說實話。然而，人們也可以假裝諷刺來說實話，同時用一種暗示他們在說謊的語氣溝通。舉例來說，如果我偷了鄰居的割草機，他問我是否看到了割草機，我可以諷刺地說：「是的，蓋瑞，我偷偷偷了你的割草機……天啊！」因為我的諷刺語調，蓋瑞會相信我沒有拿走割草機。

大騙子也會誇大。誇大指的是某人所說的核心是真實的，但其真實程度則是假的（Verigin et al., 2019）。人們誇大事實，使事物看起來比實際上更大、更好或更有意義。有一次，一位同事說美國副總統跟他的家族是朋友，可能可以幫他家人的忙。其他同事感到驚訝且很有興趣，因此他們開始提出許多問題。在嚴格的審查下，他聲稱副總統是家族朋友的說法最終被削減至核心真相：同事的父親曾經遇到過副總統，寒暄了一番並與他合影。副總統把這個人當成朋友的可能性似乎非常小。

淡化是指人們低估一個真相的程度。舉例來說，如果一名員工被指控從收銀機中偷錢，他可能會輕描淡寫說自己也許拿了一、兩美元。當酗酒的人被他們的醫生問到他們喝了多少酒時，他們會傾向低報百分之五十的飲酒量（Vance et al., 2020）。當大騙子違反規則且否認似乎行不通時，下一個最好的策略就是淡化。

情感操縱

情感操縱（Gaslighting）是大騙子用來欺騙人的另一種心理技巧（Sweet, 2019）。情感操縱者使用心理操縱策略，使他人相信他們逐漸與現實脫節、他們的記憶有缺陷，或者他們只是瘋了。情感操縱者使用虛假敘述來控制情況或一個人。舉例來說，一位女士描述了她的丈夫用來控制她的情感操縱技巧（Moore, 2019）。當這位女士在白天工作時，他指責她忽視了孩子，但如果她在晚上工作，他則指責她忽視了他們的婚姻。當他被指控對她的朋友打情罵俏時，他說服她，實際上她朋友才是越線的那方。他使她相信其他人試圖破壞他們的婚姻，在社交上孤立她。他讓她相信自己好傻好天真，是失敗的妻子和母親；他把她的東西藏起來，使她相信是自己笨手笨腳弄丟了。

情感操縱者使用幾種不誠實的技巧來欺騙他們的目標（Evans, 1996）。首先，他們否認事實。如果有人指控他們的伴侶在派對上與某人調情，越線方可能會說他們沒有，且經常辯稱指控者是偏執狂或記錯實際發生的事情。情感操縱者也會隱瞞資訊。他們藉由偷偷摸摸地生活，可以創造符合自己需求的另類現實版本。他們提供與指控者觀點相矛盾的資訊：「如果我偷你的錢，為什麼我昨晚還為你的晚餐付帳？」他們排除證據和資訊：「你為什麼要相信我兄弟說的話？他是個酒鬼。」他們貶低受害者以駁斥指控：「你說我不值得信任，但你在一段關係中從未待超過六個月！」他們將受害者從可能洩漏真相的人旁邊拉開，通常是試圖讓受害者無法接觸可以確認他們是情感操縱者的人。他們減少受害者的擔憂或使犯罪正常化：「嘿，這沒什麼大不了的。如果他們真的想成功，每個人都會與他們的上司發生性關係。這是這個行業的本質。」透過使用謊言和操縱，情感操縱者開發了一個不斷變化的「現實」，使他們的受害者懷疑自己並接受騙子的主張。

當情感操縱者被指控說謊時，他們也會使用心理操縱和欺騙。當情感操縱者和其他大騙子被指控做錯事時，他們經常在心理上對他們的指控者進行翻轉，這是一種心理柔術（Freyd, 1997）。我們使用字首縮寫DARVO來解釋這種手法。這個縮寫列舉了操縱者用來避開指責和負責的策略。被指控時，他們首先會否認（Deny），拒絕任何他們做錯事的指控。接下來，他們會攻擊（Attack）任何聲稱他們在說謊的人。最後，他們將受害者和加害者位置對調（Reverse Victim and Offender）。說謊者聲稱他們實際上是受害者。大騙子使用DARVO技巧迅速扭轉局面，讓他們的指控者不知為何現在處於防禦狀態。人們可能會回想起，在川普的總統任期內，他成功地對媒體使用了DARVO方法。當新聞界精確地指控川普總統散布有關事件的錯誤資訊時，他首先否認散布不正確的資訊，然後他攻擊新聞界提出指控，再然後他翻轉了指控，開始將主流新聞源稱為「假新聞」。當DARVO成功應用時，它會削弱對不誠實的指控，並將指控者標記為不誠實的人。

謊言、謊言、謊言

重複虛假陳述是大騙子用來說服他人的另一種技巧。虛幻真相效應（illusion of truth effect）是一種經過深入研究的心理現象，一遍又一遍的錯誤資訊會被人逐漸當真，無論其實際真實性如何（Hasher et al., 1977）。如果人們聽到一個不真實的陳述夠多次，就會熟悉起來，然後那種熟悉感會導致人們從對陳述真實性的批判性分析轉向被動接受。基本上，重複使我們的大腦轉成自動駕駛，我們不是理性思考，而是採取捷徑使用我們的直覺。在我們聽過一百次之後，感覺變得非常真實，所以我們不再分析它是否實際為真。政治家們非常有效地利用了這種現象，他們繼續重複犯罪猖獗或某個特定群體憎恨美國的可疑主張。在聽到夠多次之後，許多人會接受這些主張是真的。

即使在心理科學家在實驗室中證明了重複謊言的力量之前，人們就已經意識到重複的強大能力可以扭曲信念。在《我的奮鬥》（*Mein Kampf*）中，希特勒（Adolf Hitler, 1925/1971）就寫道，標語應該要重複，直到社會中的每個人都相信為止。近年來，政治家們重複了各種謊言，例如聲稱美國的犯罪率處於歷史最高水平，儘管犯罪實際上處於歷史最低點。然而，社會的大部分人都相信這些謊言是精確的，政治、行銷和其他領域的大騙子採用重複策略來消除懷疑。在重複夠多之後，人們甚至不會考慮這些謊言是否正確。

一種相關的說謊技巧是「謊言的消防水管」（firehose of falsehood）（Paul & Matthews, 2016）。有些人有著驚人的能力，能夠噴出大量的資訊、故事和事實。在這種溝通水流接收端的人們沒有心智資源去評估每一個主張，因為它們就像從消防水管中飛射出的水一樣。大騙子可以利用這些認知限制。知道許多人沒有可用的認知資源來處理所有的資訊，他們就把謊言扔進勢不可擋的資訊攻擊中。因為人們在匆忙之下評估大量資訊的能力相當有限，所以我們最終會相信許多呈現給我們的主張。川普和弗拉迪米爾・普丁（Vladimir Putin）都在他們的各種假情報計畫中非常有效地使用了謊言的消防水管（Kakutani, 2018）。在這兩種情況下，當新聞媒體停下來以批判角度檢查一個似是而非的聲明時，川普和普丁早就已經投擲了更多的謊言，沒留下時間給對手來解決每一個。因此，有些謊言從未被適當地挑出來。

漫天大謊

政治家也試圖用被稱為漫天大謊（the big lie）（Helson et al., 1958）的策略來欺騙人。目標是說一個謊，大到沒人會懷疑居然有人敢捏造這樣的話。漫天大謊必須是巨大的。以一句抓住了大謊言的核心的話來形容，就是「如果你要說謊，就說一個彌天大謊」（Helson et al., 1958: 51）。在《我的奮鬥》中，希特勒（1925/1971）詳述了大謊言技巧。他指出：

> 謊言的幅度總是包含一定的公信力，因為大多數人在心底深處傾向於被腐化，而非有意識或故意地接近邪惡，因此，考慮到他們思想的原始簡單性，他們更容易成為漫天大謊，而非小謊言的受害者，因為他們自己在小事上說謊，但對太大的謊言會感到羞愧。這樣的謊言永遠不會進入他們的腦海，他們也無法相信其他人會如此厚顏無恥和惡名昭彰地扭曲事實（231）。

在這段文字中，希特勒描述了其他團體所說的漫天大謊，但他自己也使用了漫天大謊策略來說服大眾相信德國並沒有輸掉第一次世界大戰，而且猶太人正在密謀破壞無辜的德國。OSS，中情局的前身，在對希特勒的分析中寫道：

> 他的主要規則是：永遠不要讓大眾冷靜下來；永遠不要承認錯誤或過錯；永遠不要承認你的敵人可能有優點；永遠不要留下其他選擇的餘地；永遠不要接受責任；一次只專注於一個敵人並指責他該為一切差錯負責。比起小謊，人們會比較快相信一個大謊；如果你重複夠多次，人們遲早會相信（Langer 1944: 38）。

希特勒極度有效率地掌握了漫天大謊的技巧。

OSS於一九四四年的分析，似乎預見了七十六年後，在二〇二〇年總統選舉之後的事件。在二〇二〇年選舉中敗北後，川普似乎從漫天大謊策略中吸取養分，聲稱一群壞蛋串通起來偷走了他合法贏得的選舉（Rutenberg et al., 2021）。儘管無黨派和甚至共和黨官員普遍主張拜登公平地贏得了選舉，而且即使美國最高法院，包括川普總統提名的法官，也贊成了選舉的結果，川普仍然宣稱有反美的賣國賊集體共謀破壞了國家選舉。

二〇二〇年選舉的漫天大謊極其明目張膽且範圍廣泛。川普總統及其盟友主張選舉欺詐已經普遍存在，聲稱已故人士的選票被算進來、狗狗投了票、選票被運往州界、投票機將投給川普的票轉換為給拜登的票，以及其他許多選舉被竊取的荒誕說法。然而，這些說法都沒有根據。此外，川普最後似乎還是認為他已經輸掉了選舉（Broadwater & Feuer, 2022）；但就在選舉過了一年後，超過三分之二的共和黨人仍認為川普的選舉被偷走了（Elliott, 2021）。

在這點上，漫天大謊策略發揮奇效。

羅伯・漢森

本章從艾姆斯當蘇聯間諜說的謊開始。當時，艾姆斯對美國情報界造成的損害超過了美國史上的任何人。然而，在艾姆斯被捕後的八年，羅伯・漢森（Robert Hanssen）超越了他。漢森曾是聯邦調查局的探員，一九七九年，他在職業生涯的初期，開始向蘇聯販售機密；在蘇聯解體後，則繼續向俄羅斯政府販售機密。為了超過一百萬美元的報酬，漢森出售了美國最為嚴密守護的間諜機密，使許多祕密探員受到危害，最終由於漢森的背叛而被處決。FBI讓他負責編制所有俄羅斯雙面諜的名單，他隨後將該名單交給了俄羅斯。諷刺的是，他還被指派找出誰是將這些關鍵情報洩露給俄羅斯的內鬼。是的，他被要求找出自己。不像艾姆斯曾通過兩次測謊，漢森從沒接受過測謊，不過如果他有接受，他很可能也會通過。在一九八〇年代，中情局有許多古巴探員，他們是為古巴政府工作的雙面諜。他們也都曾通過多次測謊（Zaid, 2002）。

漢森於二〇〇一年被捕，當時一名被FBI收買的格別烏探員提供了漢森活動的罪證。他目前正在科羅拉多州佛羅倫斯的聯邦超級監獄中服刑，被判處連續十五項終身監禁。他每天被單獨監禁二十三小時，自二〇〇二年以來持續如此（Binelli, 2015）。

結論

從像漢森這樣的人身上，我們可以學到大騙子的什麼教訓？如果眾多關於說謊者的研究可以告訴我們一些事，如果成功的雙面諜的故事可以為這個問題提供啟示，如果世界上一些最惡名昭彰的大騙子的策略可以提供一些線索，那就是：大騙子以表現得正常來成功說謊。這種技能可能經過多年的廣泛實踐下磨練出來，但對許多人來說，這是很自然的。當我們說謊時，這謊言往往是相當簡單的。我們很輕易地編造出可信的謊言。隱藏情感，如恐懼和內疚，是很容易做到的。我們可能不是得過獎的演員，但我們知道得夠多來模仿自己的非說謊行為。幾乎所有人在被要求這麼做時，都能看起來放鬆，盯著某人的眼睛，自信地講一個對方會信的彌天大謊。目前的研究明確指出，當大騙子表現得放鬆、自信、自我肯定、友好和投入時，他們很可能被視為誠實和值得信賴的人。大騙子之所以如此成功，是因為他們看起來很誠實，就像你和我一樣。

我們已經提供了證據，揭露大騙子用來隱藏真相和扭曲現實的微妙技巧。然而，理解大騙子欺騙的手段，並不能讓我們知道他們為何要欺騙。驅使某些人如此習慣性地偏離真相的動機是什麼呢？第七章是我們試圖回答這個問題的章節。

第七章

細探人們為何說謊

除非真相被認為是危險的，否則謊言就沒有意義

——阿爾弗雷德．阿德勒

在公開的自白中，冒著形象受損的風險，我們其中一位是殺魚的凶手：幾年前，我的兒子在生日時收到了一條寵物魚。隨著時間過去，魚缸變得很髒，需要換水，但我不小心加入了太冷的水，而非溫水。不幸的是，第二天早上我發現了一條灰白色、失去生命的魚。我和我的妻子討論，是否該趕在兒子發現前，快點去商店買一條新魚，還是直接說出這個壞消息。在這種情況下，你會怎麼做？

在來回抉擇的過程中，選擇以父母欺騙（parental deception）方式行事的主要原因是，希望避免我們的孩子感受到任何負面情緒（或甚至潛在的創傷）。任何稱職的父母都應該保護他們的孩子免受負面情緒的影響，對吧？如果你曾經遇到過這樣的情況，你就會知道為了保護他人而使用欺騙，是多麼容易成為自己的辯解理由。但這種論點的唯一問題是，它假設了一個人能夠準確預測其他人的反應。在這個情況下，我預測要是告訴我的兒子他的魚死了，會導致他長時間且強烈的悲傷。研究過父母欺騙後，我決定告訴我兒子他的魚死了，並為這次意外的死亡尋求原諒，討論他感受的情緒，並決定如何為魚舉行葬禮以及是否再養一條魚。他決定將魚河葬，而且很興奮能養另一個寵物。誘惑我想要說謊的那些恐懼是毫無根

據的。

說謊的決定與動機都是基於推測性的計算。當真相無法達到目的時，人們便傾向於說謊（T. R. Levine, 2020）。但是，我們在對未來進行預測時並不很準確（Sun et al., 2018; Tetlock & Gardner, 2015），換句話說，人們可能難以知道真相何時不能奏效，所以人們可能選擇說謊，因為他們錯誤地認為謊言會更有效。在魚兒死去的這件事情上，我原本可以說謊並迅速換成另一條魚，並認為這樣就能保護我兒子不受強烈的負面情緒影響，但我的預測是錯誤的。因此，我們建議對「當真相成為達到目標的障礙時，人們會說謊」這一論點（T. R. Levine, 2020）進行修正，即人們可能會在他們認為真相不會奏效時說謊。說謊的動機通常基於有瑕疵的假設，認為真相不會奏效，或者謊言的效果可能更快或更好。

那麼，是什麼驅使大騙子說謊？在這一章中，我們將探討和解析說謊的原因和動機。我們最終希望能夠闡明為什麼大騙子選擇放棄對真實和誠實的忠誠。在第一章中，我們討論了說謊和不誠實的三元論，其首要命題是人們在察覺說謊的效用時會說謊。也就是說，當他們解讀或看待一種情況，並確信說謊會有所助益時，他們就容易說謊。

讓我們再來看另一個情境，在這情境中，計算和解讀未來的結果，可能導致通往欺騙的道路或誠實的道路。出於自發和嘗鮮，你決定全權讓髮型師自由處理，但當你看到你的新髮型時，你可能會對這個大膽的設計感到驚訝和措手不及。你可能無法確定這是否適合，因此與一位朋友見面吃午餐並尋求他們的意見。那麼你希望你的朋友為了不傷害你的感受而對你說謊，還是希望你的朋友給你一個誠實的評價，即使會是個壞消息？大多數人可能會要求他們的朋友給出真實意見，而不是為了避免傷感情而說謊。我們信任我們的朋友能夠做出準確的評估，我們也相信他們會對我們誠實。我們常常從我們可以信任的其他人那裡尋求真相，因為我們意識到我們自己的觀點可能會偏向某一方或另一方。

現在，情況反轉，想像你的好友剛做好一個你已經許久未見的超醜髮型。當你的朋友問：「你覺得怎麼樣？你喜歡嗎？」你盡一切努力藏起你的驚訝、厭惡和嘲笑。你可能幾乎會立刻說：「看起來很棒！我喜歡，展現了一個全新的你。」為什麼我們會為自己的謊言辯解，覺得那樣可以接受，卻從他人那裡期待完全的誠實呢？從說謊者和被欺騙者的角度來檢視，有助於我們了解為什麼人們會說謊，並了解為什麼大騙子會說出漫天大謊還為此辯解。

說謊的理由

在二〇〇六年，佛洛伊德．蘭迪斯（Floyd Landis）贏得環法自行車賽。但他只能短暫地沉醉在勝利之中，因為他的尿液檢測中出現了提升運動表現的藥物（performance-enhancing drugs）跡象，他被摘掉了冠軍頭銜。多年來，蘭迪斯否認使用提升運動表現的藥物，他聲稱他被不公平地剝奪了勝利。他繼續告訴朋友、粉絲、家人和自行車界，他是無辜的，但在二〇一〇年，他終於坦白了。他承認他一直在說謊。而當被問到為什麼他說謊那麼多次還說了那麼久時，他聲稱他是在保護其他使用提升運動表現藥物的人，包括藍斯・阿姆斯壯（Lance Armstrong）。他的動機是他不想成為告密者（Stein, 2021）。

為什麼人們會說謊？回想一下說謊和不誠實的三元論，該理論認為當人們（a）認為說謊是有用的，（b）他們認為他們可以逃過說謊的後果，或至少認為被發現不會是大問題，以及（c）他們可以從道德上為自己的謊言辯解時，他們會傾向於說謊。然而，如果我們深入探討，我們可以看到人們說謊的具體原因不勝枚舉。由於各種個體、關係和情境因素的複雜性，識別欺騙的具體動機機制一直是一個挑戰。識別欺騙動機的另一個困難是，不同的研究者提出了眾多動機類別，而不是使用一套術語和組織原則。因此，學者可能會混合說謊行為的各個方面，不使用相同的術語進行研究，和／或為同一種類型的欺騙使用多個術語。

艾爾德・弗雷（Aldert Vrij, 2008），是最多產的欺騙研究學者之一，他表示說謊的動機可以分為三個層面：（a）從謊言中受益的人，（b）謊言是由於追求利益還是為了避免損失所驅使的，以及（c）謊言是出於物質還是心理原因所驅使的。儘管這個樣板捕捉到了一些說謊動機的層面，我們仍不認為它完全涵蓋了說謊的其他方面。舉例來說，一些欺騙研究者根據動機對謊言進行分類（例如個人利益），但其他人還考慮了謊言的類型（例如遺漏）

或後果（例如有害的謊言）。有些人還會考慮說謊的意圖。然而，不是所有出於善意的謊言都會為受騙的對象帶來正面或有益的結果。

我們更傾向於將這些欺騙的方面理解為不同的系統。我們提出對謊言的主要受益者、動機、謊言類型和後果進行單獨的分類（見圖7-1）。因此，人們可能說謊的原因是不計其數，並可能包括各種構成要素。從人們說謊或欺騙的手段來看，有多種形式可採用，主要是透過提供假資訊或隱瞞資訊。使用欺騙也可能引發若干後果，像是導致該行為被強化或受到懲罰。在這些途徑中，欺騙可以是專注在自己、他人或一種關係。在本章，我們在回顧說謊的動機時將考慮這些不同的層面，而在第八章中，我們聚焦在說謊的後果時將再度討論。以下面為例，特定的動機（例如形象管理）可能促使某種特定類型的謊言（例如偽造），而預期的受益者是自己；接著謊言可能造成一個結果（例如稱讚），並且反過來又強化了再次說謊的特定動機（例如透過形象管理）。

評估謊言背後的動機可能是具有挑戰性的，因為謊言的發送者和接收者可能對謊言的原因有不同的看法（Bok, 1999）。此外，嘗試將欺騙行為的特別動機視為獨立因素也存在著問題，因為欺騙的動機與誠實溝通的潛在動機並無太大區別。我們在本章中將進一步討論這些面向。

首先，讓我們檢視一些研究發現和提出的說謊動機類型學。透納等人（R. E. Turner et

圖7-1 說謊的層面

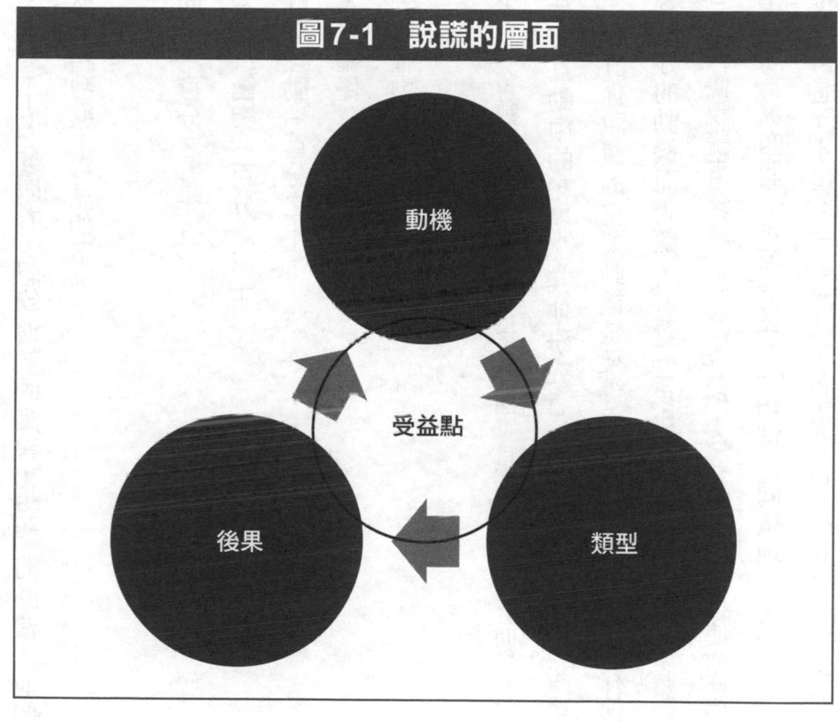

al., 1975）招募了一百三十名參與者，記錄他們的謊言和說謊的動機。他們發現有五種動機驅使人說謊，從最常見到最不常見如下列：

1. 為了保留面子（百分之五十五）
2. 為了避免緊張或衝突（百分之二十二）
3. 為了引導社交互動（百分之十）
4. 為了影響人際關係（百分之十）
5. 為了獲得人際權力（百分之三）

這些發現顯示，大多數的說謊並不是為了某種工具性的受益，而是為了隱藏關於自己的尷尬訊息或促進社交互動中的和諧。其他研究者按預期的受益者對說謊的動機進行分類（Hample, 1980）。也許你說謊的主要動機是獲得你想要的東西，如關注或讚美；或者你可能出於讓他人感覺良好的動機而說謊。漢普（Hample）根據受益者來整理謊言，確定了三個主要類別：有些謊言使說謊者受益，有些使其他人受益，而有些使整體關係受益。研究者將所有剩下的謊言分類為第四個「雜項受益者」類別。同樣地，另一項研究（Metts, 1989）根據焦點對說謊的原因進行分類：（a）以伴侶為中心，（b）以說謊者為中心，（c）以關係為中心，和（d）以問題為中心。在那項研究中，最常見的動機是避免傷害關係中的伴侶。研究者還在這四個主要類別中確定了十五個具體動機。

然而，僅僅從謊言的預期受益者來看，並不能完全捕捉所有的激發因子，而大多數研究都問說謊者為什麼說謊。因為人們容易以自利的態度為他們的謊言辯解，所以結果可能有所偏頗，更傾向於呈現說謊者有善意的動機。考慮到這些問題，肯登等人的研究（Camden et al., 1984）提出一個包括謊言的動機和預期受益者的二維系統。近期而言，當研究者研究全球的說謊行為時，他們發現各種文化間的動機似乎相對一致（T. R. Levine et al., 2016）。他們要求人們回憶某人對他們說謊的情境，然後研究者對各種類型的謊言進行編碼，並得到十種泛文化的欺騙動機。這份泛文化動機的清單似乎是我們審查過的最全面的動機清單。在檢視意圖的受益者時，我們可以看到，大多數的謊言都是造福說謊的人。

說謊是自私的行為嗎？

大騙子的動機，如愛情騙子、騙子和金融詐騙犯，都是出於自私的，這一點顯而易見。我們的大部分研究都顯示，大騙子通常是為了自己的利益說謊，這一發現一直得到其他欺騙研究者的支持（e.g., Camden et al., 1984; DePaulo et al., 1996; Hample, 1980）。如果你細想你

展示7-1 梅茲於一九八九年的編碼類別，說謊的原因

I. ***以伴侶為中心的原因***。指出伴侶的行為或態度（如說者所感知）以某種方式驅使他們欺騙。

1. 為了避免傷害伴侶。（範例：「我知道如果我告訴他，他會非常受傷。」）
2. 由於伴侶當前的身體或心理狀態而對其表示關心。（範例：「我覺得她那時候接受不了真相，因為她太累了，壓力也很大。」）
3. 期望維持伴侶的面子、形象或自尊。（範例：「她真的很想取悅我，告訴她她做不到會讓她看輕自己。」）
4. 期望保護伴侶與第三方的關係。（範例：「我和她的好朋友有過一些親密接觸，我知道如果她發現了，她會結束『與那個朋友的』關係。」）
5. 不確定伴侶的態度和感受，常常是對說者的態度和感受。（範例：「我不知道他對我有什麼感覺，我不想把他嚇跑。」「我不知道他會怎麼反應，也許他會當成玩笑，但我不確定。」）
6. 說者已被伴侶豁免，要嘛是透過直接的意見，如「如果你做了X，就永遠不要告訴我」，或是因為伴侶已經在類似的欺騙中被逮到。（範例：「我這麼做是有理由的，因為他在同一件事上對我說謊。」）
7. 當伴侶的自我形象比說者所認為的還要正面時，用來調整或限制伴侶的自我形象。（範例：「他認為自己是一個很棒的四分衛，所以我告訴他他其實不是。」）

II. ***以說者為中心的理由***。表示欺騙是由說者對自己的關心所驅使的，通常是為了保護他／她在伴侶面前的形象或保護某些資源。

8. 為了保護或提高伴侶對說者的假定形象，或避免違反伴侶對說者的預期角色期望。（範例：「他認為我是那種永遠不會做那種事的女孩。」）
9. 為了保護說者的資源或確保繼續從伴侶那裡獲得獎勵或服務。（範例：「我知道如果我告訴他我確實有錢，我就永遠都拿不回來了。」或 「他的車比我的好多了，我擔心如果他知道了誰是造成凹痕的人，他就不會再讓我用了。」）

10. 害怕被伴侶憎恨或虐待。（範例：「我從過去的經驗中知道，如果他發現了，他會讓我和孩子的生活很慘。」）
11. 說者對真相感到太困惑，不知道如何表達。（範例：「我不知道自己的感受，所以怎麼能要求他理解呢。」）

III. ***以關係為中心的理由***。指出欺騙的動機是嘗試維持關係中的和諧和穩定。

12. 為了避免衝突和不愉快的場面。（範例：「我擔心這會引起爭吵。」）
13. 為了避免關係創傷和潛在的疏遠。（範例：「我認為她可能會和我分手。」）

IV. ***以議題為中心的理由***。指出欺騙的動機是由於資訊的私密性或微不足道的性質，而不是對該資訊對伴侶或關係的影響的明確考量。

14. 議題太微不足道。（範例：「我從未告訴她關於我的『偷歡』，因為它實際上並不算外遇，只是一夜情而已。」）
15. 議題太私密。（範例：「那是我的錯誤，實際上和她無關。」）

註：取自 “An Exploratory Investigation of Deception in Close Relationships,” by S. Metts, 1989, *Journal of Social and Personal Relationships*, 6(2), p. 166 (https://doi.org/10.1177/0265407589006002002). Copyright 1989 by SAGE. 經許可轉載。

表格7-1 十種泛文化欺騙動機

動機	描述
(1) 個人過錯	為了掩蓋不當行為的謊言。例子包括為了隱藏感情不忠或為工作遲到找個假藉口。
(2) 經濟利益	為了金錢利益的謊言。例子包括蓄意銷售有瑕疵的產品、以虛假的藉口尋求貸款，以及詐騙計畫。
(3) 非金錢性的個人利益	為自己尋求某些期望的結果的謊言（除了經濟利益之外）。例子包括為了錯過的課程而偽造藉口來取得課程筆記，或者讓同事完成一項自己不喜歡的任務。
(4) 社交——有禮貌	為了遵從社交規則或避免粗魯而說的謊言。例如：說喜歡一件禮物，即使根本不喜歡。
(5) 利他的謊言（非基於社交禮儀）	為了保護另一個人或為了另一個人的利益而說的謊言。例如：父親隱瞞健康問題，以免讓孩子感到不安。
(6) 自我形象管理	由於想在他人面前呈現更有利的形象而產生的謊言。例如：為了給喜歡的人留下深刻印象而誇大自己的成就。
(7) 惡意	為了傷害他人而說的謊言。常見的例子包括散播關於他人的不實謠言，來損害他們的聲譽或破壞一段關係。
(8) 幽默——玩笑	為了搞笑或戲弄他人的欺騙。
(9) 病態性謊言	謊言沒有明顯的動機或目的，因明顯的妄想而說謊，或明目張膽地無視現實和被發現的後果而說謊。
(10) 避免	謊言是為了迴避另一個人而說的。一個典型的例子是為了避免與朋友參加某個活動而捏造藉口。

註：取自"Toward a Pan-Cultural Typology of Deception Motives," by T. R. Levine, M. V. Ali, M. Dean, R. A. Abdulla, and K. Garcia-Ruano, 2016, *Journal of Intercultural Communication Research*, 45(1), p. 6 (https://doi.org/10.1080/17475759.2015.1137079).

所說的謊言，你可能會發現有許多謊在某種方面造福你自己。即使是出於好意的善意謊言，比如告訴某人你喜歡他們的新衣服，以免他們傷心或生氣，你也可能會發現，至少你的部分動機是為了避免社交尷尬、緊張或自己的不舒服。一些道德哲學家認為，所有的謊言在本質上都是自私的，因為它們單方面地剝奪了另一個人面對真實世界的能力（Bok, 1978）。

即使許多謊言可能是以自我為中心，但也有許多通常都相當良性，通常出於相對無害的原因而被說出，例如為了保全面子，而非當成獲取不道德利益的工具（DePaulo et al., 1996, 2004）。大騙子可能也會因為相對輕微的原因說出許多謊言，例如為了獲得關注或衝動，而不是僅僅為了對他們生命中的人造成破壞。

利社會謊言：為他人益處而說謊

在一個匿名的線上論壇中，有人問：「我應該告訴我的朋友他的妻子有外遇嗎？」他收到的回答是：「不……說了可能會使你的朋友心碎。毀掉他的自尊心，帶給他如此壞消息有什麼意義？在這裡，更高的道德立場是無情的誠實還是同情？想想看。」

如果一位朋友提出問題，而答案可能令他痛苦，有些人便會認為有道德義務去說謊。我們中的大多數人可能都曾遇到過這樣的情況：有人為我們做了些好事，比如買禮物給我們或為我們準備了食物，但這分用心卻有點糟糕。而當被問到「你喜歡嗎？」的時候，你可能會發現自己處於一個艱困的處境——你會提供真實的答案，即使可能傷害那個人的情感，還是說一個善意的謊話說你喜歡這個禮物？人們可能會受到強烈的社交壓力，要求他們以鼓勵的方式回應，即使這代表著要說謊。收到不想要的禮物時，人們說謊的衝動來自展現禮貌或表達感激的動機。父母在這種情況下雖然不一定試圖促使孩子撒謊，但他們會催促他們的孩子找些好話說，即使這種親切的情感不是真的（Talwar et al., 2007）。

說謊是有害或有益，是由謊言的後果，而非說謊者的意圖所決定。此外，謊言的意圖和結果並不總是一致的。說謊的動機與其後果是分開的：好意對某人說謊可能無意中對該人產生負面的影響。舉例來說，假設你和善地告訴某人，他們一定可以實現成為職業歌手的目標，即使你其實認為他們缺乏才華；雖然出於好意，但那謊言可能對該人造成無心的巨大傷害。例如由於你的鼓勵性謊言，他們可能辛勤嘗試多年，但目標始終遙不可及。而如果你誠實地告訴他們，那麼他們可能會決定根據你誠實的回饋，在持續追求目標之餘找尋其他的訓練方法。

回想一下，很多謊言都是以自我為中心的。有趣的是，人們往往認為他們說的自私謊言比其他人少，而且他們認為自己的謊言對其他人更有益（Curtis, 2021b）。當人們為他人說謊時，謊言通常被視為一種有益或保護他人的手段，而不是意圖造成傷害（Camden et al.,

1984）。舉例來說，即使你口是心非告訴某人你喜歡他們的新髮型，也是為了使對方受益或保護他們免受負面情感的傷害。事實上，保護你愛人的情感是在戀愛關係中使用欺騙的最常見原因之一（Metts, 1989；參見本冊第五章）。這種謊言被稱為正向社會性謊言、利他謊言、善意謊言和善意欺騙，因為說謊者的意圖是幫助另一個人（Lindskold & Walters, 1983）。在所有類型的謊言和欺騙中，善意的謊言在親子關係、親密關係和心理治療關係中被視為最可以接受的（Cargill & Curtis, 2017; Curtis & Hart, 2020a; Curtis & Kelley, 2020; Kaplar & Gordon, 2004; Peterson, 1996）。

即便只有三歲的孩子也會說利社會謊言，而且他們通常是出於禮貌而說這些謊（Talwar & Lee, 2002b, 2008；參見本冊第三章）。在一項研究中，研究人員請孩子們為其中一位研究人員拍照，來檢視善意的謊言（Talwar & Lee, 2002b）。在某些情況下，研究人員的鼻子上有明顯的口紅印。研究人員與孩子目光接觸，並問道：「在你為我拍照之前，我拍照起來好看嗎？」（Talwar & Lee, 2002b: 165）。隨後，當照片被洗出來時，另一位（孩子不認識的）研究人員問孩子：「他（她）看起來好看嗎？」這裡指的是影中人。大多數孩子告訴鼻子上有印子的研究人員他們看起來很好看，後來卻告訴另一位研究人員那個人看起來不好看。在另一項類似的研究中，孩子們收到了一塊不喜歡的肥皂當禮物，然後被問到他們是否喜歡（Talwar et al., 2007）。許多孩子說他們喜歡這個禮物，儘管當他們打開禮物時，他們看起來並不喜歡。被人期待對禮物感到興奮的心理壓力很大，這可能會強化人們說利社會謊言的行為。從年幼時，人們就開始會出於禮貌或者為了保護他人免受負面情緒的影響而對他人說謊，例如悲傷、擔憂或尷尬。

對大騙子來說，他們是否會在整個人生中不斷發展並增加說善意謊言的情況？人們會在整個人生中持續說善意謊言，舉例來說，人們可能會告訴餐廳的服務生他們的用餐經驗很好，即便事實並非如此（Argo & Shiv, 2012）。但令人驚訝的是，大多數服務生（百分之九十五）表示他們知道這是善意的謊言，也允許這種行為，因為他們相信這會帶來更多的小費。人們也在戀愛關係中說善意的謊言，相信這樣做會對關係有幫助（Kaplar & Gordon, 2004）。此外，正如我們在第五章中所提到的，人們往往會在性生活的情境中對伴侶說善意的謊言。

在心理治療中，善意的謊言是最常用的謊言，是患者為了保護治療師而說的（Curtis & Hart, 2020a）。病人可能會說謊，稱他們的治療非常有效，或者他們享受心理治療，以免讓治療師尷尬。同樣，在一項研究中，參與調查的大多數心理治療師（百分之九十六）表示，如果他們認為可以保護病人，有時就會對病人採取欺騙行為（Curtis & Hart, 2015）。因此，從小到大遍及一生，說善意的謊言似乎是人們在不同情境和人際關係中最常用的欺騙方式，也被視為最能接受的欺騙形式。

在我們的研究中，我們發現說善意的謊言和說自私的謊言之間存在著強烈的相關性。如果有人傾向說某種類型的謊言，他們也往往會說其他類型的謊言（Hart et al., 2019）。對大騙子而言，善意的謊言和其他謊言之間的界限可能會變得模糊，所有的謊言都可能有自私的理由。一個大騙子說出漫天大謊，不太可能是為了造福他人。然而，為了緩解說出如此漫天大謊而產生的內疚感，大騙子可能會將其合理化為幫助他人、挽救一家企業或保護一個國家。

反社會謊言：為傷害他人而說謊

其中一個最惡名昭彰的大騙子是連環殺手泰德・邦迪。他否認了在十多年間強姦、暴力侵犯和殺害女孩和女性的行為。邦迪自稱是「你所能遇到的最冷酷無情的混蛋」（Rule, 1980: 352）。邦迪的謊言使他能夠逃避檢測，長年持續對他人造成傷害。他靠著反社會的謊言，目的是傷害他人和／或保護自己（Talwar & Lee, 2002a）。不過並非所有的反社會謊言都是犯罪性質的。舉例來說，反社會謊言可能包括不實指責手足打破窗戶或花瓶，其目的是轉移注意力或報復。

儘管有許多謊言是自我導向的，但它們往往很少被當成攻擊他人的手段（DePaulo et al., 1996, 2004）。然而，有些人說謊的目的就是傷害他人。當我們評估了數百人時，我們發現有一小部分人稱說他們說謊是為了懲罰他人、進行報復、打敗他人並攻擊他人（Hart et al.,

2019）。我們稱這些為報復性謊言（vindictive lies）（Hart et al., 2020）；有的人則稱之為惡意謊言（malicious lies）（T. R. Levine et al., 2016）。幸運的是，這類謊言很罕見，可能是由於強烈的道德禁忌阻止人們說謊和傷害他人；從小時候起，我們傾向對反社會的謊言持負面評價（Talwar & Lee, 2002a）。但使用報復性或惡意謊言的大騙子，可能在不顧道德禁忌的情況下一意孤行，或者他們自認所期望的結果比對說謊的不道德擔憂更有價值。

利社會謊言的目的，可能與自身造成的後果有所差異，反社會的謊言也是如此。通常嚴重、有害且造成不良後果的謊言並非出於對他人的惡意，而是與關係越軌（relational transgression）同時發生（DePaulo & Kashy, 1998; DePaulo et al., 2004; Schweitzer et al., 2006）。事實上，早在三歲的孩子就會以說謊掩飾違規行為（Talwar & Lee, 2002a）。成年人在親密關係中可能會隱瞞自己在賭博成癮上的花費；交往對象如果發現他們重視的人不僅掏空了他們的銀行帳戶，還隱瞞了這一資訊，可能會因這個事實而崩潰。實際上，用來掩蓋關係越軌的謊言往往是最難以原諒且最難恢復信任的（Schweitzer et al., 2006）。說謊隱瞞賭博成癮的人並不一定是想傷害他們重要的另一半，而且還很可能會合理化這種行為，反而認為這是在保護他們免受傷害。然而，這些謊言可能會是漫天大謊，或者演變成許許多多的謊言。

一項涵蓋五個國家的跨文化研究顯示，惡意謊言並不十分盛行，只占所有謊言的大約百分之四（T. R. Levine et al., 2016）。在美國，惡意謊言占謊言總數的不到百分之一，位於範圍的低階；而在巴基斯坦，惡意謊言占謊言總數的大約百分之十七，位於範圍的高階。惡意謊言「包括散播關於他人的假謠言以傷害其聲譽或破壞一段關係」（T. R. Levine et al., 2016: 6）。

儘管反社會謊言不如其他謊言常見，但似乎更有可能對他人造成傷害。你可以想像各種情境，其中有人散布謊言不公正地扭曲另一個人，導致對方感到尷尬或羞恥。人們有時會藉著散布謊言來詆毀他人，在戀愛中的嫉妒情境下，人們有時會貶低明顯的競爭者，使自己相對看起來更有吸引力（Buss & Dedden, 1990）。其他一些後果極其嚴重的謊言，像是性虐待的不實指控，或透過誹謗和詆毀來破壞他人的名譽，可能是由報復動機所引起（Cavico & Mujtaba, 2020; De Zutter et al., 2018; Grattagliano et al., 2014）。這些謊言通常是由想要損害另一個人的聲譽或報復某人所驅使的。

出於報復的謊言範例可以在一名二十五歲女性的案例中看到。這名女性搬到倫敦開始她的影像廣告職涯，並與一名同事發展出戀愛關係（A. Gordon, 2018）。在關係結束後，這名女性開始透過二十個不同的Instagram帳號騷擾她的前男友。她跟蹤他，她寄給他的客戶和同事不實的電子郵件，聲稱他曾對她性虐待，還捏造了一個故事，說在與前男友在一起時她懷孕了，並因墮胎失敗導致流產，然後她捏造了一個被軍情五處（MI5）探員綁架和強姦的故事。她隨後告訴警方她和她的前男友曾被跟蹤。在她終於被捕時，對她的電腦、手機和平板電腦的搜查顯示，她寄出了大量不實的電子郵件，一直在跟蹤他，還有詢問購買矽膠假孕肚的紀錄，並試圖找出警方是否能追蹤電子郵件的寄出地點。她被判兩項跟蹤罪、兩項發送惡意通信罪和一項妨礙司法公正罪。

缺乏悔意或不顧他人的人可能患有反社會性人格障礙或精神病態，正如我們在第三章中所討論過的（American Psychiatric Association, 2013; Hare, 1996）。他們可能以完全操控的方式說謊，對他人表現出冷酷的漠視。他們甚至有時會從對他人造成的傷害中得到某種形式的愉悅、娛樂或刺激，而說出他們的反社會謊言。

成為動機來源的人格特質

大騙子是否會對自我概念（self-concept）感到掙扎？視情況而定。回憶一下，病態性的騙子在說謊時會感到懊悔和痛苦，這很可能是因為說謊與他們想要的自我概念不符。然而，對於某些其他的大騙子來說，說謊與他們的自我概念之間沒有不一致的地方。事實上，他們認為他們的謊言完全是正當的。回想一下，說謊和不誠實的三元論說明了，人們只在道德上能證明他們的不誠實行為時才會說謊。很多大騙子相信說謊是毫無問題的，有些人則普遍認為說謊沒什麼不對的地方（Oliveira & Levine, 2008），還有些人認為他們的謊言是可以接受的，因為他們不認為其他人值得知道真相，或者他們認為他們的謊言是無害的，甚至是有益的。大騙子可以說服自己，儘管他們不誠實，但他們仍然是好人。

預設為真理論

欺騙科學家提姆・萊文（Tim Levine, 2020）指出：

> 人們為了某個理由而說謊，但真實和欺騙性的溝通背後的動機是相同的。當真實情況與人的目標一致時，他或她幾乎總會選擇誠實的溝通。但真實情況使得誠實的溝通變得困難或效率低下時，就可能產生欺騙。（152）

欺騙是有目的的——大多數人因為某個原因而說謊，通常是為了達到某個目標。換句話說，大多數人不是為了說謊而說謊，而是為了達到其他目標。萊文提出了以下觀點：

1. 人們說謊有其原因，即欺騙是有目的的，因此不是隨機的。
2. 欺騙通常不是最終目標，而是達到其他目標的手段，也就是說，欺騙通常是戰術性的。

3. 真實溝通和欺騙溝通的背後動機是相同的。
4. 當真相與一個人的目標一致時，這個人幾乎每次都會誠實地溝通。
5. 當真相使得誠實的溝通變得困難或效率低下時，就可能產生欺騙。（154-158）

大騙子是那些經常發現說真話對於達到想要的目標會造成問題的人。請記住大騙子的理論是，他們認為說謊很有用，而且後果是可以容忍的。

在布克（Bok, 1999）關於說謊的書中指出，說謊和說真話的區別在於「說謊需要一個理由，說真話則不需要」（22）。我們通常不會去詢問為什麼有人告訴我們真相，因為大多數人期望他人根據我們的默契說真話。說謊違反了這種不言而喻的契約，通常會導致負面的後果，無論是在關係上或其他方面上。

除非有其他理由，否則人們會實話實說。這種傾向於誠實的原則稱為**真實性原則**（veracity principle）。根據真實性原則，我們應該期待看到更多的誠實而非不誠實，因為一般來說，人們沒有理由不誠實。大多數人遵守真實性原則，因為通常「真相運作無礙」（T. R. Levine et al., 2010: 272）。

大騙子為何說謊

人們可能會疑惑，為什麼大騙子會公然無視誠實的社會契約。事實證明，大騙子與我們大家所持的說謊原因一樣——主要來說，大騙子說謊是為了達到目標，他們說的謊言是有目的的，用來達到各種目標（例如印象管理、為了獲得利益、避免損失），他們這麼做是因為他們認為真相行不通，而且說謊的後果是可接受的。此外，當真相行得通時，大騙子也可能會選擇說謊，因為他們認為謊言可能會發揮更好的效果。大騙子透過經驗可能學到說謊對他們有利，他們發現不誠實總是能幫助他們獲取所需。

大騙子，就像大多數人一樣，主要是說以自我為中心的謊言。當我們要求人們回憶與他們互動過的那個說謊最多的人（即大騙子）時，我們的參與者中有百分之百的人指出，那個人說的主要是對自己有利的謊言（Hart, Beach & Curtis, 2021）。其他研究者也發現了類似的模式（M. E. Smith et al., 2014）。而有些人，如病態性說謊者，則似乎會在沒有直接目標的情況下說謊，甚至在真相可能符合他們的目標時也選擇說謊。

我們對病態性說謊的研究指出，病態性說謊者有時不知道他們說謊的原因（Curtis & Hart, 2020b）。他們表示說謊是他們無法控制的，或似乎是他們習慣性或強迫性的行為。然而，僅僅因為某人無法明確表達他們的動機，並不代表他們的動機不存在。行為通常不是隨機的，人們通常因某種原因而參與複雜的行為。心理學家早就認識到人們通常不知道引起他們行為的複雜認知過程，他們通常不知道促使他們行為的事物，有時他們也不知道自己已經參與了某種行為（Nisbett & Wilson, 1977b）。當人們對自己的謊言感到困惑時，他們的內省能力可能只是簡單地不允許他們注意到或承認自己的動機。而我們主張，儘管如此，他們的說謊動機仍然存在。

結論

我們回到說謊與不誠實三元論，將其作為解釋說謊及其動機的整體模型。三元論說明了我們可能期望人們說謊的情況，並預測誰可能是大騙子。記住，大騙子僅僅是經常滿足三個標準的人。回憶第一個原則是人們在認為說謊有效用時會說謊。也就是說，對他們來說，說謊似乎比說實話更有某些優勢。人們不僅在真相行不通時會說謊，也會在他們認為真相行不通時說謊，大騙子只是比其他人更常認為謊言比真相行得通。第二個原則是，人們在認為被揭穿的可能性和後果是可接受時會說謊。對大騙子和病態性說謊者來說，他們說謊的時候可能不會考慮後果。對大騙子而言，欺騙似乎比誠實更無風險。另一種可能是他們未能充分考慮不誠實行為的長期後果。我們最近的研究包括了對病態性說謊者的面試和心理評估，我們發現他們在說謊時不會考慮未來的後果（Curtis & Hart, 2022）。第三個原則是人們在能以道德辯解自己的不誠實行為時就會說謊。內疚、羞恥和後悔使大多數人的謊言保持在最低限度。我們發現這些負面情緒可能無法搶在第一時間阻止病態性說謊者說謊，但他們通常在之後的某段時間會感到內疚和懊悔。大騙子的道德感不足以成為強而有力的剎車，所以他們可能會大量說謊。總之，大騙子和我們所有人說謊的原因一樣，但他們只是看到了更多的機會，沒有遇見那麼多的阻礙。後果是大多數人誠實、有些人卻大量說謊的原因。在第八章中，我們將討論大騙子的不誠實行為對他們自己、他們說謊的對象以及社會的後果。

第八章
不誠實的成本

透過說謊，一個人……毀掉了他身為人的尊嚴。

——伊曼努埃·康德

當一個人被騙時，他通常會感到震驚、尷尬、困惑和憤怒。回想一下你被騙的時候，你經歷了什麼？你感受到了什麼？現在，把這種情況反過來，當你對別人說謊時，你感受、思考或經歷了什麼？說謊者通常會感到內疚、羞愧、恐懼、滿足、如釋重負或焦慮的減輕。正如本書所述，說謊者及謊言接收者的視角都很重要。當我們在考慮大騙子的不誠實行為及其帶來的後果時，這個視角就更為重要。在本章，我們將探討說謊的後果，對說謊者和謊言接收者的影響，以及大騙子說謊的後果及其帶來的廣泛社會和哲學意義。

謊言的後果與說謊的動機是分開的，說謊的動機並不總是與謊言的後果一致。帶有惡意的反社會謊言必定是有傷害性的，但其中最令人痛心的謊言通常是來自我們親近的人，為了掩蓋尷尬的過錯或保全自己面子而說的謊言。事實上，為了隱瞞與人際關係有關的不當行為而說的謊言，是最難以原諒且最難恢復信任的（Schweitzer et al., 2006）。

一些研究人員根據謊言的嚴重性討論其後果（DePaulo et al., 2004; Dunbar et al., 2016; Vrij, 2008）。欺騙行為的研究人員將不太嚴重的謊言稱為**小謊言**（little lies）、**日常謊言**（everyday lies）或**低風險謊言**（low-stakes lies），而較為嚴重的謊言則被稱為**漫天謊言**（big lies）、**重大謊言**（serious lies）或**高風險謊言**（high-stakes lies）（DePaulo et al., 1996, 2004; Helson et al., 1958; ten Brinke et al., 2012）。有些人可能會根據這種分類來為自己的謊言辯解，聲稱因為該謊言微不足道，所以說謊是可以接受的。也許你也曾經對自己說：「這只是一個善意的謊言」或「這只是一個無害的小胡扯」。將謊言歸類為無害或不重要的，可以使人減輕或避免因說謊而產生的罪惡感。然而，止如我們所指出的，說一個善意的小謊來避免傷害，並不保證謊言就不會帶來後果。

說謊是多樣的，因為人類是變化莫測的。大多數人並不會在與世隔絕下說出一個單一的謊言，導致一個具體的結果。說謊通常會帶來意料之外的後果。眾多的動機和影響因素使人們在各種情況下選擇說謊。因此，人們對謊言的後果所給予的重視可能取決於謊言的觀點（說謊者或接收者）、動機或意圖、說的是哪一種謊言、謊言的預期目標、與謊言目標的關係親密度，以及謊言的結果。

儘管溝通和說謊的動態和細微差別十分複雜，但在不同文化中都強烈禁止說謊。簡單來說，大多數人通常會認為說謊是不好的，而誠實是好的。然而，大騙子可能會對這種想法有所例外。

謊言交織成網

我被困在一個我從來不想陷入的網中——我討厭蜘蛛。我在墜落，不是墜入愛河，而是墜入他交織成網的謊言。（某位部落客談及被一個大騙子欺騙的經歷）

學習理論相當直觀。正如第七章所討論的，當一種行為帶來良好的結果時，人們就更有可能再次採取這種行為。謊言的後果不僅與說謊的動機分開，而且也能影響一個人說謊的動機。成功的結果可能會強化並促使更多的說謊行為。舉例來說，如果你在第一次約會時，扯謊說你喜歡最新的流行歌曲，你的約會對象可能會對你有好感，進而確保第二次約會的機會。不成功或令人反感的結果可能會導致兩種情況：未來說謊行為的減少，或努力說出更可信和更有說服力的謊言。舉例來說，如果一個孩子被抓到對父母說謊，他可能會被禁足，必須做額外的家務，或失去某些特權。這些不愉快的後果可能會降低偷溜出房間並說謊的可能性。另一方面，一個被抓到因偷溜出房間說謊的人可能會學到，他們以後必須更努力掩蓋自己的行蹤。因此，有兩種途徑可以強化人們的說謊行為：成功說謊帶來的正面結果，或避免被抓到說謊的有利結果。學習原則有助於解釋為什麼有些人會成為大騙子，他們的小謊言會強化成多個謊言或一整片交織成網的謊言。

人們可能難以理解大騙子為何要說謊。大多數人以誠實的方式就能應對生活中的種種情況，依賴謊言來應對世界似乎有點離譜。大多數人在大多數情況下都是誠實的，因為誠實通常就能順利解決問題，而說謊可能造成很大的代價（T. R. Levine, 2020）。

歷史法典、法律和文學記載了說謊者所面臨的嚴重後果。根據漢摩拉比法典，說謊的懲罰是死亡（L. W. King, 2008），在羅馬法和中世紀法國的法律中，說謊也被認為應受到死刑的懲罰（Druzin & Li, 2011）。《聖經》指出，對神說謊的後果可能是死亡（Acts 5: 1-6, *English Standard Version Bible*, 2001），還有一些社會會將割舌頭當成對誹謗或說謊的懲罰（Britt-Arredondo, 2007）。一些有爭議的現代親子教育方法甚至包括用辣椒醬或香料懲罰孩子說謊（Buckholtz, 2004）。

除了外在的後果外，謊言通常還會在人際關係中引起其他問題，也經常破壞信任（Schweitzer et al., 2006）。說謊可能會對人際關係、職業、財務和其他個人和公共生活領域產生負面影響。因此，如果說謊在傳統上會導致嚴重的後果，為什麼大騙子還會繼續說謊呢？大騙子是否避開了負面的後果或避免被抓到？回想一下大騙子的理論——說謊的後果被視為可容忍的。

被騙的對象通常不認為後果是可以容忍的。一般來說，大多數人都不喜歡說謊者，尤其是大騙子。從受騙者的角度思考謊言的後果（特別是當我們自己是受騙者時），很可能是大多數人認為說謊是不好的主要原因。大多數人不喜歡被他人愚弄，因為這通常會導致負面的想法、情感和態度（Curtis, 2015; Curtis & Hart, 2015; Curtis et al., 2018）。事實上，「說謊者」這個詞在五百五十五個性格特徵的描述中被評為最不受喜愛的（Anderson, 1968）。

鑑於說謊的負面後果在歷史上有著悠久的記錄，那是什麼原因可能會造成一個人繼續說謊呢？大騙子是否相信這些後果是可以容忍的？我們將研究說謊者的角度，以及後果如何塑造他們的行為，但首先我們來研究受騙者的觀點。

「說謊者認為是無害甚至有益的事，在被騙的人眼中可能並非如此」（Bok, 1999: 60）。這句話突顯了觀點的重要性。實驗室研究也證實了觀點對行為合理化的重要性（Curtis, 2021b; Kaplar & Gordon, 2004）。謊言的受害者往往認為不誠實比那些長年說謊的人更讓人厭惡（Kowalski et al., 2003）。成為謊言的接收者通常會是痛苦的。

從受騙者的角度來看

> 是的，謊言正在摧毀我的感情。我非常愛我的另一半，我為她做了一切。但我覺得我正在失去她，因為我不再知道該如何信任她。一次謊言是一回事，兩次謊言也還可以接受，但同一個謊言反覆出現……我不知道該怎麼辦。（網路匿名發文）

我結婚了……已經有好幾年。在婚後的前六個月裡，我從未想過他是個騙子。他開始把他最初告訴我的故事（很多曾經都是一樣的事實），變成「我從未那麼說過」或「那從未發生過」……我就是不明白為什麼他要說謊，為什麼他要毀掉我對他的所有信任。我感覺我們的整段關係都是一個謊言，他把我當成心理科學的實驗對象。我不喜歡現在的狀況，當我跟他對質時——他就扯謊說他沒有說謊。真是奇怪。我愛他，我認為他是個勤勞的人，是個好的經濟支柱，但我不相信他說的任何話。（網路匿名發文）

說謊，究其核心，包括了溝通和關係。我們其中一人認識一位治療師，他曾經告訴病人，「能傷害你最深的人是那些看過你裸體的人，以及那些被你看過裸體的人。」當然，重點不是在裸體，而是在關係的親密程度。屬於這一類別的人包括父母、重要的另一半和孩子。基本上，能傷害我們最深的人就是那些跟我們相處時最親密、會讓我們變得極度脆弱的。因此，被欺騙並不都會引發相同的情感體驗。被雜貨店的收銀員欺騙和被你重要的另一半欺騙，體驗是截然不同的。

說謊行為的頻率和關係之間，並無一致的證據說明二者的關聯。一些研究顯示，人們對情感上有親密關係的人說的謊相對較少，而對與他們不太親密的人說的謊相對較多（DePaulo & Kashy, 1998）。但另一方面，一些研究顯示，人們對家人和朋友說的謊比對陌生人說的謊還多（Serota et al., 2010; Serota & Levine, 2015）。此外，還有其他研究顯示，說謊的頻率在不同關係類型中並無差異（Dunbar & Johnson, 2015）。即便如此，大多數人傾向認為完全的誠實對於戀愛關係是絕對必要的（Boon & McLeod, 2001）。因此，被親密關係的伴侶說謊往往直接威脅到這一期望，通常也導致信任的破裂，引發消極的想法和情感。

信任

信任和誠實是溝通和人際互動的基本組成。布克（1999）提出了一個思想實驗，揭露了信任和誠實的重要性。她讓我們「想像一個社會，不管在其他方面多麼理想，其中的言語或手勢都不可靠」（18）。花一點時間進行這個思想實驗。想像你度過一整天，深入檢視來自重要另一半、家人、朋友、同事、商店店員和陌生人說的每一個字，以評估真實性。你不能相信任何人曾經說過的話。這聽起來像是一個心靈備感壓力的世界嗎？布克還說，「提問、給予答案、交換資訊——所有這些都將毫無價值」（18）。信任對於人類存在和社會互動的結構至關重要。

行動勝於雄辯，空談不值一文，這些諺語反映了行動對關係中信任的重要性。班傑明・富蘭克林（Benjamin Franklin）曾說過一句名言，「建立良好的聲譽需要許多好的行為，而喪失聲譽只需要一次壞的行為。」以一種始終如一且誠實的方式行事可以培養信任。說謊可能是輕易破壞良好聲譽或破壞信任的一種壞行為。欺騙對關係帶來負面後果，也會培養不信任感（DePaulo & Kashy, 1998; DePaulo et al., 1996; Schweitzer et al., 2006）。人們通常會自動地假設他人的話語為真，這被稱為真實偏差（truth bias）。不過一旦發現被騙，可能就會啟動「說謊者」的標籤。因此，當你把某人視為說謊者時，你可能會直接否定他們的話，或者發現自己會篩選說話內容以辨別事實和虛構。

有些研究者利用信任遊戲來測試富蘭克林的格言，並判斷信任是否是「容易破碎且難以修復」（Schweitzer et al., 2006: 1）。研究者觀察了欺騙和信任的幾個方面，發現：（a）欺騙損害了長期信任，（b）承諾能對信任恢復的早期產生影響，但對長期的信任恢復沒有影響，（c）道歉不影響信任恢復，（d）先前的欺騙行為降低了承諾在恢復早期信任中的效果，（e）反覆的可靠行為增加了長期信任（Schweitzer et al., 2006）。因此，富蘭克林的評估似乎是一針見血的。

欺騙和信任的研究結果時常在關係中被演繹出來，特別是當有人說謊來隱瞞某種過失時。我們經手過各種患者和夫妻，他們說謊隱瞞了一些關係中的不當行為。關係中的一個典型模式是，犯下過失並對其說謊的人會尋求原諒，並承諾不再犯同樣的過失，也不再說謊。然而，被欺騙的人通常無法接受道歉、原諒對方，並完全恢復信任。信任必須重新建立並再次贏得，說謊的人不能只靠承諾消除過失來恢復信任，必須透過持續的行動，隨著時間恢復信任。且信任恢復的道路不見得容易，因為說謊者的動機和行動現在可能會令人心存懷疑。

關係的脆弱性和信任是有代價的。直到他人證明自己值得信任前不輕易給予信任，是一種防止受傷或被欺騙的方法，但這也阻止了與他人建立親密的關係。因此，親密關係的風險包括受傷、被欺騙或信任被侵犯的風險。一旦某人放下防備，卻被謊言傷害，他們可能就會在關係中變得疑神疑鬼。這些是謊言在親密的個人關係中造成極大代價的可能原因。

認知

當你發現有人對你說謊時，你的腦海中可能會湧現出各種想法。回想一下你被欺騙的時候，你是否處於否認狀態、感到困惑，想知道自己怎麼沒察覺到跡象，或者你是否花了一些時間把碎片拼湊起來？或者，你可能想知道為什麼你深愛的人會背叛你，這種背叛對你們的關係代表什麼？你可能還會仔細翻閱記憶，試圖弄清楚還有什麼是謊言。有一位女士在與一位病態性說謊者結婚後，匿名寫道：「當我兩年前發現他有外遇時，我開始真正地將碎片拼湊起來，意識到我的心和婚姻受到了多大的傷害。」事實上，許多這些想法會助長人們在發現被騙時的情感體驗。

有時我們會否認自己被謊言欺騙。翻閱過往的關係史，將事實與虛構分開可能需要大量的精神能量。為了繼續一段關係，認知上和情感上忽視一個謊言可能更容易。承認自己被欺騙可能會導致認知失調，這通常會發生在人們認識到有人在說謊，但不想與說謊者對峙或結束這段關係的時候。改變自己的態度和信仰可能更加容易，或者說服自己那其實不是謊言、那沒有那麼糟，或者那可能不會再發生。有時人們想要假定自己可以信任那些說謊的人，或者他們希望能夠仰賴一段看似誠實的相處歷史。前面提到的那位與一個病態性說謊者結婚的女士寫道：「我開始重新信任他，這是我們婚姻中第三次，他同意去做諮商。」在面對謊言的時候，我們可能會發現自己懷抱希望，認為那是一個獨立事件，未來會更好。在某些關係中，離開對方似乎不是選項。有一句古老的諺語說，你可以選擇你的朋友和重要的另一半，但你不能選擇你的家人。有些人在面對說謊成性的家庭成員時內心感到掙扎，他們在渴望建立關係與避免被欺騙之間左右為難。我們可能會與他人的不誠實行為串聯，否認、忽視自己被謊言欺騙的事實。

當人們發現自己被謊言欺騙時，他們通常會想知道原因。你可能發現自己感到困惑，試圖理解為什麼有人會對你說謊。人們通常想要了解行為的原因（Kelley, 1967; Ross, 1977）。我們期望人們說實話，但我們不會質疑為什麼有人誠實；我們只會設法理解人們為什麼說謊，可能是因為說謊違反了我們所期待能接收到的誠實。我們容易對他們說謊的原因感興趣，因為這些原因直接與關係有關。在關係中，了解某人是合作者還是對手至關重要。了解某人說謊的原因有助於我們判斷這個人是會給予支持或破壞。如果原因是出於善意，我們甚至可能容忍在關係中某種程度的說謊。

人們通常對他人說謊持負面看法，尤其是當他們自己成為謊言接收者時。在我們的幾項研究中，我們發現人們通常對說謊的人持負面態度（e.g., Curtis & Hart, 2015; Curtis et al., 2018）。這些研究顯示，說謊的人與誠實的人相比，人們對前者有更負面的看法。他們往往將說謊的人視為沒那麼好、不那麼討人喜歡。他們表示不太有興趣與他們互動，較難信任他們，並將他們視為不那麼真誠。此外，這些研究顯示，人們認為說謊的人與誠實的人相比，較不成功、較不服從、較不友善，而且適應能力較差。

在一系列研究中，研究人員探討了被欺騙的影響，以及人們如何看待那些謊言（Tyler et al., 2006）。在其中一項研究中，參與者被要求閱讀某人的個人資料，然後觀看他的訪問影片。參與者所不知道的是，書面資料經過了修改，與訪問影片並不一致，因此讓人覺得該個體在說謊。然後參與者評價了這個人的可信度和好感度。整體來說，與那些似乎在說實話的人比起來，似乎在說謊的人被視為不太可信和不太討喜。在這一系列研究的另一項研究中，成對的參與者被要求在十分鐘內相互熟悉。當參與者進行對話時，他們不知道自己正在被錄影。事後，研究人員問參與者在對話中是否有說謊，以及他們多喜歡他們的對話夥伴。結果顯示，一個人說謊得愈多，他們被人喜愛的程度就愈低。也就是說，即使人們不知道對方在說謊，他們也不喜歡說謊者。

負面情感

任何人只要曾經從親密的人那裡接收過謊言，都能理解謊言帶來的強烈情緒。布克（1999）指出，那些發現在重要事項上被騙的人會感到「憤怒、失望和懷疑」（20）。想想你被欺騙的時候，你經歷了哪些情緒？

為了突顯那些被病態性說謊者欺騙的人的情感體驗，我們在研究中找到了一些匿名的部落格文章，在此分享：

> 我愛她，但有一次在某種情感切換下，我對她感到憤怒。即使經過心理諮商，我覺得在我心情低落時，我只能假裝這種情緒不存在，但是這種傷痛一直深入我的內心，而且這已經持續了四十年。（一位已婚男子寫到他結縭四十二年的妻子）

> 我的丈夫已經欺騙我將近十八年。我們有過很多很多的對峙、對話和心理諮商。在我大約兩年前發現他有外遇時，我才真正開始把碎片拼湊起來，意識到我的心靈和婚姻

受到了多少傷害……不管我告訴他什麼，比如說你要是告訴我真相，我就能理解你的原因，我變得再也不知道你是在說謊（還是）在說實話。站在我的角度告訴我，如果你被這樣對待，你會不會覺得受傷或生氣，等等。（一位已婚婦女寫到她的丈夫）

這是最近的事，當怒氣消退的時候，我問自己——如果他尋求治療，也許可以？但是強迫性或病態性說謊者很少會承認問題並尋求幫助……與其在他說謊時質問他，我應該說：「我不在乎你消失的時候在做什麼——問題是這樣做讓我受傷，我不想受傷。我想快樂，而這種情況讓我無法快樂。」……放下怒氣，選擇平和……看點喜劇來暫時忘卻悲傷（在最初的日子裡非常有幫助）……不要被任何情緒遊戲所迷惑。當我兒子問我為什麼和他分手的時候，我告訴我兒子，他讓我非常傷心還對我說了謊……保持希望！（一位女性寫到她交往五年的男友）

在我十七歲時，她說我的父親不是我的親生父親。就在同一天（當我的父親出差的時候），她說她要帶我去一家餐廳見我的親生父親。我不知道該怎麼想，我當時一定很震驚。（一位女性寫到她的母親）

當我打電話給他，他終於接了，說他「病得太重」不能講話，但我可以清楚聽到他在假咳嗽。即便他真的生病了，他至少可以告訴我他不能來接我，不能在我生日那天見我。他怎麼能這樣，尤其那可能是我們最後一週在一起？這不僅讓我覺得悲傷，我也覺

得很不公平。（一位女性寫到她的男友）

許多寫到受騙經歷的人表達了他們的憤怒、驚訝、尷尬、羞愧、悲傷、恐懼或厭惡。人們感覺受到威脅或侵犯時，通常會感到憤怒。謊言威脅到信任和關係。當有人知道他們重要的另一半偷偷利用他們的財產賭博時，可能會憤怒地感覺到預期的信任關係被侵犯了。接收謊言也可能引發震驚或驚訝，如果信任某人並假設對方是誠實的這種期望受到挑戰，可能會引發驚訝的心情。此外，如果在他人面前發現欺騙，或者如果這個人認為自己應該更能察覺到欺騙，可能會感到尷尬。如果一個人認為自己是有缺陷、疏忽，或是活該被騙，謊言被揭穿也可能會引發他的羞愧感。謊言可能導致失去信任或關係可能終止而引起的悲傷。揭穿謊言會使人感到恐懼，因為他們不知道對方的其他動機和意圖。最後，人們可能會因為另一個人的謊言而對對方產生道德上的厭惡。

最早研究揭穿欺騙後的情緒結果的研究之一指出，關係深入程度、資訊重要性，以及謊言重要性都與情感強度有關（McCornack & Levine, 1990）。本質上，發現關係中的欺騙會讓人經歷負面情緒。研究者發現，情緒強度主要受到關係深入程度的影響；當謊言包含被視為重要的資訊，且說謊行為被視為重大時，強度就會很高。他們的發現還指出，負面的情緒強度與關係的結束有關，並也受到某人說謊資訊的重要性的影響。回想一下過去在關係中有人對你說謊時，你的感受是什麼？如果說謊上的資訊非常重要，那麼你當時是否結束了這段關係？在我們一些關於病態性說謊者的研究中，有人寫道：「我從未想過停止說謊會如此困難，我離婚了，因為我妻子無法停止說謊，她說的話百分之九十九都是謊言，她從不說實話，這讓我在關係中受傷很深。」

說謊影響許多人際關係。兩位心理學家編纂了各種心理治療師被欺騙的經歷，以及被患者欺騙的情感困境（Grzegorek, 2011; Kottler, 2011）。欺騙通常使治療師感到憤怒、驚訝、尷尬和羞愧。第三章提到的一個案例是某人完全捏造了一整個心理療程：當患者向治療師透露他捏造了整個人格，想知道他是否能愚弄人類行為的大師時，治療師在報告稱感到「被利用、被侵犯和憤怒……像傻瓜一樣」（Grzegorek, 2011: 36）。這位治療師還表示他也很難再信任其他患者。另一位治療師稱一位患者在治療的幾個方面上欺騙他，並使用假身分，這使他覺得害怕，擔心自己是否被跟蹤（Kottler, 2011）。最後，一位治療師聲稱他被一位男性患者欺騙，這位患者捏造了一個他認為能安撫治療師的人格，讓治療師感到尷尬（Brooks, 2011）。

善意的謊言：有些謊言造成的傷害真的較小嗎？

你好，你過得如何？每天有多少次有人問你這個問題？有多少次你說謊告訴別人你過得很好，即使你並非如此？這種典型的社交互動根本就不真誠。大多數人機械式地問人家過得如何，實際上並非真正關心答案是什麼。反過來，人們傾向於說謊，因為他們知道沒人真的想知道他們過得如何。如果你告訴人們真相，哭著承認你因為最近寵物死去而感到非常沮喪，或者你因為生活的各種需求感到高度壓力，或者你無精打采，不想面對這一天，那麼你就冒著讓社交變得尷尬的風險。

並不是所有的謊言都是一樣的。善意的謊言，也被稱為利他謊言（altruistic lies）、利社會謊言（prosocial lies）和仁慈的欺騙（benevolent deception），因為它們反映了謊言是好的、純潔的、對他人有幫助的或有用的這類觀念。講善意謊言的人傾向於認為這些謊言會產生好的結果，通常是為了幫助他人。然而，儘管善意的謊言可能不像其他類型的謊言那樣有害，但它們有時也會產生負面的後果。好的意圖和動機並非一定保證善意的謊言會產生積極的結果。舉例來說，在浪漫的關係中，善意的謊言並不像說謊者認為的那樣有用（Kaplar & Gordon, 2004）。通常說謊者會認為善意的謊言是好的，但對接收者來說就不一定了（Hart et al., 2014）。此外，容易在親密關係中使用善意的謊言的人，往往比選擇更誠實的人對關係的滿意度較低（Kaplar, 2006）。

善意謊言的意圖似乎在人們評價時很重要。舉例來說，一個為了不傷害他人的感受而說出善意的謊言的人，會被視為比說出可避免的、令人痛苦的真相的人更有道德（E. E. Levine & Schweitzer, 2014）。有時候，同時保持誠實和富有同情心是具有挑戰性的，當仁慈和誠實彼此衝突時，人們普遍認為仁慈更為重要。也就是說，人們傾向於認為說出富有同情心的善意謊言比可避免且令人受傷的真相更為道德。儘管說善意謊言的人可能被視為有同情心，但他們也被認定沒有誠實的人那般正直（E. E. Levine & Schweitzer, 2015）。整體來說，研究人員普遍認同，善意的謊言通常被判定為最無害的謊言類型，而且被視為使用起來最道德的謊言（Curtis & Hart, 2020a; Curtis & Kelley, 2020; DePaulo & Kashy, 1998; Kaplar & Gordon, 2004; Peterson, 1996）。

說謊者

人們通常不會將自己視為說謊者（Curtis, 2021b）。說謊者是那些傷害我們的其他人，那些破壞我們的信任並傷害我們的人，那些對真相和信任毫不關心的壞人。我們說謊是有充分理由的——為了避免讓他人遭受不幸的後果，為了保護他人免受創傷，為了正確地撫養我們的孩子，為了維護一段關係，或為了幫助人們避免一些尷尬的社交情境。

布克（1999）指出，「說謊者與他們欺騙的人一樣，都不希望被欺騙」（23）。然而，請記住，當你說謊時，你對說謊的原因和預期後果的看法，通常與接收謊言的人不同。理解這些觀點的差異可以讓我們透過檢視自己的行為以及我們說過的謊言，更全面地理解說謊者。思考我們自己的謊言以及隨之而來的後果，可以幫助我們了解對說謊者而言的各種後果。因此，我們現在將注意力轉向說謊者的觀點。

將自己視為說謊者，是一個沉重的心理負擔。將自己視為大騙子則是一個更大的負擔。大多數的人，即便是大騙子，也喜歡將自己視為整體上是好人、誠實的人。當他們對自己是好人的信念與他們不斷說謊的事實不符時，會出現一種不舒服的心理狀態，稱為認知失調（cognitive dissonance）。而為了減少由內心的矛盾造成的痛苦，一個經常說謊的人可能會用這樣的論點為自己的謊言辯解：他們所說的其實不是謊話，或者它產生了好的，或至少是良性的後果；如果他們能夠調和他們的說謊行為和他們對自己的正面看法，他們將更容易在未來說謊。本質上，如果某人能讓自己不再將自己視為一個說謊者，他們就會發現再次說謊會更容易。

讓我們來看一下一位匿名人士寫到他的不誠實行為：

我在過去的一段感情中曾經偷吃。這可能是我做過最糟糕的事情，但我不後悔。我覺得如果沒有那次事件，我們都不會成為現在的我們。從那以後，我們對我們關係中所有的過錯進行了溝通，也同意我們並非天生一對。這是我說謊和欺騙他人的最大範例。

這個謊言可以被視為**鳳凰謊言**（phoenix lie），一種被認為是某種蛻變或對於某種變革性的善有必要的謊言。從本質上講，其目標是把手段正當化。這個人承認並坦白了在偷吃上的說謊是他所做過的最糟糕的事情，然後似乎透過聲稱這種行為是他們生活中的當前位置所必需的，而且那個謊言使他們變得完全誠實，來為這種行為辯解。人們可能會像這樣說謊，他們起先感到內疚，然後以改變他們對謊言的想法來解決不協調。

從行為的角度來看，大多數人不常說謊是容易理解的：謊言通常會受到懲罰。那麼，為什麼大騙子會說很多謊言呢？從行為上看，成功的謊言（不被抓到）是有增強作用的。在某些情況下，人們可能會因為說一個謊言而覺得興奮，或者可能會因為成功地欺騙他人而覺得快樂或滿足。正如第五章所討論，艾克曼（Ekman, 2009）將人們因為說謊而感到的快樂稱為**欺騙快感**。艾克曼認為，說謊之後，人們可能會因為解脫或成就感而感到愉悅，和／或他們可能會對目標產生優越感和輕蔑感。欺騙快感的一個非常基本的層面，可以在一個成功地讓其他人相信他的牌不好的撲克玩家身上看到。或者是，想想那些為成功完成一場大騙局而感覺喜悅的人。

艾克曼（2009）認為，當罪犯向他人坦白其謊言時，他們可能會體驗到欺騙快感。他指出，當其他人在觀察或可能知道謊言，或認識到說謊者有能力編織可信的欺騙時，欺騙快感最有可能發生。他討論了美國海軍軍官小約翰·安東尼·沃克（John Anthony Walker Jr.）的案例，沃克因為間諜活動被判處終身監禁，他臭名遠播，是美國最具破壞力的間諜之一。這位成功的間諜的前妻向聯邦調查局告發，原因是他向她炫耀他賺了多少錢，且並沒有支付贍養費。他的欺騙快感成了他的禍根。在其他案例中，有時對愛情不忠的人故意將他們的伴侶介紹給他們外遇的對象，只是為了知道他們是否能夠避免被拆穿。對於有些人來說，說謊的貓捉老鼠遊戲似乎令人振奮。

為了在實驗室環境中實證研究欺騙快感，一組研究者專注於他們稱之為「作弊者的快感」的現象（Ruedy et al., 2013）。雖然不出所料地，參與者預測他們會對不道德的行為感到內疚，但事實上他們比未參與不道德行為的人，經歷了更正面的情緒體驗。這些積極的情緒並沒有與特定的金錢獎勵相關，而是與「成功逃避某種事物」的快感有關（542）。很可能有些大騙子在說謊並成功逃避懲罰時會覺得愉悅，而這種愉悅可能會強化愈來愈多的說謊行為，或者試圖成功地說出更大的謊言。

即使一個人沒經歷欺騙快感，成功說謊的好處可能也會超過被抓到的後果。舉例來說，如果有人透過說謊避免了多次的人際衝突，並獲得了多次的好處，那麼僥倖逃脫的強化作用就會比被逮到並感到羞愧的懲罰強。換句話說，懲罰的嚴重程度可能不如強化的嚴重程度（實現某種自私的目標或掩蓋一種不當行為）。在這些情況下，說謊的行為可能會發展並強化，因為這個人學會了如何透過更有說服力的方式來改進他們的說謊能力。

大騙子說了無數的謊言和／或漫天大謊，所以他們可能最終對說謊的負面後果變得麻木，並可能渴望著說謊後的僥倖逃脫所帶來的正面感覺。布克（1999）建議說：「在第一次說謊之後，要說其他的謊言就更容易了。心理障礙會磨損；謊言看起來更有必要，沒那麼該受斥責；區分道德的能力可以變得粗糙；騙子被抓到的感知可能扭曲」（25）。正如蘇菲．凡德澤（Sophie van der Zee）所主張：「當你為了自己的利益說謊或欺騙時，會讓你感覺不好。但是當你不斷地這麼做時，那種感覺就會消失，所以你更有可能再次這麼做。」（Hamzelou, 2016: para. 8）。因此，一個被抓到說謊的人最初可能會感到內疚或羞愧，但隨著他們反覆說謊並接觸這些情緒，他們可能會更少或者更無法強烈感受到這些情緒，從而增加說謊的傾向。當一個人說出附加的謊言來減輕從最初的謊言所產生的罪惡感時，也可能會說更多謊，這個例子可以在我們與其他同事所進行的研究中的這個人所寫的謊言中找到（Curtis et al., 2021）：

有時候，我會向朋友和家人對逃課的事說謊。如果他們問我是否逃課，我會告訴他們那堂課取消了，因為這樣我會感覺罪惡感少一點，而且如果我告訴他們課被取消了，他們的反應會比我告訴他們我逃課要好。

在神經學的層面上，有些研究提供了證據，顯示大腦可能會適應不誠實的行為。蓋瑞特等人（Garrett et al., 2016）透過腦部顯影和一個提供欺騙機會的行為任務來研究不誠實。參與者在研究中向他們認為是另一位參與者的人，傳達了一則罐子裡有多少錢的訊息。研究發現，欺騙行為減少了杏仁核的敏感度，這也預測了未來不誠實行為的增加。研究人員建議，這些發現透露了為什麼較小的不誠實行為可能導致更大的謊言的神經學解釋。從本質上講，我們說的謊愈多，我們大腦中的情感中心就愈為習慣，或者產生的反應強度就愈小。因此，大騙子可能會對所說的謊言習以為常，將潛在的負面後果視為可忍受的，同時將潛在的正面後果視為值得的。

總結來說，這些研究指出，大騙子可能會在認知上重新思考他們對謊言的看法，他們可能會獲得一些超過潛在負面後果的回報，而且可能會對負面的後果或與說謊相關的負面情緒變得麻木。

布克（1999）指出，當人們決定說謊時，他們往往會低估自己直接受到的傷害，以及對社交互動造成傷害的廣泛程度。我們將在接下來的章節中討論每種情況。

說謊者對自己造成的傷害

我們一般想到大騙子時，我們會想到他們對其他人造成的傷害。但是大騙子會對自己造成傷害嗎？當我們決定說謊時，我們往往會在計算未來的結果時出錯，無論是認為說謊會保護他人，還是認為說謊不會對我們造成任何傷害。不僅大騙子無法準確預測他們的謊言會如何影響其他人，而且他們也無法準確評估他們的謊言會如何影響自己。讓我們看看一個在匿名的線上論壇上，自稱強迫性說謊者的人所說的謊言：

我說的謊通常都是一些愚蠢到無關緊要的小事：也許這就是從未帶來後果的原因。我會很有說服力地謊稱自己為何遲到，或者我白天都做了些什麼。我會在趣事上說謊——通常百分之九十九都是真的，但我會加上一句話或者不實的事情。舉例來說，有一位演員確實在我家外面拍片，我看見了他，但我跟朋友說這件事時，我還會說那位演員向我打招呼了。儘管其他都是真的，但他其實從未打過招呼。就是這種傻事。我幾乎可以想像它發生的情景，或許有部分是因為想像力過度活躍而使得問題更嚴重了。所以，是的，很多小而傻的謊言。直到現在：我對我的醫生說謊，是的，就是那麼糟糕。這導致了一連串讓我痛苦的事件。我說我有預兆偏頭痛（migraine with aura），不知為何，但我就是這麼做了。問題是，如果你有預兆偏頭痛，你就不能服用混合型避孕藥，所以儘管我對我正在服用的藥非常滿意，我還是自然地被轉到只含有黃體素的藥物上。我壓根沒有想過我說了謊或可能會帶來什麼後果，直到我開始出現新的藥物的副作用時，我才勉強意識到。嚴重的憂鬱症、食慾喪失、無法睡眠，等等的，很多。在毫無自覺的情況下，我開始計畫怎麼再次向醫生說謊，試圖回到混合型藥物。但無論如何就是沒有辦法繞過那個謊言，直到現在我才意識到了自己做了什麼。

我意識到我是一個強迫性說謊者。於是我告訴了我的醫生，並希望我的勇氣能夠得到回報，能讓我的謊言會從紀錄上抹去，並可以回到我原本使用的藥物，但是，不。我再也不會這麼做了。他說我害他處境艱難，如果他讓我回去吃混合型避孕藥，要是出了事他就是在「職業自殺」——更不用說這會讓他夜不成眠。所以，我無意義、無目的的謊言首次帶來了後果。所以我知道我需要幫助。

即使說謊初期可能帶來某些利益，但往往會在後來為大騙子帶來不愉快的結果。想想那位間諜，在被他前妻告發之前累積了大量金錢，他的謊言立即帶來了巨大的財務收益，最後卻身陷囹圄。你可以想像，如果這位間諜曾經考慮過被捕的可能性，他大概沒有預測到會是何時何地，或是他的前妻會成為告發他的人。

有許多例子顯示，人們因初次說謊而獲得初步的利益或避免衝突，但最終卻被揭穿，或遭受其他後續的後果。二十三歲的傑西．馬克白（Jesse MacBeth）聲稱自己是一名突擊兵，還說他曾涉及在伊拉克的戰爭罪，殺害了數百人（Barber, 2011）。馬克白錄了一段影片還在網路上發布，聲稱他焚燒了受害者的屍體，把他們懸掛在清真寺的橫樑上。他最終因偽造退伍軍人事務的索賠申請和退伍紀錄而被逮捕。之後，他承認了說謊、偽造文書以及冒用榮譽，並道歉說：「我為說謊以及詆毀反戰團體感到抱歉，也為破壞了真正英雄的名譽，那些為國家犧牲的士兵感到抱歉……我試圖快速致富，賺點錢好離開街頭」（Barber, 2011: para. 13）。

說謊，最終的代價顯然很大。那些善意的小謊言呢？它們對說謊者來說會有後果嗎？布克（1999）一般認為人們傾向低估謊言可能對說謊者造成的傷害，善意的謊言也很可能是這種情況。我們可能會對某人說一個善意的謊言，以為這樣可以保護他們的感受或即時產生一種良好的感覺，而不顧其他後果。然而，一些研究指出善意的謊言可能並不像人們所認為的那麼無害（Argo & Shiv, 2012）。在五項研究中，研究人員發現的證據顯示，善意的謊言並非那麼無害。除了其他負面後果，善意的謊言會導致說謊者有負面的情緒體驗。

那麼那句俗話如何，即人們所不知道的事不會傷害他們？大騙子是否相信只要沒人發現，謊言就不會造成傷害？如果沒被發現，說謊是不是就沒有後果？即使是欺騙未被發現，也可能對騙子帶來重大後果。回想一下前面提到的例子，那位在藥物上對醫生說謊的女性，如果又不承認謊言的話，可能會承受一些惡劣的後果。軼事放一邊，一些研究人員設計了一項研究，來檢驗欺騙未被發現時是否對騙子有負面後果（Sagarin et al., 1998）。八十一名參與者最初與一名研究同伴見面（參與者以為他只是另一名參與夥伴）；接下來他們被置於一個會讓他們需要騙那一個同伴或說出真相的情況；最後他們被要求對他們的夥伴做出評價，也就是那個同伴。那些對他們的夥伴說謊的參與者，將他們的夥伴評為不那麼誠實；研究者將這種傾向稱為騙子的不信任（deceiver's distrust）。因此，對某人說謊可以影響騙子，認為其他人也不那麼誠實。所以，即使謊言未被發現，也可能為騙子帶來負面後果。

大量說謊通常會為大騙子帶來問題。瑟洛塔和萊文（2015）發現，大騙子因為欺騙行為而破壞感情生活的可能性，遠大於說謊較少的人。這些大騙子明顯更可能稱他們的戀愛關係因自己的謊言而終結。但他們的謊言所帶來的負面後果並不止於此——這些大騙子也明顯更可能因為不誠實而被老板斥責或被解雇。大量說謊的負面後果似乎相當嚴重。而也許正是這些糟糕的結果，大多數人才會避免不加節制地說謊。

對社會造成的傷害

說謊的層面太廣可能會為社會帶來不良後果。對於企業、公司、機構或經濟體而言，說謊可能代價高昂。像是安隆和世界通訊公司內部的欺騙行為就造成了昂貴的財務影響（Graham et al., 2002; Mazar & Ariely, 2006）。研究人員估計，安隆和世界通訊事件之後的經濟成本，大約在三百七十億到四百二十億美元之間（Graham et al., 2002）。

在保險和健保領域，欺騙行為同樣代價不菲。美國醫療保健系統內，詐欺是二〇〇九年浪費大約七千五百億美元的幾個因素之一（M. Smith et al., 2013）。美國全國醫療保健反詐欺協會（The National Health Care AntiFraud Association, 2021）寫道，詐欺行為至少「占總醫療支出的百分之三，而一些政府和執法機構將損失估計高達我們年度健康開支的百分之十，這可能代表超過三千億美元」（para. 2）。在二〇一二年，聯邦調查局發布了一份報告，稱一個聯邦醫療保險弊案打擊小組（Medicare Fraud Strike Force）對一百〇七人提出了大約四．五二億美元不實帳單的起訴。被控的個體包括醫生、護士和其他持有執照的醫療專業人員。聯邦調查局局長表示，「醫療保健詐欺並非無受害者的犯罪……支付健保福利的每一個人、替員工支付更高保險費用的每一家企業、為健保提供資金的每一位納稅人，都是受害者」（FBI, 2012: para. 11）。

欺騙性稅務行為，如低報收入或聲稱超過允許的較高扣除額，是欺騙的最大成本之一（Mazar & Ariely, 2006）。最近，美國國稅局局長查爾斯·雷帝（Charles Rettig）指出，美國每年因未繳稅損失大約一萬億美元；自二〇一三年以來，稅務詐欺損失已經翻了一倍（Rappeport, 2021）。

顯然，欺騙會產生極大規模的後果，成本高達數十億甚至數兆。艾瑞利（Ariely, 2012）建議：「作弊並不一定是由於某個人做了成本效益分析後偷了很多錢。反而更常是許多人悄悄地自我合理化，不斷地取一小筆現金或一點點商品的結果」（8）。在一次採訪中，艾瑞利表示：

> 我們對近五萬人進行了作弊的實驗，我們發現了少數幾個作弊嚴重的人，並因此損失了幾百美元。但我們更發現了超過三萬名作弊較輕微的人，並因此損失了數萬美元——六萬美元、七萬美元——歸於這些小作弊者。我們把注意力放在作弊嚴重的人，但實際上在經濟活動中，我們須要擔心的是所有作弊較輕微的人。（A. Grant, 2014: para. 4）

諷刺的是，艾瑞利的研究最近因被指控欺騙和詐欺而受到審查（Uri et al., 2021）。其他研究者檢視了艾瑞利等人所進行的田野實驗工作，發現與一家汽車保險公司相關，並得出結論認為數據是偽造的。艾瑞利（2021）撰寫了一份書面回應，表示他同意其他研究人員的結論，但聲明他未參與數據搜集、數據輸入或將數據從保險公司資料庫中做合併。對艾瑞利來說，後果是他的工作受到更多的審查，人們對他的發現更加謹慎，有些人則完全否定了他的可信度。

雖然很多人所說的那一些些謊話，日積月累下來會造成重大的財務損失，但事實是，龐大的財務損失仍往往來自於那些大騙子。回想一下聯邦調查局的醫療保險弊案打擊小組，一小群的一百〇七人要對四．五二億的不實帳單負起責任。像沃克這樣的個體，用欺騙的方式能對組織和經濟造成了巨大的損失。而在這裡由於這一小群人從事重複的欺騙和詐欺，引發的損失也無疑十分重大。

儘管巨大損失的潛在風險可能讓我們易於察覺大騙子，但有時人們可能會希望被騙。不管我們是否承認，我們有時會容忍、接受或勾結說謊者甚至是大騙子。相較於處理對峙和衝突，盲目相信一個人是誠實的，可能更為容易。此外，我們可能因為它們推動了我們自己的信仰或政治立場，而接受這些漫天大謊或大騙子。布克（1999）討論了所謂**高貴的謊言**（noble lie），她將其歸因於柏拉圖和政治哲學家。高貴的謊言包括為了公眾利益而說謊，我們可能發現自己忽視了來自我們政治領袖或政府官員的謊言證據，因為我們認為他們心懷我們的最佳利益，或認為他們通常是誠實的人，因為他們與我們的價值觀相同。當然，我們往往會認為我們喜歡的人和與我們有相似價值觀的人不是大騙子，卻可能認為我們不支持的政治觀點代表是大騙子，源源不絕的謊言從他們嘴裡流出。

結論

騙我一次，你真丟臉。騙我兩次，我真丟臉。這句關於不誠實的古老諺語提醒我們，如果我們不與周圍的大騙子對峙，未來我們將承受更大的負面後果。在個人生活或社會更廣泛的層面中，我們可能對說謊者視而不見，因為與他們對峙常常使我們感到不適或難以行事；但是如果大騙子能夠逃離他們的詐欺行為所造成的實質後果，那麼他們當然有理由會繼續當大騙子。所以，我們該如何避免？如果我們能察覺到欺騙，我們是不是就能避免陷入謊言之網的危險？在第九章中，我們將檢視多年來心理科學對偵測欺騙所提供的見解。

第九章

辨識謊言與大騙子

說謊需要兩個人；一個人說謊，另一個人聽。

——荷馬・辛普森（Homer Simpson）

想像一下，要一位你認為在說謊的某人的嘴裡塞滿乾米。如果米保持乾燥，那你就知道他們是騙子。中國曾使用過這種古老的測謊方法（E. B. Ford, 2006）。其實如果真的想確定某人是否是個騙子，那麼一個可靠的方法就是看他們是否超過三歲。大多數人在三歲之後開始說謊。然而，我們通常對某人是否為騙子並不太有興趣，因為我們大多數人都是騙子，我們通常有興趣的反而是判斷一個人在當下或過去是否在某些具體事情上說謊。而查明某人是否在某些資訊上說謊，通常相當困難。

一個價值百萬美元的商業點子，或許可以開發出能夠準確且持續識別謊言的方法。如果皮諾丘的故事是現實，如果人們說謊時鼻子會變長，那麼偵測詐欺將會是一個簡單的任務。不幸但或許幸運的是，沒有皮諾丘的鼻子或任何其他單一的行為線索可以成為說謊的明顯跡象（Vrij, 2008）。相反地，說謊是動態的、有語境的、有情境的，而且牽涉多重心理層面。這使偵測謊言成了一項艱鉅的任務。

大騙子可能會為人際關係、公司、機構和政府造成混亂和重大的財務損失，因此有人不惜以高額獎金徵求能夠偵測欺騙的方法。僅美國就資助了數十個研究計畫，致力於開發偵測欺騙的有效方法。在美國，聯邦調查局和國防部已經為研究偵測欺騙的方法的項目提供了數百萬美元的資金。其他美國機構，如中央情報局，也對欺騙及其偵測有著濃厚興趣。

加強偵訊手段（enhanced interrogation）是一種分辨真相與謊言的爭議性方法。在二〇〇一年九月十一日美國遭受襲擊之後，中央情報局使用加強偵訊手段來獲取情報（Feinstein, 2014）。這不是一種測謊技術，確切來說，它是一種基於這種概念的真相萃取技術：如果應用某些身體誘導手段，不誠實的人可能會承認真相。中情局使用的加強偵訊技術包括「立正抓領（attention grasp）、撞牆、按臉（the facial hold）、臉部掌摑（侮辱性掌摑）、關禁閉、面牆站立、壓力姿勢、睡眠剝奪、使用尿布、使用昆蟲……水刑」（36-37）。在二〇一四年，美國參議院情報特別委員會就中情局的拘留和偵訊計畫，發布了一份報告（Feinstein, 2014）。委員會主席黛安・范士丹（Dianne Feinstein）寫道，這些方法是「殘酷的偵訊技巧」（2）。這些技術是否成功地探出了真實的情報尚有疑問，而且加強偵訊技術是否被視為酷刑也存在爭議。

使用酷刑來發現欺騙行為有著悠久的歷史（Trovillo, 1939）。福特（E. B. Ford, 2006）提出，一些早期的測謊技術包括了讓嫌疑犯忍受火或水的折磨。在火的考驗中，人們被迫攜帶一塊燒熱的鐵或走過煤炭以證明他們的誠實。如果他們被燒傷，那麼恐怕該人在說謊，應該被處以死刑。在水的考驗中，一個人被綁在一個袋子裡，扔進一片湖泊中。據稱，說謊者會漂浮而不會下沉。他們隨後就會被處決——而誠實的人應該會下沉，但願能在他們溺死之前，會被從水裡救起。想像一下，如果我們今天仍然在我們的司法體系中使用這些技術。

大約在公元前一千年，中國人嘗試把乾米放進被懷疑是說謊者的人口中、再叫他們吐出來的方式，來偵測欺騙（E. B. Ford, 2006; Granhag et al., 2015; Vicianova, 2015）。如果米仍然是乾的，那麼就能認定該人有說謊。這些做法也曾在印度和西非被使用，在歐洲的黑暗時代以及公元一一五〇年的羅馬天主教神職人員中也曾實施（Trovillo, 1939）。這些做法根據對說謊的生理概念——說謊者會感到恐懼或焦慮，而這些情緒會導致口乾（Granhag et al., 2015）。

恐懼與說謊之間，在歷史上一直有強烈的關聯，很大程度上也影響了一些現代的測謊技術。鑑於對測謊的興趣源遠流長，現代人對偵測欺騙的興趣持續不減，並擴展到多個學科和專業領域也就不足為奇了。自一九八〇年代以來，關於欺騙偵測的研究急劇增加，每年發表的有關欺騙及偵測的文章超過一百五十篇（Granhag et al., 2015）。在過去的一百年裡，行為和測謊是欺騙相關文章的典型主題（Denault et al., 2022），但是大多數的測謊方法都是相當近期才出現的（Vicianova, 2015）。

從真相中辨識謊言的能力不僅僅吸引著機構、公司、政府和研究人員，也引起了許多門外漢的想像和興趣。在二〇二三年初，在Google搜尋有關如何偵測謊言的資訊，大約有一億二千四百萬個結果。這些結果中有文章和影片，例如：「七種發現謊言的方式」、「十個判斷某人是否在說謊的跡象」，以及「幾秒鐘內辨識出說謊者的六種方式」。不幸的是，這些方法中有許多是源自於偽科學，有些方法的主張甚至還沒有被科學證實過。一位所謂的欺騙專家，儘管宣揚的主張沒有科學依據，還是出版了一本書，她那場熱門的TED演講，以據稱經過驗證可發現說謊者方法為主題，觀看次數驚人地達到了一千七百萬（Meyer, 2010）。有趣的是，這種「經過證實的技術」根本沒有被證實過——沒有經驗實證支持其在偵測欺騙方面的有效性或準確性。

在無邊無際的欺騙偵測方法建議中，人們還能找到各種電影和電視節目，這些節目滿足了大眾發現說謊者的興趣。電視劇《謊言終結者》（*Lie to Me*）（Grazer, 2009-2011）描寫了一群欺騙偵測專家，他們能觀察人們的臉部表情，並根據情緒表達和非語言行為來判斷他們是否在說謊。儘管該節目是「發想自保羅・艾克曼博士的科學發現」，但它並不能使人成為更好的謊言探測器，而且諷刺的是，它實際上延續了人們對欺騙行為的錯誤信念（Curtis & Dickens, 2016; T. R. Levine et al., 2010; *Lie to Me*, 2021, para. 1）。另一部描寫欺騙偵測技巧的電影是《門當父不對》（*Meet the Parents*）（Tenenbaum & Roach, 2000）。該電影敘述了一位懷疑心重的父親使用測謊機來偵測女兒的男朋友是否在說謊。父親聲稱測謊機非常準確，可以輕易地判斷某人是否在說謊。

顯然，許多人過去對欺騙偵測很感興趣，現在依然如此，尤其是在嘗試發掘大騙子的部分。那麼，我們對各種方法的了解有多少呢？我們能有多準確地偵測出欺騙？哪些方法可以用來發現大騙子？絕大多數關於欺騙的研究集中在理解和如何更準確地偵測欺騙的測試方法。在本章節中，我們回顧這些技術並討論評估每種方法之有效性的研究。然後，我們具體研究如何最能有效駕馭世界、準確地察覺欺騙，並知道我們何時被大騙子欺騙。

察覺欺騙

只要世上有說謊者，人們就會嘗試去察覺欺騙。隨著謊言的風險變大，人們更有動力去揭穿說謊者。我們可能對發現那些大騙子更加重視。

大致上，我們將測謊分為人工和機器兩大類。人工欺騙偵測方法主要依賴於個人對真實性的判斷——這些方法是策略和手段，人們依靠自己的洞察力和判斷來做出決定，不借助技術、儀器或其他裝置。舉例來說，如果有人告訴你他們昨晚的行蹤，而你專注在特定線索或資訊來辨別他們說法的真實性，那麼你就在使用人工欺騙偵測方法。相比之下，機械方法則使用技術和數據來識別真假。如果你將某人連接到測謊機上，或者錄下並分析他們的話語，你就在使用機器欺騙偵測方法。

歷史上記錄了許多偵測謊言的方法，其中一些衍伸變種的方法至今仍然被使用。欺騙偵測技術通常依賴於三種資訊管道：（a）生理反應，如心跳率和腦部活動；（b）明顯行為，如眼球運動和手足無措；以及（c）語言模式，如聲音音高和詞語選擇（Granhag et al., 2015）。

專家

> 擁有洞察之眼與聆聽之耳的人會說服自己，沒有凡人能守住祕密。如果他的嘴唇保持沉默，他的指尖便會喋喋不休。背叛行為從他每一個毛孔中滲出。（Freud, 1959）

一個廣泛接受的觀點是，人們能夠偵測出他人的欺騙行為，因為這些謊言的行為證據會變得很明顯（Bond & DePaulo, 2006; Ekman & Friesen, 1969）。民間普遍認為，當人們說謊時，他們會表現出某些行為模式。舉例來說，人們傾向於認為，其他人在說謊時會避開視線、手足無措或結巴（Global Deception Research Team, 2006）。在考量人們是否善於偵測謊言之後，我們將重新審視這些觀念。

研究人類偵測欺騙能力的整體發現是，人們並不特別擅長偵測欺騙。大多數有關人類偵測欺騙的實驗室研究，是讓參與者觀看人們說謊或說實話的影片，然後對每個人是否誠實或說謊作出評估。一般來說，一半的影片展示人們說真話，而另一半展示人們說謊；然後將正確評估的百分比作為準確度的衡量標準。只依靠猜測，平均會是百分之五十的準確度。龐德和迪波洛（Bond and DePaulo, 2006）分析了二百〇六項欺騙偵測研究，這些研究總共包括了四千四百三十五名傳遞者（說謊或說實話的人）和二萬四千四百八十三名欺騙的評判員。研究者特別檢視了那些從短暫接觸中，對不熟悉的人做出即時判斷的人，沒有經過如測謊機等其他東西的輔助。研究人員發現，評判員在大約百分五十四的測試中，準確識別了謊言和真相。也就是說，平均來說，人們在評估陳述真實性時的表現只比隨機水準略好。他們在替真實陳述做分類時的準確度略高於替謊言做分類。具體來說，他們正確識別了百分之四十七的謊言和百分之六十一的真相。人們在透過聲音評估欺騙時的準確度，比透過影片評估欺騙時更高。這一發現顯示，人們或許能做出更準確的判斷，是根據雙耳所聞而非雙眼所見。

有些人天生精通偵測大騙子嗎？有些研究者指出，某些專家或專業人士擁有這樣的技能，使他們成為更精確的測謊器（Ekman & O'Sullivan, 1991; Ekman et al., 1999）。舉例來說，在一項檢視專家們偵測欺騙能力的研究中，招募了來自各個領域的人員，在這些領域中，偵測謊言似乎非常重要，包括美國特勤局（U.S. Secret Service）、中央情報局、聯邦調查局、國家安全局（National Security Agency）、美國緝毒局（Drug Enforcement Agency）、州警、法官和心理醫生（Ekman & O'Sullivan, 1991）。在同一項研究中，研究人員還測量了大學生和在職成人的測謊能力。結果顯示，只有特勤局的探員表現得比隨機水準更好，報告的平均準確率大約是百分之六十四，而大多數其他專業群體的表現則僅接近隨機水準，並未優於大學生或在職成人。另一項研究調查了二十三名聯邦官員、四十三名警長、三十六名執法人員、八十四名聯邦法官、一百〇七名對欺騙主題有興趣的執業臨床心理學家，以及三百三十四名對欺騙主題沒有特殊興趣的心理學家的欺騙偵測能力（Ekman et al., 1999）。該研究人員指出，三個擁有欺騙偵測技能或有興趣的專業群體（即聯邦官員、警長和對欺騙主題有興趣的臨床心理學家）在偵測欺騙方面最為準確，其中聯邦官員顯示出最高的準確性，正確率為百分之七十三。然而，龐德和迪波洛（2006）在他們的統合分析中，包括了對十九項專家評判員（如執法人員）和非專家評判員的研究，得出的結論是「沒有證據顯示專家在區分謊言和真相方面比非專家更優秀」（229）。事實上，龐德和迪波洛發現所謂的專家只有在大約百分五十五的時間，能正確替謊言和真相做分類，且其中百分之五十表明是隨機應答。儘管測謊的準確率可能只比隨機水準略高，但事實上這些比率至少高於隨機水準，這顯示人們確實有一定的能力來偵測說謊者。

萊文（2020）試圖解釋為什麼人們似乎有某種偵測說謊者的能力。他指出大多數人都是容易避開偵測的善於說謊者，但也有一小部分人是差勁的說謊者，他們以明顯在騙人的舉止輕易露餡（T. R. Levine, 2010, 2020）。萊文（2020）指出，如果有百分之十的人口是顯而易見的說謊者，那麼人們在偵測欺騙方面的平均值上會比隨機值略好一些。也許大騙子之所以能躲開偵測，是因為他們不是顯而易見的說謊者。

萊文（2020）主張，當我們試圖準確偵測人們的欺騙行為時，除了少數顯而易見的說謊者外，我們可以說幾乎是完全迷失了方向。這就是為什麼人類在這方面的準確性在百分之五十四左右徘徊的原因。當人們僅僅透過觀察他人的行為來判斷對方是否在說謊時，他們會錯誤地過分依賴說者的外表和舉止，而這些外表和舉止與他們實際的誠信並無任何相關（T. R. Levine et al., 2011）。想想當你試圖識破說謊者，尤其是大騙子時，你依賴的是哪些部分。你是專注於外表和那個人的行為舉止嗎？你很可能會因某人擁有誠實的舉止或外表而誤判他們是誠實的。舉例來說，這個人可能擁有天使般的面孔，看起來如孩童般純真甜美，或者僅只看起來是一個誠實的人。

我們對於說謊者與誠實人的外觀所持有的看法，會影響我們判斷某人是否在說謊。實際上，有兩項研究發現臉部外觀與誠實度的評價有關（Baker et al., 2016）。具體來說，對他人可信度的判斷是根據對方臉部看起來有多少可信任的感受。如果某人有一張孩童般的臉，我們很可能會對他們做出大量的推斷，比如他們是善良的、誠實的和天真無邪的。這種將擁有孩童臉龐的人視為誠實的傾向與一種心理現象有關，稱為月暈效應，即根據某人外表所做的全面評估，可能會影響對此人在其他方面的判斷（Nisbett & Wilson, 1977a; Thorndike,

1920）。因此，一些極具魅力或看起來天真無邪的大騙子，可能比其他人更可能繼續說漫天大謊。舉例來說，許多人很難相信連環殺手泰德・邦迪在說謊，因為他外表有吸引力、充滿魅力，而且看起來像是一個誠實的人。

另一方面，人們可能會表現出古怪或奇特的行為，使他們看起來不那麼誠實。一些研究者發現，那些把手臂舉過頭頂、頭歪一邊，或以其他方式違反社會規範的人，容易被人更加懷疑，即使在誠實時，也會被判斷為欺騙行為（Bond et al., 1992）。因此，即使他們沒有說謊，特定的行為或臨床印象也可能會讓他們被誤貼上說謊者的標籤。舉例來說，一項研究發現，自閉症類群障礙（ASD）的人會比沒有ASD的人被判斷為更具欺騙性（Lim et al., 2022）。

危險在於，依賴對誠實行為的預期社會規範或對不誠實行為的不精確看法，可能會導致人們誤認某人在說謊，進而以不同的方式對待此人。我們可能期望大騙子符合某種特定模式，表現出古怪或奇特。然而，一些大騙子可能成功地說了很多漫天大謊而未被發現，僅僅是因為他們看起來像誠實的人。你是否曾好奇過某人是否為大騙子，卻又告訴自己他們不可能是，只因為他們太友善、有吸引力、成功或者和善了呢？

對說謊者的看法

大騙子是什麼模樣？或就此而言，說謊者是什麼模樣？自從有了說謊者，就有了關於說謊者外貌的看法。有一個關於說謊的特定觀念記載於公元前九百年左右（參見Trovillo, 1939）。作者提出，說謊者說謊時，會在地上摩擦他的大腳趾、玩弄他的頭髮、臉色大變、身體發抖，並嘗試離開。這個描述與今天許多人對說謊行為的看法相符，例如說謊者會坐立不安且看起來焦慮。人們對於說謊行為的模樣和一個好的、誠實的人的模樣持有許多看法。當你想到那些說謊的人時，腦中會浮現出什麼樣的形象？大騙子又會是什麼樣子？

我們對騙子的一個最普遍的觀念是，他們在騙人時會避開眼神接觸或是看向別處（Global Deception Research Team, 2006）。這種看法充斥各處，在包括執法人員、心理學家、司法心理學家和醫護專業人員等專業群體中都能找到（Bogaard et al., 2021; Curtis, 2015; Curtis & Hart, 2015; Curtis et al., 2018; Dickens & Curtis, 2019; Strömwall et al., 2004; Vrij & Semin, 1996）。然而，在一項大型的統合分析中，研究人員發現這些觀念是不正確的，估計眼神接觸的效果微不足道，微小到幾乎可以忽略不計（DePaulo et al., 2003）。其他同樣廣為接受但同樣不正確、與騙子相關的觀念，還包括人們在說謊時會往上看或往左看，他們會坐立不安，無法坐好。然而，人們通常能回想起突出的例子，或者當著我們的面說謊卻未移開視線的人。一個流行的案例是前總統柯林頓，柯林頓總統面對一大群記者時宣稱他沒有和「那位女士」陸文斯基發生性關係。

為什麼包括專業人士在內的許多人會認為說謊者在說謊時會避開視線，或認為他們會表現出與焦慮相關的行為呢？弗里（Vrij, 2008）提出，這些關於欺騙行為的錯誤看法可能源自三個誤解，他稱之為道德解釋、曝光解釋和指控解釋。道德解釋（moral explanation）是基於一個普遍的誤解，認為人們在表現不道德行為時會感到羞愧而避開視線。因此，當有人在說話時移開視線，他們可能會被誤解為不誠實。曝光解釋（exposure explanation）則是指不精確的媒體描述，在這些描述中說謊者會避開視線並表現緊張，推廣了與說謊者相關的不精確觀念。如果有人看到電影中說謊者會緊張地流汗和顫抖，他們可能會誤認為這就是現實生活中說謊者的行為表現。指控解釋（accusation explanation）則是指人們混淆了被指控者的行為與說謊者的行為。因此，被指控而產生的緊張跡象被誤歸咎為不誠實的跡象。

這些錯誤的觀念或許有助解釋為什麼我們不是更好的測謊器，以及大騙子是如何僥倖逃過懲罰。哈維格（Hartwig）和葛蘭哈（Granhag）（2015）區分了人們對欺騙行為的觀念，他們稱之為主觀線索（subjective cues），與實際的欺騙線索，他們則稱為客觀線索（objective cues）。有時對欺騙線索的觀念可能與實際的欺騙線索重疊。其他時候，即使沒有足夠的證據支持，這種觀念可能依舊存在。舉例來說，眼神接觸的主觀線索實際上並不是一個客觀的說謊鑑別線索（diagnostic cue）。另一方面，有些人相信當人說謊時他們的音調會升高，而現有的證據顯示音調確實似乎是一個鑑別欺騙的線索，儘管是一個較弱的線索（DePaulo et al., 2003; Sporer & Schwandt, 2006）。

迪波洛等人（2003）對各種欺騙線索進行了廣泛的評估，調查了一百五十八種不同的線索。迪波洛等人發現有些欺騙線索比其他線索更有力，例如證據表明，音調和瞳孔擴張等線索是能被鑑別的，但是把眼神接觸或微笑當成可鑑別的欺騙線索的佐證較少。重要的是要記住，可鑑別線索並不等同於某人正在說謊的決定性訊號。記住，沒有皮諾丘的鼻子或其他特定行為能夠始終如一地預測謊言。所以，雖然研究顯示當人們說謊時音調會提高，但相關性很微弱，而且人們在沒有說謊時音調也會提高，例如當人們興奮、驚訝或甚至害怕時，音調就經常會提高。

萊文（2020）主張並提供了證據，指出欺騙的行為線索充其量是微弱且不一致的。因此，雖然有一些少量證據可能顯示，當某人說謊時，特定行為出現的頻率比說真話時要高，但這些差異太小且太不一致，無法在實際偵測欺騙中派上用場。如果皮諾丘的鼻子真存在，它仍然不為人知。

我們無法僅憑觀察一個大騙子就準確地判斷他們是否在說謊。對尋找鑑別性線索充滿信心，似乎不是一個很好的投資。然而，關於線索的研究並非完全無用，至少學習我們對線索的看法可以讓我們意識到，我們可能會將別人的行為歸類錯誤，特別是在評估大騙子時。當人們緊張或表現出尊敬的跡象時，我們可能會誤把他們貼上說謊者的標籤。舉例來說，當人們緊張或被指控時，他們可能會移開視線；人們也可能會做出在文化上對權威人物尊敬的表現而移開視線，隨後被判定為說謊者（Vrij, 2000）。相信人們在說謊時會感到焦慮並移開視線的一個陷阱是，我們可能會錯過生活中的大騙子。記住，大騙子可能會在沒有悔意、羞恥或焦慮的情況下說謊。因此，這些關於說謊者行為的錯誤觀念可能為大騙子提供了在成功欺騙他人方面的優勢。那麼鑑於這些錯誤的觀念和其他使人類欺騙偵測複雜化的因素，有沒有任何方法，可以讓人們更準確地偵測欺騙呢？

機器方法

人類的兩項特徵是智慧以及製造和使用工具的能力。為了補償我們的不足、改善流程或提高效率，我們轉向工具。在人類可能有缺陷的地方，轉向機器方法尋求幫助一直是很值得的。為了更能充分偵測欺騙，我們已經尋求其他工具、評估和技術。在這一節中，我們探討了一些這樣的機器方法。

測謊機

古代中國使用米粒作為測謊的方法證明了，人們長久以來一直相信生理反應與說謊相關（Granhag et al., 2015）。這種概念與現代的方法，測謊機，有所關連，這可能是許多人在想到測謊器時所預期的。「在所有偵測欺騙的工具中，測謊機有最悠久的傳統……初次描述出現在大約在一百年前……測謊機（polygraph）和測謊器（lie detector）這兩個詞經常當同義詞使用（Meijer & Verschuere, 2015: 59-60）。實際上，有些作者將測謊機稱為測謊測試。然而，測謊機不是一個測謊器，而是一個「測量數個生理過程（例如心跳率）及這些過程的變化」的機器（National Research Council, 2003: 1）。雖然它被用來偵測人們說謊時據信會發生的生理變化，但測謊機並不直接偵測謊言本身。

測謊機經常在電視、電影和網路影片中，以吸引人們想像的方式出現。自一九八〇年代以來，已經有好幾個流行的電視節目，使用測謊機來判斷人們是否對關係、事務、親子關係的合法性及其他問題說謊。大量的網路影片也展示了名人和其他人在接受採訪的同時連接測謊機，以證明他們的真誠。

測謊機之所以受歡迎，很可能是由於其悠久的歷史傳統、在流行媒體中的描述，以及對其準確無誤差的暗示。那麼，它是如何運作的？神祕機器的背後原理是什麼？典型的測謊機所使用的是測量各種面談形式中的生理變化（Meijer & Verschuere, 2015）。一種常見的技術是**控制問題技術法**（control question technique，CQT）（Reid, 1947）。CQT包括問受訪者幾個控制問題（例如：你叫什麼名字？），這些問題假設他們是誠實回答的；以及他們可能在回答時說謊或不說謊的目標問題（例如：一月三日那天，你有開槍打你丈夫嗎？）。如果一個人在回答相關問題時說謊，他們應該會顯示出生理變化，如心跳率和血壓的增加，而這應該會被機器偵測到，進而暴露他們的謊言。因此，控制問題與相關問題之間的生理反應差異，被視為欺騙的證據。另一方面，如果一個人在被問及控制問題和相關問題時沒有顯示出生理差異，那麼人們可能會做出結論，認為此人的回答是誠實的。

另一種技術原先被稱為**犯罪罪惡感測驗**（guilty knowledge test），近來則被稱為**隱藏訊息測試法**（concealed information test，CIT）（Lykken, 1957; Meijer & Verschuere, 2015）。CIT與CQT的不同之處在於，它沒有針對事件的指控性問題。相反地，測謊員只問與事件細節相關的問題，這些細節只有警方和犯罪者知道（Meijer & Verschuere, 2015）。這些問題包括正確的資訊和合理但不正確的資訊。舉例來說，如果有人因汽車盜竊被問話，受試者可能會被問到犯罪者是偷了一輛二〇〇一年的豐田Camry、二〇一一年的福特F-150、二〇一五年的本田Civic，還是二〇一九年的Dodge Grand Caravan。一個有罪的受試者想必對實際被偷的車輛會顯示出生理反應，對其他車輛則不會。而一個未參與犯罪的人會對所有汽車顯現出類似的生理反應。

測謊機很受歡迎，但也存在爭議。爭議的核心在於儀器的準確性——測謊機作為一個可靠的謊言偵測器的能力。關於測謊機的準確性，美國國家科學研究委員會（National Research Council, 2003）的結論是：

> 儘管實證研究的品質存在限制，而且對真實世界環境的推廣能力有限，但我們得出結論，在像是測謊研究文獻中所呈現的，未經反偵測訓練、在特定事件的測謊檢測中的受試者群體，仍可以在說謊與說真話的情況下，被以遠高於偶然水準的準確率加以區分，儘管這種準確率遠低於完美。（4）

那麼，遠低於完美是指什麼？在實驗室研究中，針對有罪受試者CQT的準確率介於百分之七十四到百分之八十二之間（有百分之七到八的偽陰性率）；對於無辜受試者的準確率則是百分之六十一到百分之八十三（有百分之十到十六的偽陽性率）（Meijer & Verschuere, 2015）。簡單來說，這些百分比代表，如果對一百人進行測謊，其中有十人實際有罪，測謊機將準確地偵測出其中八個有罪的人，但也將錯誤地指控超過十個無辜的人。而在田野調查中，對有罪受試者的準確率為百分之八十四到百分之八十九（有百分之一到十三的偽陰性率）；對無辜受試者的準確率為百分之五十九到百分之七十五（有百分之五到二十九的偽陽性率）（Meijer & Verschuere, 2015）。

在實驗室研究中，CIT能夠正確識別出百分之七十六到百分之八十八的有罪受試者，同時也正確識別出百分之八十三到百分之九十七的無辜受試者（Meijer & Verschuere, 2015）。而在田野調查中的CIT，正確識別有罪受試者的範圍在百分之四十二到百分七十六，而正確識別無辜受試者的範圍則在百分之九十四到百分之九十八。邁爾（Meijer）和維爾薛（Verschuere）（2015）指出，儘管CIT具有可控制的偽陽性率，也有理論根據，但在田野調查中很少使用。

對於測謊機的擔憂和爭議，通常來自它的應用和使用。如果它的表現優於隨機，但遠低於完美，你會希望潛在雇主使用它來決定你的就業嗎？或是在刑事訴訟案中，你願意讓它決定你有罪或無罪嗎？你願意使用一種可能會錯誤地質疑百分之五至百分二十九的無辜之人的方法嗎？再或是，如果試圖確定某人是否為大騙子，這種誤差率是否可接受？考慮到情境和後果，對於準確率的這些擔憂特別有爭議性。也許在試圖弄清是哪位同事偷吃了你的午餐時，誤差率是可以接受的，但應用於死刑案件的刑事判決時，則可能不太理想。

準確性和科學爭議的顧慮影響了法院判決，認為測謊機不應作為刑事法庭的證據（Ben-Shakhar et al., 2002; Vrij, 2008）。弗里指出，CQT不符合美國最高法院闡述的指導方針。另外在僱傭環境中，員工測謊保護法（Employee Polygraph Protection Act）禁止大多數私人雇主使用測謊檢測，其中包括：

> 測謊機、欺騙圖機（deceptograph）、語音壓力分析儀（voice stress analyzer）、心理壓力鑑定器（psychological stress evaluator），或任何其他類似裝置（不論是機械的或電子的），這些裝置或其結果被用來提供對個人誠實或不誠實的鑑別性意見。（U.S. Department of Labor, 1988: para. 3）

許多這樣的裁決和政策的實施，是根據測謊結果誤將無辜人士定罪的風險認知。如果新技術結合科學證據能夠支持更準確的評估，這些裁決和政策還有調整和變更的空間。同時，大多數裁決是根據CQT與測謊機的使用。班—莎卡爾等人（Ben-Shakhar et al., 2002）指出，如果謹慎管理，CIT可以滿足所需的標準。邁爾和維爾薛（2015）同意這一觀點，並提出「由於偽陽性率低，CIT可以安全地在現場應用」（76）。

雖然有許多如何察覺謊言的提示，也有無數網站提供如何通過測謊檢測（即測謊機鑑定）的建議。打敗測謊機的想法，暗示了測謊有一個及格—不及格的門檻。但這並不正確，測謊機是一種鑑定，但評估者最終還是要主觀地判斷某人是否可能誠實回答。因此，打敗測謊主要其實是一個說服評估者你很誠實的過程。

大騙子有可能在接受測謊時，巧妙地引導回答並說服他人他們是無辜的嗎？精神病態者和患有反社會人格障礙的人可能在毫無悔恨或內疚的情況下說謊，他們通常情緒反應較淺（American Psychiatric Association, 2013; Hare, 1996），因此他們並不符合焦慮和羞愧的說謊者的類型。因而當他們接受測謊時，由於缺乏情感反應，他們可能不會被偵測出來。如果他們在被指控犯罪時，心跳沒有狂亂地加速，難道他們不會在測謊偵測中悄然無聲地通過嗎？像泰德·邦迪這樣的人呢？他冷靜且無動於衷的反應是否有助他多年來說謊而不被發現？

一項研究探討了這個問題，特別是關於測謊是否能夠區分精神病態者在說實話和說謊時的差異（Raskin & Hare, 1978）。他們的研究對象是男性監獄囚犯，其中一半是精神病態者，另一半則不是。一半的精神病態者被隨機分配到有罪的情況，受到指示在沒人注意時拿走二十美元並藏在口袋裡。在無辜情況下的精神病態者則沒有拿走二十美元。所有參與者隨後受到指示在接受測謊調查時否認拿走了錢。接著，測謊員不知道哪些參與者被分配到了哪種情況，但能夠成功地辨別出哪些精神病態者在說謊以及哪些在說實話，準確率遠遠超過百分之八十。這一結論似乎顯示，一些大騙子（精神病態者）在說謊時會產生典型的生理反應，因此可以透過測謊來偵測到他們。

拉斯金（Raskin）與黑爾（Hare）的研究發表後，李肯（Lykken, 1978）提出了幾個影響結論的問題和限制。其中一項批評是模擬犯罪可能無法轉化為現實世界情境。無疑地，現實世界中的犯罪帶來更重大的後果和更高的風險，人們會更有動機隱瞞他們的不誠實行為以避免被發現。李肯提出了參與者可能並未嘗試欺騙測謊器的顧慮，而如果他們沒有這樣做，那麼這項研究就並未證明精神病態者無法通過這項測試。他指出，試圖欺騙測謊器的行為會提高對控制問題的生理反應（例如咬舌頭或繃緊肌肉），從而產生更多無定論的結果。

為了重新審視這個問題並解決李肯提出的一些批評，派崔克（Patrick）和伊亞寇諾（Iacono）（1989）進行了一項類似的複製研究。為了解決高風險和欺騙測謊的顧慮，研究人員直接告訴參與者，目標是欺騙測謊器，如果四十八位參與者中只有十人以下未通過測謊，每位參與者就能獲得二十美元的獎金。這個概念是獎金會激勵參與者真正去嘗試欺騙測謊器。研究的整體準確率結果是百分七十五正確，百分之二十五不正確，百分之零無結果，而且大多數錯誤是偽陽性（十二個之中有十個）。他們的結果也顯示，以精神病態為分類依據的不同群體之間沒有差異。

關於精神病態者和配合CIT使用測謊器的研究回顧顯示，這方面的研究很貧乏，而且呈現出不統一的證據（Verschuere et al., 2006）。雖然這一領域需要更多的研究，但維爾薛等人提出，現有證據支持以下的觀點：對於在反社會方面表現高的人來說，在CIT中的膚電反應減少，且「自律神經反應低下是導致反社會人格之中的偵測率降低的原因」（111）。簡而言之，使用測謊機偵測精神病態者所說的謊言可能有難度，但大多數情況下還是可以偵測出來的。

這些研究主要在調查精神病態者擊敗測謊機的能力，或者將其分類為無辜或無結論。關於病態性說謊者或大騙子以及他們成功擊敗測謊機的能力的研究和文獻較少；一位作者指出，「病態性說謊者肯定不會在測謊儀測試中顯示出任何顯著的反應」（Floch, 1950: 652）。然而，根據我們最近對病態性說謊者感受痛苦和悔恨經驗的了解，可能會挑戰病態性說謊者不會對測謊機有反應的說法（Curtis & Hart, 2020b）。

弗里等人（2010）提出，善於說謊者的情緒反應可能會有所減弱，特別是內疚感和恐懼感較少。看來，在說謊時情緒減弱這一特點在大騙子中可能尤為常見。由於大騙子經常不誠實，他們可能已經對說謊時一般人會有的典型情緒反應變得麻木。在我們能夠對大騙子是否更能通過測謊的問題做出明確結論之前，還需要進行更多的研究。

語言分析

有句老話說，要判斷一位政治家是否在說謊，最簡單的方法，就是看他們的嘴唇是否在動。這句話暗示著政治家說的話都不是真的，言語對於說謊這一概念至關重要。

深入探究，我們可以說，說謊需要溝通，而溝通通常是以語言或文字的形式進行的。正如第一章所提到的，欺騙被定義為「一種蓄意的、成功或不成功的嘗試，不事先警告，以在他人心中創造一種傳達者認為不真實的信念」（Vrij, 2008: 15）。而為了能更具體地區分說謊和欺騙，我們將說謊定義為「一種成功或不成功的**對語言的蓄意操縱**，不事先警告，以在他人心中創造一種傳達者認為不真實的信念」（Hart, 2019: para. 14）。因此，說謊是對語言的操縱。因此，探索語言分析的方法來偵測說謊就顯得直觀而有意義。

自一九五〇年代以來，使用言語暗示來偵測欺騙的研究有了巨大的增長（Vrij, 2015）。大多數言語評估使用三種工具：陳述效度分析（statement validity analysis，SVA）、現實監測（reality monitoring，RM）和科學性內容分析（scientific content analysis，SCAN）。SVA是更受歡迎的工具；它是為了評估性侵案件中兒童證人的可信度而開發的（Vrij, 2008, 2015）。SVA包含四個過程：個案案例分析（case file analysis）、半結構化訪談（semistructured interview）、準則基礎內容分析法（criteria-based content analysis，CBCA），以及效度檢查表（validity checklist）（Vrij, 2015）。本質上，人們受過訓練，能夠根據十九個特定準則（例如邏輯結構、細節數量）來評估訪談的逐字稿。逐字稿中出現更多準則，就顯示了真實或誠實的陳述（參見Vrij, 2015）。這裡的假設是說謊在認知上比說實話更加費力，而且說謊的人往往更努力地控制他們的講話（Vrij & Mann, 2006）。支持CBCA最深刻的發現之一是，說實話的人在訪談中包含的細節比那些說謊的人更多（Vrij, 2015）。研究準確性顯示，CBCA能以百分之七十的準確率識別欺騙；但SVA在刑事法庭上用於性侵案件的準確率尚不清楚

（Vrij, 2015）。

RM在傳統上並未被當成欺騙偵測工具（參見Vrij, 2015），但心理學家們長期以來一直在尋找有創意的方法，來使用和應用原本在其他心理學任務上使用的工具。RM的開發是為了理解外部經驗的記憶與內部經驗的記憶之間可能的差異（Sporer, 2004）。這種技術的前提是，說實話者對事件的回憶是根據實際經驗的，而說謊者則只是想像情況（Sporer, 2004; Vrij, 2015）。所以，如果一個罪犯需要製造一個不在場證明，他們可以捏造一個故事，比如他們在遛狗，然後用想像力填補細節。這個模式的優點之一是有理論基礎，對RM研究的回顧顯示，它具有一定的區分能力，能正確分類出大多數謊言（Masip et al., 2005）。總而言之，這個工具的準確率大約為百分之七十，但它通常不會被田野工作者所使用（Vrij, 2015）。

SCAN最初由前測謊員沙皮爾（Sapir）開發，目前被世界各地和各種機構使用（例如FBI、CIA、美國軍方；Vrij, 2015）。SCAN技術包括要求某人寫下他們在特定時間段內的所有活動，通常是在某一事件或犯罪發生的時候。與其他語言分析技術類似，SCAN透過將陳述與十幾個標準進行比較來運作。舉例來說，其中一個標準是對指控的否認：一個說實話的人被認定為更有可能直接否認指控。SCAN審查員的每週培訓需要三十二小時和六百美元的費用（Sapir, 2021）；SCAN最大的批評之一是它的研究依據非常少，僅有五項發表的研究

（Vrij, 2015），但即使在這種缺乏實證支持的情況下，許多工作者和機構仍然使用SCAN（Vrij, 2015）。最近的一篇文章指出，SCAN缺乏實證價值，大多數謊言專家都同意其缺乏足夠的研究支持供執法機構利用，而且大多數專家認為它是偽科學（Bogaard et al., 2021）。

這些言語技術通常在大學生相關研究的實驗室中進行，或在刑事案件的審判期間使用。據我們所知，對於大騙子的語言分析研究尚未進行。大騙子可能能夠逃避許多言語評估的偵測，舉例來說，如果一個大騙子經過排練或說了許多謊言，該說謊者可能提供大量詳細資料，從而看起來像是在說實話。此外，馬西普等人（Masip et al., 2005）指出，在使用現實監控時必須考慮個體差異，比如表演能力。萊文（2020）認為，一些說謊者可能很容易被識破或是不擅長說謊，但反過來，有些人可能是非常出色的說謊者（Vrij et al., 2010）。雖然不是所有大騙子都一定是善於說謊者，但有些可能是。一個善於說謊者或大騙子可能能夠產出看似根據實際經驗的內容。此外，善於說謊者在欺騙時，往往傾向依賴言語策略（Verigin et al., 2019）。

欺騙者的大腦

在二〇一三年，美國前總統歐巴馬宣布了一項名為「腦科學（Brain Research Through

Advancing Innovative Neurotechnologies，BRAIN）」計畫的倡議。其目標是激發對腦部研究和神經科學技術的興趣和資金支持。如同許多具有高尚目的的倡議一樣，這些計畫中的部分目的在於尋求私利，而部分腦部的開發成果是半成品。舉例來說，在二〇〇八年的一個案例中，一位二十四歲的女性，阿迪蒂．夏馬（Aditi Sharma），因大腦電子振盪特徵簽名（brain electrical oscillations signature，BEOS）的測試結果被控謀殺其前未婚夫而被判處終身監禁（Satel & Lilienfeld, 2013）。BEOS測試「是作為以測謊機為基礎來進行謊言檢測的替代方案而開發的，並且是以事件相關電位P300測量為基礎的識別測試。」（Mukundan et al., 2017: 217）。腦電波儀（Electroencephalography）用於測量腦波，而P300波指的是一種正波反應，其發生或峰值在三百到五百毫秒左右（Satel & Lilienfeld, 2013）。因此，研究人員給予短暫的刺激，持續時間不超過二百毫秒，所以受試者不會意識到這些刺激，並使用腦電波儀來尋找P300反應，或者所謂的「腦部閃點」（brain blip）（Satel & Lilienfeld, 2013: 74）。連接到電極的人不需要進行言語回應，因為在他們能夠發出一個詞之前，波形就會被發射出來。現在假設，一個正在接受盤問並對正確陳述產生P300波的人，會顯現他們對事件或犯罪有所了解。而對於夏馬來說，即使她聲稱自己是無辜的，她的大腦對謀殺案的陳述仍然發出了P300波。然而，對BEOS的一大擔憂是其科學價值。在夏馬被判刑六個月後，同一個研究實驗室表示，另外兩個人才是謀殺案的凶手。顯然，BEOS和P300波並非偵測不誠實行為的有效可靠工具。

本末倒置使用測謊工具的明顯顧慮是，誤將人們識別為說謊者可能帶來的嚴重後果。科學界對BEOS提出的最大擔憂之一是，開發者穆坤丹（Mukundan）拒絕允許研究人員獨立審查BEOS協議（Satel & Lilienfeld, 2013）。雖然一些草率的產品和主張可能被當作科學來展示，但大多數神經科學家是真正在尋求探索和理解人類行為的神經學基礎和機制。其中一些科學家主張使用腦部技術進行欺騙偵測，儘管可能還需要多年還能真正仰賴他們的研究所帶來的應用。

為了捍衛P300波的使用，伊亞寇諾（2015）主張，結合CIT的P300波前景看好，而且相關研究已經持續了二十多年。在實驗室研究中，使用犯罪罪惡感測驗的P300的報告準確率為，百分之八十八的真實陳述和百分之八十二的謊言（Vrij, 2008）。伊亞寇諾表示：「P300-GKT可能不適用於所有犯罪，但我有充分理由相信它將適用於許多犯罪。」（99）但沙帖爾與利利安菲爾（Satel & Lilienfeld, 2013）指出，最大的擔憂是腦部掃描技術是否能夠用於推斷現實世界環境中的欺騙行為。

結合神經科學技術和欺騙偵測的其他方法，包括了神經影像技術（參見Ganis, 2015）。其中一種技術是功能性磁振造影（fMRI），它透過測量大腦中由神經細胞的活動產生的血流來推斷欺騙的存在。在一些研究中，參與者被要求說謊或說實話，當成修改過的CIT的一部分。研究指出，說謊比說實話時更有活動力的兩個大腦區域是下側前額葉皮質和內側上前額葉皮質。使用fMRI進行的欺騙偵測研究的準確率範圍從百分之六十五到百分之百；甘尼斯等人（Ganis et al., 2011）進行的研究則達到了百分之百的準確率。然而，使用fMRI進行的欺騙偵測研究也存在一些限制。它成本高昂，且只能對少數單一受試者進行研究。因此，尚未使用統合分析來集體分析這種方法（Ganis, 2015）。

在輔助、機器和神經科學技術的欺騙偵測能力與這些方法的準確性、特異性、應用和後果之間，存在一種緊張關係。測謊機及其他生理測量方法的吸引力可能源於其「測謊神祕感」以及神經科學的吸引力（National Research Council〔NRC〕, 2003: 18; Satel & Lilienfeld, 2013）。美國國家科學研究委員會（NRC, 2003）指出，測謊機激起了強烈的情感，並培養了一種普遍的文化信念，認為它是絕對可靠的。

將人類與機器連接起來的感應器、電線、帶子和電極所產生的視覺心像，存在一種引人注目和令人信服的特質。人們往往將這種心像與科學和可信度連結。也許人們更傾向於相信那些看起來有先進技術的工具——舉例來說，在一系列研究中，麥凱比（McCabe）和卡斯特（Castel）（2008）向參與者展示了有關認知神經科學的研究摘要，這些摘要或有或無伴隨著腦部斷層造影。而那些觀看了腦部斷層造影和摘要的參與者，比那些僅閱讀摘要的參與者，認為該研究在科學上更合乎邏輯。研究者們建議，腦部斷層造影可能更具說服力，因為它提供了一種「認知過程的具體物理解釋」（349）。

就像沒有皮諾丘的鼻子一樣，特定的「說謊點」也並不存在，也就是說，沒有一個一致且特定的大腦區域在人說謊時總是活躍。沙帖爾與利利安菲爾（2013）指出：「沒有任何一塊大腦區域在人說謊時發生獨特的改變；每種類型的謊言都需要其自身的一套神經過程。」（91）此外，這些技術是否能準確地偵測出大騙子或病態性說謊者還有待研究。儘管如此，也沒有理由放棄追求這個目標。畢竟科學是透過解決問題和尋求完善的方法，來提高預測的準確性、進而發展。

新途徑

人類偵測的準確率、機器方法中的錯誤，以及誤將無辜之人標記為說謊者的潛在後果，這些都為欺騙偵測描繪了一幅令人擔憂的圖像。那麼，人類有機會變得更擅長偵測欺騙嗎？我們有希望抓住大騙子嗎？我們來簡短地探討一些近期的研究，這些研究指出達到百分之九十以上的準確率是可行的。

在兩項研究中，欺騙專家（五名聯邦探員和一名接受過聯邦、州和地方執法機構訓練的人員）報告了一種方法，據稱他們能夠在偵測欺騙上達到高達百分之百的準確率（T. R.

Levine et al., 2014）。研究人員使用了一種範例，提供參與者在一個知識問答競賽中作弊並可能獲得金錢獎勵的機會；然後，透過一次持續四分鐘的結構化訪談，訪談者先問參與者一系列人口統計學問題，再詢問關於小知識的問題以及他們是否作弊。訪談者問了一個問題當誘餌，然後告訴每位參與者，他們的搭檔也會被訪談，並問他們的搭檔會怎麼回答。訪談者休息一會兒，然後返回，告訴對方他們作弊了。訪談的最後部分包括承認或否認。在研究的最後階段，參與者觀看訪談的錄影並對影片做出判斷。在第一項研究中，專家對所有三十三次訪談的判斷都是正確的。在第二項研究中，專家展示了百分之九十七．八的準確率。

雖然這些結果令人印象深刻，但它們也受到了其他人的批評，認為是無效或不可靠的（Vrij et al., 2015）。有個擔憂是，這些方法並未模仿真實世界中的說謊和偵測謊言的情況。科學是透過批評和懷疑不斷改進和建立在先前測試基礎上的。除了萊文等人（2014）發表的研究之外，萊文（2015）也提供了一個其他達到高準確率的研究的概述（參見表9-1）。這些研究都使用了偵訊的一些組合、證據的戰略性使用以及引誘招供。通常透過讓嫌疑人談話，偵訊者可以引出一個與偵訊者戰略性保留的證據相矛盾的陳述。一旦嫌犯做出矛盾的陳述，偵訊者就可以揭露證據，指出不一致之處，並引誘招供。這一種由電視上的神探可倫坡（Columbo）所發揚光大的方法，在實驗室研究中證明在識別說謊者上非常有效。那麼，我們是否也能使用可倫坡的方法來辨別自己是否被大騙子欺騙？

表格 9-1 在欺騙偵測研究中的新進展與改進的準確性發現的例子

研究	方法	回報的準確率（%）
哈維格等人（Hartwig et al., 2006）	證據的戰略性使用	85
布萊爾等人（Blair et al., 2010），Exp. 3	內容與情境相關性	77
同上，Exp. 4	內容與情境相關性	80
同上，Exp. 5	內容與情境相關性	69
同上，Exp. 6	內容與情境相關性	73
同上，Exp. 7	內容與情境相關性	72
同上，Exp. 8	內容與情境相關性	81
同上，Exp. 9	內容與情境相關性	75
萊文與麥考梅克（T. R. Levine and McCornack, 2001），Exp. 2	情境熟悉度	69
萊因哈德等人（Reinhard et al., 2011），Exp. 4	情境熟悉度	71
萊因哈德等人（Reinhard et al., 2013）	情境熟悉度	72
萊文等人（T.R. Levine et al., 2010），Exp. 1	推測動機	95
同上，Exp. 2	推測動機	87
同上，Exp. 3	推測動機	86
龐德等人（Bond et al., 2013），Exp. 1	推測動機	99

同上，Exp. 2	推測動機	97
同上，Exp. 3	推測動機	97
萊文等人（T. R. Levine et al. 2010）	診斷性提問	68
萊文等人（T. R. Levine et al. 2014），Exp. 1	診斷性提問	71
同上，Exp. 2	診斷性提問	77
同上，Exp. 3	診斷性提問	75
同上，Exp. 6	診斷性提問	73
萊文等人（2014），Exp. 1 學生	診斷性提問	79
同上，Exp. 2 學生	診斷性提問	94
同上，Exp. 1 專家	專家提問	100
同上，Exp. 2 專家	專家提問	98

註："New and Improved Accuracy Findings in Deception Detection Research," by T. R. Levine, 2015, *Current Opinion in Psychology*, 6, p. 3 (https://doi.org/10.1016/j.copsyc.2015.03.003). Copyright 2015 by Elsevier. 經許可轉載。

到目前為止，還不存在能夠完美偵測欺騙的方法。雖然研究透過測試各種人類偵測和輔助或機器方法提高了準確率，但我們仍然發現這些手段仍不完美。沙帖爾與利利安菲爾（2013）討論了為了偵測欺騙而犧牲個人自由的後果（例如冤罪）。既然任何在測謊中的錯誤都可能牽連無辜，那麼百分之九十的準確率是否就足夠了呢？再次，我們對準確性的細微差別，以及我們對偵測謊言的重視都可能是根據相對後果。我們願意在刑事案件中使用百分之九十的標準值嗎？那百分之九十九會足夠嗎？道德問題的出現，與我們願意允許錯誤的人數百分比和具體情況有關。當然，政府機構、特勤局成員、執法人員和法醫人員對於偵測大騙子有特定的興趣，這些興趣常常與我們日常的、人際的或個人的興趣有所差異。

辨識大騙子

我們已經回顧了人們可能用來偵測欺騙的各種方法。雖然其中一些方法可能很引人入勝，還可能產生比其他方法更高的準確性，但讓我們不禁思考的是，如何在我們的生活中辨別出大騙子。大多數人家裡沒有fMRI，地下室也沒有測謊機，或者沒有受過如何引出鑑別性線索的訓練。此外，如果我們對在愛情上或其他方面有興趣的人進行一系列的測謊評估或語言分析，那在人際關係上會有多奇怪？《門當父不對》（Tenenbaum, 2000）中在罕見且社交尷尬的情節展現幽默，即一位父親使用測謊機測試他未來女婿的誠信；但想像去對著你的戀愛對象說：「我真的對你很有興趣，也想要發展一段關係，但首先我需要你接受一系列的測謊測試和盤問。」這樣的話，很少人會有興趣與你發展長期關係。有些人願意在晨間電視節目上接受測謊測試，以解決各種人際關係問題，但我們大多數人在親密的個人關係或大多數專業關係中不會扮演偵訊者的角色。事實是，在我們日常生活中，我們並不會使用許多學術、實驗室或特勤局的偵訊技巧來辨別真相和虛構。

一些人們如何在日常生活中實際偵測欺騙的開創性研究，是由派克等人（Park et al., 2002）所進行的。他們招募了二百〇二名大學生，要求他們回憶最近發現有人對他們說謊的情況。他們發現人們發現自己被騙的最常見方式是透過他人。參與者還表示使用了多種方法、實體證據和坦白來偵測欺騙。很少有人報告使用當下的言語和非言語行為。此外，研究人員發現，大多數人稱在事後才偵測到謊言，而非在對方對他們說謊的那一刻。

讓我們來看看一些現實生活中大騙子的例子，以及如何揭發他們的謊言。我們分享了一些發現自己被大騙子欺騙的人的陳述，這些說謊者被識別為強迫性說謊者或病態性說謊者，以及他們是如何發現這些謊言的。這些陳述符合派克等人（2002）的研究發現，謊言通常是隨著時間和證據的累積而曝光。一位發現自己的男友對她說了漫天大謊的人在一個部落格中匿名寫道：

但只是在途中，他細密如網的謊言就開始瓦解，我慢慢開始發現他告訴我的許多事並不是真的。我開始將點點滴滴串連起來，最終意識到發生在我身上的事情：我和一個強迫性說謊者交往。

有時人們可能認為自己被騙並試圖尋找證據。舉例來說，一位女士在一個匿名的網上部落格中寫道，她最初會和她的未婚夫一起看色情片，但他們出現親密問題後就同意停止觀看。後來，她懷疑他繼續看色情片，於是她開始調查。她說：「通常我知道他在說謊時，會出現一種直覺，要我偷看他的手機和筆記型電腦（主要是藥物和色情片）。我以前不會這樣，我討厭這麼做。」類似於派克等人（2002）的研究發現，另一位匿名女性在部落格上寫道，她發現她的丈夫有外遇，並開始將他們關係中的其他細節和事件拼湊起來。有時我們可能不會立即知道某人是個大騙子。直到我們搜集資訊、了解這個人，在證據和我們被告知的訊息中發現不一致之處，我們才可能發現真相。

另一位在匿名網上論壇上寫道，他的女友是個大騙子：

我暗戀健身房的一個女孩將近一年，後來我終於決定在社群媒體上發好友邀請給她。當她接受後，我發了私訊給她，解釋了我是誰。當時我問了她一些問題，她回答得很簡短。我開玩笑說要發簡訊給她，她告訴我她的手機很爛，無法收發簡訊。現在我們在一起已經十個月了，她在收發簡訊上從來沒遇過任何問題。她聲稱有在玩Snapchat，所以我詢問了她的用戶名稱。她讀了我的私訊卻沒有回應……最後她說她曾經和十五個男人在一起過，我將成為第十六個。她迅速補充說，她與她上床的每一個男人都是她交往過或是感興趣的對象。她問我和多少本地女孩在一起過。她說她和兩個本地男人在一起過，一個是前男友，還有一次酒後的一夜情。她第一次寄給我的自拍照明顯沒穿衣服，後來當我談到此事時，她表現得很尷尬，聲稱她當時在床上，她都裸睡。但我們在一起十個月了，她從來沒有裸睡過。她在健身房會避開我，有時甚至躲起來不見我，她說這是因為她不想讓人們覺得她太黏人。她非常坦率地談起三個與她交往較久的男人，甚至會講出鉅細靡遺的性愛細節。但在這之外她從不會提到其他男人，如果我問起，她會變得很有戒心。她說她從未寄過裸照。然而，就在約會大約一個月左右，她未經我要求就寄了一張裸照給我，照片裡有她的臉和胸部，後面鏡子中的臀部清晰可見。她還給裸照附上文字敘述「我真是個可怕的人（WHOREible）。」我根本不用盤問她，我非常能體諒她，她會自願提供資訊。

有時人們無須主動去發現自己是否被欺騙，因為說謊者可能會直接承認。派克等人

（2002）發現，有些人是透過不打自招發現欺騙的，就是說表明自己說了謊。有時我們會發現自己被欺騙，因為說謊的人出於各種原因決定承認，包括內疚和後悔。我們對病態性說謊者的一些研究指出，一些病態性說謊者可能會將自我定義為說謊者，並尋求幫助來解決他們的不誠實行為（Curtis & Hart, 2020b）。在一些較新的研究中，我們研究了病態性說謊者、強迫性說謊者和大騙子的部落格貼文。我們發現，在這些部落格中，他們會公開承認自己說謊，例如，一位女性向她的醫生謊稱藥物的效果，但後來又向醫生承認了。她說：

> 我意識到自己是一個強迫性說謊者。於是我去告訴了我的醫生，希望我的勇氣能得到回報，希望我的謊言能從記錄中抹去，我可以重新使用我之前用過的藥物。但是，不行。我再也走不回那條路了。

另一位女士報告說，她的謊言被揭發有一部分是因為她被抓到，另一部分是因為她承認有罪。她說：

> 我已經知道自己對周圍的人說謊有幾年時間了，甚至對我現在交往了一年的男友也是如此。他有幾次抓到我說謊，而我一直在找藉口或可能承認我在說謊。

結論

有人說謊，就有人試圖察覺謊言。因為我們認為，如果能識別出說謊者，就能保護自己免受危險，或至少減輕損害。雖然大量的科學文獻讓我們更接近精確察覺欺騙，但並沒有精準無誤的方法來偵測欺騙，我們也永遠無法確定自己是否能準確地識別出大騙子。但另一方面，我們可以做一些事情，或者大多數人已經在做的事情，以增加抓住大騙子的可能性。因為大多數人無法二十四小時將MRI和測謊機連接到我們所愛的人身上，所以大部分的謊言是透過告白、證據和時間來發現的。因此，雖然我們有時可能會積極尋找證據，或在了解某人更多時檢查矛盾之處，但其他時候我們可能會在說謊者坦白時才被動地發現謊言。一個未經要求的告白對我們而言幾乎不需要做什麼——不需要電極、腦部掃描，甚至不需要鑑別性線索的提示。我們可以使用的另一個用來偵測大騙子的策略，是認識我們自己對說謊行為的預設想法和偏見。明白避開眼神接觸，和其他非語言行為提示，並非辨識欺騙的健全指標，但我們可以學會忽略根據這些提示的判斷。也許就像電視上的神探一樣，我們可以引出與我們所擁有的證據相關的資訊和矛盾，以此便可能讓人自行坦白。

我們試圖察覺他人說謊的主要原因是為了避免被欺騙。在第十章中，我們將注意力轉向各種策略，這些策略可用來避免成為大騙子的犧牲品。我們還探討了鼓勵大騙子對我們更誠實的技巧。

第十章
如何避免受騙以及培育一個誠實的環境

誠實是你無法磨損的東西。

——偉倫・珍尼斯（Waylon Jennings）

在第九章中，我們調查了許多人們成功（和不成功）用來偵測謊言的技術。事實證明，即時偵測謊言是一項挑戰。我們大多數人必須接受我們並非行走的測謊機，我們無法僅憑觀察力從人群中識別出大騙子，但我們可以讓自己在接觸大騙子時不再那般脆弱。我們可以培養人際交往策略，增加人們對我們誠實的可能性，我們也可以使用技巧以便識別出人們對我們不誠實。在這一章中，我們會探討避免被大騙子欺騙的方法。

沒有人想被欺騙。被當作傻瓜玩弄的感覺非常糟糕。當我們對某人信任，而他們以說謊利用我們時，我們會感到強烈的不公平（Vohs et al., 2007）。被欺騙的人感覺到說謊者讓他們變成某種意義上的弱勢，他們經常覺得自己本應該預見到這一點。他們在自我譴責中煎熬。被欺騙的人經常感到愚蠢和無能，對於自己如此輕信而感到憤怒和羞愧。被欺騙的感覺如此不愉快，所以大多數人都會努力避免被騙。然而，在某些情況下，人們對可能發生的不誠實視而不見。

鴕鳥心態

有時我們未能察覺欺騙，是因為我們想避免面對真相。把頭埋在沙子裡似乎比處理現實更容易。謊言有時之所以沒有被注意到，是因為人們避免知道真相。迴避真相被稱為鴕鳥心態（ostrich effect）（Vrij, 2008）。當謊言聽起來更令人愉快、真相看似恐怖，或者得知真相可能需要人們採取困難的行動時，對真相採取無知態度可能更受青睞。一位名叫安吉拉的女性在網上論壇上解釋了為什麼選擇逃避真相是更好的選擇，她寫道：

> 真相可能是痛苦的，並且在情感上難以接受。對我來說，接受某些真相是一種極其糟糕的經歷，就像進入了地獄的一角。這就是為什麼我傾向於沉浸在否認中，只為了不讓自己失去理智，陷入極度的抑鬱。

我們許多人可能擁有比苦澀的真相更受青睞的信念或幻覺。人們經常更喜歡聽到來自他人的幽默話語和褒揚讚美，即使那些好話並非完全準確。我們樂意接受善意的謊言，因為它們撫慰我們的自尊，減輕我們的焦慮，或讓我們懷有希望。能言善道的說謊者僅僅靠著說我們想聽的話就能欺騙我們。如果我們喜愛他們所說的話更甚殘酷的真相，我們可能會對謊言視而不見。

「你承受不了真相！」，這是電影《軍官與魔鬼》（*A Few Good Men*）（Reiner et al., 1992）中的一句著名的台詞，它呈現了我們可能更喜歡假象而非真相的另一個原因。有時我們可能因為未準備好處理後果而害怕發現真相。知道真相可能需要結束一段關係、進行一次不舒服的對峙、報警、參與刑事調查，甚至承認我們被愚弄了。心照不宣接受謊言可以幫助人們避免衝突。

如果有人再次說他們因為工作承諾或感到不適而無法赴約吃晚餐，我們可能選擇相信這個說法；如果我們堅持尋求真相，我們會冒著風險發現逃避晚餐的客人只是不喜歡或不尊重我們。或許如果人們害怕盒子裡可能的內容物，就不應該去打開它。親密關係的研究顯示，人們通常更傾向選擇善意的謊言而非衝突（Cargill & Curtis, 2017; Curtis & Hart, 2020a; Peterson, 1996）。當人們為了避免真相而把頭埋在沙子裡時，大騙子就能輕易地逃脫其欺騙行為。降低被騙可能性的一個明顯方法就是追求真相而不是逃避真相。

輕信

在二〇〇〇年一月，一系列令人恐懼的電子郵件開始傳播（Robson, 2016）。這些電子郵件據稱是由研究人員發送的，聲稱一種曾經消滅哥斯大黎加猴子族群的噬肉菌現在對人類構成威脅。該菌已經發生了變異，現在可以在香蕉上生長。食用這些香蕉的人可能會感染一種疾病，這種疾病會以每小時一英寸的速度消耗他們的肉體，導致他們的皮膚從骨頭上剝落。可能的後果是導致截肢或死亡。美國政府知道這個迫在眉睫的威脅，並預估將有成千上萬的人被感染，但為了防止全國性恐慌而隱瞞了這個資訊。這些電子郵件呼籲人們警告任何願意相信的人。

這些電子郵件是一場惡作劇，但有太多人上當，因此美國疾病管制中心（U.S. Centers for Disease Control，CDC）不得不發表聲明，譴責這些惡作劇郵件。不過這並不足夠，擔憂的公民持續增加，因此CDC還設立了一個熱線，讓人們可以打電話詢問與香蕉相關的問題。多年來，仍有許多容易受騙的人相信這個香蕉惡作劇。

人們容易上當。大騙子、騙徒和詐騙犯都依賴於這一點。他們之所以成功，是因為有無窮無盡的人盲目地把他們的謊言當真。人們仍願意匯數千萬美元給承諾會大方回報的「奈及利亞王子」。但為什麼人們這麼容易上當受騙呢？輕信是一種即使證據顯示不應該相信某些主張，仍然接受該主張為真的傾向。兩個廣泛的心理特徵似乎使一些人更容易相信謊言：容易被說服和對不可信任的線索不敏感（Teunisse et al., 2020）。

容易被說服的人往往會因為他人的社交操縱，被說服去做一些不符合自身利益的事情。

具有容易被說服的能力本身並非壞事，畢竟一般人喜歡被說服去採取正確的行動、與合適的人約會或進行最明智的投資。然而，有些人卻太容易被說服，使他們的可塑性成為一種負擔。非常容易被說服的人無法抵抗一個油腔滑調的業務員所散發的魅力，他們發現自己被說服購買自己負擔不起的產品，或者被說服透露極其私人的資訊。容易被說服的人無法抵抗他人的壓力和操縱，他們容易受人影響。

易於輕信的人的另一個特點是，他們對於他人不可信的跡象不敏感。每當我們注意到某人看起來狡猾、令人毛骨悚然或狡詐時，我們就會認定他們可能是不值得信任的人。我們注意到細微的線索，如奇怪的舉止、過分侵入性的風格，或者一個說不通的背景故事。在其他情況下，我們察覺到一組可能刺激某人利用我們的動機。這些細微的提示讓我們知道我們應該小心。然而，有些人似乎對這些不祥的跡象毫無察覺。一些網戀騙局的受害者的故事會讓大多數人有些懷疑。舉例來說，一位女士在一個匿名網上論壇上稱，她持續與一位據說因為天生沒有聲帶，而無法通電話的男子網戀。論壇上的另一位男士則表示，他相信歌手凱蒂・佩芮（Katy Perry）正在與他談戀愛。還有一個男人相信他正在與美國妙齡小姐（Miss Teen USA）約會。這些情況並非不可能發生，只是普通人會懷疑並搜集更多證據。

最容易上當受騙的人既容易被說服，又對不可信任的跡象不敏感。當大騙子欺騙他們時，他們毫無疑問地接受了謊言，而較不容易上當受騙的人則不會如此。但是易於輕信的人並不比我們其他人容易更信任他人。事實上，似乎正好相反：相對於一般人，容易信任他人的人反而不那麼容易受騙（Yamagishi, 2001）。信任僅僅是相信另一個人會做預期中的事情，信任他人的人願意依賴別人，但重要的是，他們也很容易察覺到人們是不可信任的。而易於輕信的人似乎在社交智商（social intelligence）上有所欠缺，即理解和明智地處理人際社交互動的能力，包括理解他人的動機、看待他人的觀點，以及讀懂他人的情感。注意並避免大騙子似乎取決於社交智商（Yamagishi, 2001）。

如何避免受騙

除了完全避開其他人之外，沒有萬無一失的方法可以避免被騙。即使是非常聰明和保持警覺的人也會被大騙子欺騙。我們能做的最大努力就是試圖將被騙的機會減到最低。要理解如何避免被謊言愚弄，探究人們如何開始相信某事為真，便非常具有教育意義。人們使用五個標準來確定一個陳述的真實性（Schwarz et al., 2016），首先，在聽到一個主張時，人們會評估它是否與他們已經相信的事情一致。想像一下，你把車拿去換機油，但修理人員告訴你需要新輪胎。你相信他們說的是真的，還是認為他們在說謊，只是為了賺快錢？如果你注意到你的車在下雨時在路上打滑，有時在十字路口急劇停車，或自從你上次購買輪胎已經過了數年，而且今年你遇過兩次爆胎，那麼你較可能相信他們。需要新輪胎與這些資訊每一項都是一致的。另一方面，如果你去年才購買新輪胎，而且你的車開起來一切正常，那麼你可能會對修理人員的主張表示懷疑。跟你已經相信的事情相符的資訊更會被認為可能為真。如果你想避免被大騙子欺騙，那麼可以試著考量他們的主張與你已經知道的真相如何一致，或者不一致。

主張的來源也很重要，決定了我們是否相信它是真的。比起中古車業務員，我們通常更相信醫生的主張。有些人就是比其他人更值得信任。你可能能想到你生活中那些只說實話的人，也可能想到那些不注重真相的人。我們相信那些可靠又誠實的人。應該要對來源加以思考。大騙子通常不會有誠實的聲譽。

如果我們可以看到其他人相信那些資訊，我們也會傾向接受該資訊為真。如果有人告訴你中情局與醫生密謀，在每個美國人體內植入追蹤裝置，你可能不會相信，其中一個原因是，你很難找到相信這種主張的人。人們的信仰並不完全視民意而定，但是當我們沒有令人信服的證據來評估一個主張是真是假時，我們經常依賴群體的智慧。如果其他人認為某人可能在說謊，你也應該考量這一點。

證據也很重要。避免被欺騙的最簡單方法之一是證實所提出的主張。明目張膽的謊言往往與事實相矛盾。舉例來說，在二〇二二年，喬治・桑托斯（George Santos）當選為美國眾議院議員；桑托斯聲稱自己擁有兩個大學學位（Fandos, 2023），說自己曾在一些頗具聲望的華爾街銀行工作，聲稱自己是猶太人，還說他的母親在九一一恐怖攻擊中喪生。但他所有的這些說法，以及其他更多的說法都是謊言。簡單的事實核對（例如學校記錄、在職證明）暴露了他的不誠實。事實核對能讓大騙子難以藏身。有些人設置手機的追蹤功能，讓他們的配偶一直能知道他們身在何處。如果一個人說他們要去商店，他們的說法會被相信，因為有明確的證據顯示目的地。當我們缺乏對一件事證據時，我們對其真實性就不那麼確定。在高風險情況下，如銀行交易和購車，人們會要求證明，以免被大騙子欺騙。尋找證據，你就不太可能被騙。

最後，當說法連貫時，我們就會相信。當一個主張的所有部分都搭得起來，順暢地形成一個有凝聚力的敘述時，我們就會覺得可信。當一個主張的元素看起來搭不上、令人困惑或無法連貫時，我們傾向於保持懷疑。在許多騙局中，總會有一個時刻，騙子會要求他們的目標做一些奇怪的事情，例如在電話騙局中，一個假冒警察的人可能會告訴他們的目標，他們可以購買儲值卡並以電話提供儲值卡號碼，來避免因未付罰款而被逮捕。這個奇怪的細節，也就是用儲值卡支付罰款，是讓許多目標看穿謊言的線索。一個主張愈是流暢和典型，我們就愈可能相信。不過這裡有兩點很重要。首先，說法的流暢性並非誠實的證明。試著關注被提出的具體主張，而非該主張光鮮的表達方式。一些能言善道的人不費吹灰之力就能編織謊言。其次，如果一個說法對不上，說者可能就在說謊。當我們開始追根究柢並對不合理的部分提出更多問題時，謊言通常會開始崩潰。如果說法的一部分聽起來有點不對勁，請仔細觀察這個主張。只要我們一開始探究表面，謊言通常就開始瓦解。

信念的自動性

我們整天被資訊轟炸，而我們的注意力有限，因此我們必須挑選我們仔細審查的資訊，或者我們被動接受的資訊。人們以兩種方式之一來處理新資訊（Petty & Cacioppo, 1986）。資訊處理的中央路徑（central route）包括對所呈現資訊的優點和證據進行深思熟慮和仔細考量。如果你在仔細決定購買哪一台電視，你可能會仔細研讀功能列表，仔細考慮你的需求，聽取店家的意見，然後最終在決定購買哪台電視時進行全面評估。其他時候，我們沒有足夠的能力進行這樣認真的考慮。在這些情況下，我們通過週邊路徑（peripheral route）處理資訊，做出快速判斷。這些判斷是根據與資訊的邏輯品質或優點無關的細節。這時候我們是根據心理捷徑（mental shortcuts）來評估資訊，例如資訊傳遞者的受歡迎程度或吸引力、我們理解資訊的容易程度，以及資訊在我們直覺中的感覺程度。大騙子利用我們的自動處理對我們不利，他們依賴於我們不能仔細評估每一個陳述的事實。當我們透過週邊路徑處理資訊，被動地接受我們所聽到的任何事物時，他們就成功了。

為了避免被欺騙，你須要使用中央路徑，即使這耗費許多心力。這種專注和仔細考量是我們只能節制使用的資源——你需要知道何時對可能的謊言保持警戒，何時忽略這種擔憂。在特定情況下，真相的重要性有多大？如果它至關重要，那麼你應該將你的心理資源用於分析陳述、檢查證據，並仔細決定你所聽到的是否為真。本質上，你需要合理分配在你的認知中謊言偵測器的資源。中央路徑處理會受到分心、疲勞、注意力分散和時間壓力的影響。大騙子會以迅速向你投擲資訊，將虛假資訊藏在一堆真實資訊中的方式來破壞你的中央路徑思維。在資訊的猛烈攻擊下，人們經常感到不知所措或筋疲力盡。

為了避免被欺騙，你必須慢下來並仔細考量呈現出來的資訊。輕信的人傾向於輕率且不加思考地對他們接收到的資訊做出決定。如果你放慢速度並仔細考量所說的內容，你就能阻止自己被大騙子欺騙。問問自己，你有多少實際資訊證明這個主張是真的。你可能會意識到，你根本沒有任何個人知識來確定一個陳述的準確與否。在這些情況下，再深入挖掘一點可能是明智的。當真相至關重要時，放下其他佔據你注意力的事物，集中精力。

懷疑論

採取一種更加懷疑的態度是避免被欺騙的一種方式。懷疑論只是在我們尚未看到其準確性的證據時質疑某個主張的有效性。當我們持懷疑態度時，我們保持開放的心態，考慮多種假設。我們可能會想：「這個人可能在告訴我真相，但他們也有可能在說謊。」在第七章中，我們討論了預設為真偏誤（T. R. Levine, 2014）。作為一種預設心理，大多數人會假設溝通是誠實的。但與其被動接受資訊，不如試著培養一種態度，在證據顯示一個主張是真或假之前，對該主張的真實性保持開放的心態。如果我們對人們所說的話保持懷疑，我們可能會開始注意到前後矛盾和其他他們在說謊的線索。如果我們不懷疑，我們就容易相信他們告訴我們的任何謊言。

保持懷疑是一種微妙的平衡行為。信任在幾乎所有社交都是必需的，儘管一定程度的警覺心可以幫助我們免於被欺騙。然而，過度的懷疑也可能有其代價（Cialdini, 2001; Vohs et al., 2007），如果我們過度不信任人，我們會冒著在社會上自我孤立、錯失機會和損害關係的風險。舉例來說，在一項研究中，研究人員將購買新車時抱持不信任和懷疑的顧客，與更信任的對照組進行了比較（Zettelmeyer et al., 2006）。結果警覺心最重的人被汽車經銷商佔了便宜，做了最不划算的交易，平均支付更高的價格——大約在購買新車的三萬美元中多付了一千八百美元。這可能是因為懷疑過度的顧客破壞了與經銷商的關係，使經銷商對顧客可能抱持的任何責任感消失無蹤。

陌生的領域

承認我們自身的侷限，是避免被欺騙的另一種方式。身為心理學家的我們（作者們）在這一領域擁有相當多的知識和專業。然而，我們兩人都不擅長金融領域，因此在這一領域更容易受騙。如果有人向我們提出一個與投資加密貨幣事業有關的新投資機會，我們的天真會讓我們極易受騙。輕信的人未能將自己的無知視為風險因素，有警覺心的人則對自己專業知識的限制持謹慎態度。在你無知的領域中，靠著自己來判斷孰真孰假，是愚蠢的；依靠沒有欺騙動機的可信賴第三方則是明智的。如果有人向你推銷一個很棒的投資機會，請先諮詢在該領域有專業知識的朋友。如果一個汽車業務告訴你所有汽車買賣都必須加購昂貴的附加產品，請上消費者權益網站證實該主張。顧及你對專業所知的有限，可免於受騙。

保持冷靜

情感驅動我們的行為，但它也可能導致我們衝動、不理性和輕信。當冷靜的理智缺席，由我們的激情支配時，我們更容易受騙。對迷人追求者的渴望和興奮可能導致不明智的決定。強烈的貪婪和渴望可以驅使人們放棄他們平常的謹慎和冷靜。恐懼可以使人衝動地採取魯莽行動。如果沒有理智的平衡，即使是對他人的同情和關心也可能導致某人做出愚蠢的事情。激發情緒的情況會使理智的力量脫鉤，讓人容易受騙。

還有一種減少輕信的策略，就是識別出你的情緒何時佔了上風。大騙子操縱人們的方式是利用人們的情緒對付他們，例如騙子經常利用貪婪、恐懼、慾望和同情來欺騙他們的目標。他們的受騙者有時過度沉溺在情緒中，導致他們沒注意到欺騙的跡象而上當受騙。如果你能暫時從激烈的情緒中退後一步，你可能會更清楚看到有人正試圖欺騙你的危險訊號。冷靜地檢視那個激怒你的人，可能會讓你看到他們試圖隱藏的東西。幫助我們更能抵抗受騙的一個有效工具是了解自己。如果我們對自己的弱點和脆弱有所認識，如果我們能注意到什麼觸發了我們的情緒，我們就更能注意到大騙子正試圖操縱我們。

不一致的動機

在本書中討論為什麼人們會說謊時，我們討論了動機和激勵。人們不會隨便說謊，他們在有誘因或理由時才會說謊。避免被欺騙的最有效方法之一是知道何時人們可能會對你說謊。理解人們何時可能試圖欺騙你的最佳方式是，辨識出他們的動機和激勵與你的不同。在談判購買汽車時，買家和賣家有一個共同的動機——他們都希望買賣順利進行。然而，他們也可能有不一致的激勵或動機：買家希望銷售價格盡可能低以節省金錢，而賣家希望價格盡可能高以賺取佣金。在這種情況下，對動機的了解可以幫助你知道何時要提防欺騙。有警覺心的人可藉由注意到個人的動機或激勵不一致時避免被欺騙。

我們應該根據具體情況調整我們的警覺心。在另一個人有強烈動機說謊且容易欺騙我們的情況下，我們應該保持懷疑態度。如果你把車拿去做一個非常小且價格不高的維修，比如更換燈泡，而修車人員吹噓他們的工作中只使用最高品質的零件，那麼懷疑他們的主張就沒有多大意義。畢竟，修車人員沒有強烈的說謊動機，便宜燈泡和昂貴燈泡之間的價差只有幾美元。他們為什麼要說謊？即使他們在說謊，他們陳述中的不實部分對你也不會造成嚴重的財務影響。但如果你把車拿去進行花費數千美元的大型引擎和變速箱翻修，一個不老實的修車人員就有更多的說謊動機。

同樣地，對於難以輕易證實的主張，你應該保持高度警戒。當兩個人之間存在大量資訊不對等時，說謊的可能性要比沒有這種不對等時更大。如果你的雇主告訴你，你的薪水與做同樣工作的同事一樣多，假使公司嚴格保密薪水記錄，那麼對此持懷疑態度是合理的。另一方面，如果這些資訊可以在公開可用的記錄中輕易驗證，雇主的主張就更有可能是真的。

知道如何變得不那麼輕信他人，和實際上變得不那麼輕信他人並非同一件事。如果你想避免被欺騙的話，成為一個精明且有洞察力的人是一種必須練習的技能。要準備好拒絕大騙子，你必須採取一種一貫的態度，保持適度的警覺。即使對於那些似乎最能識破他們的人，大騙子也可能相當有說服力。問問史蒂芬·葛林斯潘博士（Dr. Stephen Greenspan）就知道了。正當他快要完成新書《上當受騙紀事錄》（*Annals of Gullibility: Why We Get Duped and How to Avoid It*）（Greenspan, 2008）時，葛林斯潘博士在一場金融騙局中損失了數十萬美元（參見 Griffin, 2009）。

找出真相

如果你保持警覺，並注意腦海中那個懷疑的聲音，你可能會對人們所說的話產生一些疑問。避免被大騙子欺騙的一個有效方法是注意這些直覺並跟進。研究警察偵訊和訪談的研究人員，對如何探尋真相有一些建議（Vrij, 2008）。一種策略是讓潛在的說謊者說話，一個人說的話愈多，他們提供的資訊就愈多。他們提供的每一點資訊都或許能查證或與現有證據比對。如果有人聲稱他經營的生意很成功，而你很懷疑、覺得好奇並參與對話。那麼請問一堆問題，讓他們講話。如果有人在說謊並透露了足夠的資訊，他們可能會說出一些可以證明真假的事。

另一種技巧是讓人們重複他們的話。如果在工作上的某個人聲稱他對一個重大項目有所貢獻，那麼等一週後讓他們重新敘述他們的事件版本。大騙子在兩次敘述之間經常改變細節。如果你注意到了這些不一致，就能揭穿出他們的不誠實。

另一種有效的技巧是證據的策略性使用（Vrij, 2008）。如果你懷疑某人在某事上說謊，你就不動聲色，不要讓他們知道你擁有什麼資訊。想像一下你舉辦了一個派對，派對結束後，你注意到你的書房裡遺失了一枚昂貴的戒指。然後你寄給所有賓客一則關於遺失戒指的訊息，但所有人都否認看到過，那麼可能有人在說謊。如果在派對期間你注意到一位賓客從你的書房出來，而且你不記得看到其他人在那裡——你會怎樣向那位賓客問戒指的事情？如果他們拿了戒指，而你立刻讓他們知道你看到他們從書房出來，他們很可能會編造一個為何在那裡的藉口。也許他們會說：「哦，我在找洗手間，走錯了。抱歉！」要策略性地使用證據，不要透露你看到那位賓客在書房。你反而要問那位賓客是否看到過有人進書房，或者他們自己是否曾進過書房。如果那位賓客是小偷，那他們很可能會想要與任何暗示他們有罪的資訊保持距離，所以他們很可能會否認曾在書房。另一方面，如果那位賓客不是小偷，他們可能會承認曾進過書房。如果那位客人對是否進書房說謊，那麼你可以隨後透露你看到他們在那裡，他們會意識到自己說謊被抓到。策略性地使用資訊是揭穿大騙子和避免成為受騙者的一個非常有效的技巧。

讓別人對你誠實

無論是在我們的戀愛關係、我們的友誼，還是在工作，如果我們能夠依賴他人的誠實，生活會變得更加輕鬆。如果我們能夠要求每個人對我們誠實，而他們也遵守，那就很好。但遺憾的是，人們並不是那麼順從。然而，我們可以透過小方法在我們周遭培養誠實風氣。

心理學家迪波洛是研究欺騙領域的頂級研究者之一。在她數十年關於說謊的研究中，她探討了導致人們難以誠實的狀況（DePaulo, 2009, 2017）。她的發現之一是，人們會在自己的生活中創造社交動態，導致其他人對他們說謊。也就是說，我們自己的行為，在某種程度上，邀請或鼓勵人們對我們說謊。那麼，我們做了什麼來為說謊鋪路，我們又該如何改變呢？首先，迪波洛發現，如果我們高度重視人們，他們就會對我們說謊。當我們崇拜某人，讓他們知道我們是多麼地欣賞他們，他們在達到這些讚美上會感受到意外的壓力。當我們讓人們知道我們認為他們最優秀時，他們會感受到成為最優秀的壓力。想像一下，如果你每天告訴你的伴侶，他們是世界上最聰明的人，還說他們可以做到任何事情。如果他們在最大的努力下因表現不佳而失去工作，那會發生什麼事呢？他們當然不想讓你失望，失去你的寵愛。所以，他們可能會向你說謊，說他們是因為景氣不好而被裁掉的。說謊可能看起來是唯一不讓你失望的方法。我們應該做什麼來創造一個更有利於誠實的關係呢？嗯，首先，我們可以設定合理的期望，並承認所有人，無論多麼聰明和有能力，有時都會達不到要求，這樣沒關係。對他人持合理的觀點有助於維持誠實。

迪波洛（2009, 2017）還發現，有些人設定了過高的道德標準。我們都在某種程度上對良好行為有所期望。我們期望鄰居不會從我們這裡偷東西，我們期望同事不會搶走我們的功勞。當然，我們期望人們表現良好，但也可能將這個標準設得過高。畢竟，所有人都無法臻於完美。許多人可能會描述出一位看似擁有最高道德標準的父母、祖父母或老師。如果我們必須向那個人承認我們的道德缺陷，我們的第一反應可能是隱瞞真相、淡化我們的行為，甚至說謊。擁有高標準通常是件好事，但替他人的行為設定不合理的高標準，就等同於邀請人們對你掩飾真相。

若你知道最有可能對你說謊的人，是那些真的非常喜歡你的人，可能會讓你大感吃驚。

當人們對某人懷有很大的喜愛和欽佩時，他們經常希望對方也對他們有類似的感覺。喜歡你的人可能太想要給你深刻的印象，所以他們會利用誇大其辭與其他形式的不誠實達到目的。

迪波洛（2009, 2017）還發現，如果你擁有支配人們的權力，他們可能會對你說謊。如果你可以控制某人的命運，他們可能擔心一個不堪的真相會導致你解雇他們、將他們趕出家門、沒收他們的車，或者導致其他不愉快的事情發生。這種恐懼可能導致他們說謊。對霸道的老板來說，發現自己身邊圍繞著認為和諧大於誠實的人，是很常見的。如果你擁有權力，尤其是如果你強硬地行使這種權力，人們將難以對你誠實。

不僅是有權勢的人會誘使他人不誠實。如果你是一個可怕的人，人們可能會對你說謊。如果你往往展現出爆炸性的怒火，人們可能會盡一切可能避免你發怒，包括說謊。在虐待關係中，說謊極為普遍，如果壞消息可能導致持續一小時的激烈怒氣，甚至可能演變成肢體暴力，那用一個小謊言維持和平就容易得多。如果你是那種容易拋出侮辱、威脅或甩耳光的人，你可能不會從人們那裡獲得真相。

迪波洛（2009, 2017）還指出，如果人們在情感上似乎很脆弱，其他人可能無法自在地對他們誠實。如果一個痛苦的真相會讓你崩潰到哭成一團，人們可能會決定避開災難性的真相，說個小謊讓你的心情保持愉快。

有些人向他人表明，某些真相最好祕而不宣，進而招致了不誠實行為。有些人生活在充滿問題卻視而不見的家庭中。父母不敢提及女兒顯然有毒品問題；丈夫從不詢問為什麼他的妻子每晚遲歸，還總是在另一個房間裡小聲地講電話。有些人明顯表現出他們寧願不面對真相。因此，人們用暗號說話。比如「雪莉今天又不舒服了」，或者「蘇珊又在加班吧。」如果我們明確表示我們不想以誠實面對現實，我們又怎能期望其他人自己提出真相呢？

我們並非在暗示任何人應該被欺騙。我們每個人都值得知道真相。然而，我們可以做很多事情來讓人們更容易對我們誠實。由於人們經常在誠實變得棘手時說謊，如果我們能使人們覺得誠實不那麼棘手，我們就更有可能進行開誠布公的對話。對人們給出接納、理解和穩定，我們能讓他們更容易說出真相。本質上，如果人們能信任我們，他們就會對我們誠實。

結語

大多數人接受偶爾的謊言當作生活的一部分。研究指出，在典型的一週中，百分之九十五的人至少說了一次謊；有些人說的謊言則更多。相比之下，大騙子將欺騙當成他們在社交世界中主要的導航工具。在他們的親密關係和職業中，大騙子扭曲真相以滿足自己的需要，往往留下混亂、破碎和災難的後果。

在這本書中，我們提供了對那些說謊最多的人的洞見。我們強調了謊言的兒童發展過程，以及似乎助長不誠實行為的人格特質和環境背景。我們介紹了驅動大騙子的潛在動機，以及與大量說謊相關的心理歷程。我們還分享了許多現實生活中大騙子的例子，他們公然的不誠實行為，讓那些掉入他們重力場的人們生活一片混亂。我們綜合了當今學術科學期刊或密集的學術書籍中可用的大量科學證據，並將其與真實生活中的故事相結合，提供了一個關於大騙子及其對社會整體負面影響的描述。最後，我們希望以避免被大騙子欺騙的小祕訣，以及一些如何鼓勵他人更誠實的建議，為讀者提供希望。我們希望這些資訊能幫助讀者認識、理解並有效應付他們在自己生活中所遇到的大騙子。

參考資料

Abbott, K. (2012, June 27). The high priestess of fraudulent finance. *Smithsonian Magazine*. https://www.smithsonianmag.com/history/the-high-priestess-of-fraudulent-finance-45/

Ahern, F. M., Johnson, R. C., Wilson, J. R., McClearn, G. E., & Vandenberg, S. G. (1982). Family resemblances in personality. *Behavior Genetics, 12*(3), 261-280. https://doi.org/10.1007/BF01067847

Ainsworth, M. S., & Bowlby, J. (1991). An ethological approach to personality development. *American Psychologist, 46*(4), 333-341. https://doi.org/10.1037/0003-066X.46.4.333

Al Jazeera. (2020, August 4). US: *Accused Twitter hacker teenager pleads not guilty*. https://www.aljazeera.com/news/2020/8/4/us-accused-twitterhacker-teenager-pleads-not-guilty

Alloway, T. P., McCallum, F., Alloway, R. G., & Hoicka, E. (2015). Liar, liar, working memory on fire: Investigating the role of working memory in childhood verbal deception. *Journal of Experimental Child Psychology*, 137, 30-38. https://doi.org/10.1016/j.jecp.2015.03.013

Alterman, E. (2020). Lying in state: *Why presidents lie—and why Trump is worse*. Basic Books.

American Bar Association. (2018, December). When is it okay for a lawyer to lie? *Around the ABA*. https://www.americanbar.org/news/abanews/publications/youraba/2018/december-2018/when-is-it-okay-for-alawyer-to-lie---/

American Bar Association. (2019, April 17). *Model rules of professional conduct, Rule 4.1: Truthfulness in statements to others*. https://www.americanbar.org/groups/professional_responsibility/publications/model_rules_of_professional_conduct/rule_4_1_truthfulness_in_statements_to_others/

American Press Institute. (2017, March 20). *'Who shared it?': How Americans decide what news to trust on social media.*

https://www.americanpressinstitute.org/publications/reports/survey-research/trustsocial-media/

American Psychiatric Association. (2013). *Diagnostic and statistical manual of mental disorders* (5th ed.). https://doi.org/10.1176/appi.books. 9780890425596

Anderson, N. H. (1968). Likableness ratings of 555 personality-trait words. *Journal of Personality and Social Psychology*, *9*(3), 272-279. https://doi.org/10.1037/h0025907

Anthony, C. I., & Cowley, E. (2012). The labor of lies: How lying for material rewards polarizes consumers' outcome satisfaction. *The Journal of Consumer Research*, *39*(3), 478-492. https://doi.org/10.1086/663824

Antosca, N., Dean, M. Rizzio, B., & Shephard, G. (Executive Producers). (2019). *The act* [TV series]. Eat The Cat; Hulu.

Apicella, C. L. (2018). High levels of rule-bending in a minimally religious and largely egalitarian forager population. *Religion, Brain & Behavior*, 8(2), 133-148. https://doi.org/10.1080/2153599X.2016.1267034

Appelbaum, B., Hilzenrath, D. S., & Paley, A. R. (2008, December 13). All just one big lie. *The Washington Post*. https://www.washingtonpost.com/wp-dyn/content/article/2008/12/12/AR2008121203970.html

Argo, J. J., & Shiv, B. (2012). Are white lies as innocuous as we think? *The Journal of Consumer Research*, *38*(6), 1093-1102. https://doi.org/10.1086/661640

Ariely, D. (2012). *The honest truth about dishonesty: How we lie to everyone—especially ourselves*. Harper-Collins.

Ariely, D. (2021, August 16). *Response*. Data Colada. http://datacolada.org/storage_strong/DanBlogComment_Aug_16_2021_final.pdf

Aronson, E., Akert, R. M., & Wilson, T. M. (2007). *Social psychology* (6th ed.). Pearson Prentice-Hall.

Asher, R. (1951). Munchausen's syndrome. *The Lancet*, *257*(6650), 339-341. https://doi.org/10.1016/S0140-6736(51)92313-6

Ashton, M. C., & Lee, K. (2007). Empirical, theoretical, and practical advantages of the HEXACO model of personality structure. *Personality and Social Psychology Review*, *11*(2), 150-166. https://doi.org/10.1177/1088868306294907

Ashton, M. C., & Lee, K. (2009). The HEXACO-60: A short measure of the major dimensions of personality. *Journal of Personality Assessment*, *91*(4), 340-345. https://doi.org/10.1080/00223890902935878

Babiak, P. (1995). When psychopaths go to work: A case study of an industrial psychopath. *Applied Psychology*, *44*(2), 171-

188. https://doi.org/10.1111/j.1464-0597.1995.tb01073.x

Baddeley, A. D. (1990). *Human memory: Theory and practice*. Allyn & Bacon.

Baker, A., Black, P. J., & Porter, S. (2016). The truth is written all over your face! Involuntary aspects of emotional facial expressions. In C. Abell & J. Smith (Eds.), *The expression of emotion: Philosophical, psychological and legal perspectives* (pp. 219-244). Cambridge University Press. https://doi.org/10.1017/CBO9781316275672.011

Bandura, A., Ross, D., & Ross, S. A. (1961). Transmission of aggression through imitation of aggressive models. *Journal of Abnormal and Social Psychology, 63*(3), 575-582. https://doi.org/10.1037/h0045925

Barber, M. (2011, March 22). Fake veteran gets 5-month sentence. *Seattle PI*. https://www.seattlepi.com/local/article/Fake-veteran-gets-5-monthsentence-1250322.php

Barnes, C. M., Schaubroeck, J., Huth, M., & Ghumman, S. (2011). Lack of sleep and unethical conduct. *Organizational Behavior and Human Decision Processes, 115*(2), 169-180. https://doi.org/10.1016/j.obhdp.2011.01.009

Barnes, J. A. (1994). *A pack of lies: Towards a sociology of lying*. Cambridge University Press. https://doi.org/10.1017/CBO9780511520983

Baumeister, R. F., & Leary, M. R. (1995). The need to belong: Desire for interpersonal attachments as a fundamental human motivation. *Psychological Bulletin, 117*(3), 497-529. https://doi.org/10.1037/0033-2909.117.3.497

BBC. (2020). *World's Biggest Liar championship*. https://www.bbc.com/storyworks/a-year-of-great-events/worlds-biggest-liar-championship

Ben-Shakhar, G., Bar-Hillel, M., & Kremnitzer, M. (2002). Trial by polygraph: Reconsidering the use of the guilty knowledge technique in court. *Law and Human Behavior, 26*(5), 527-541. https://doi.org/10.1023/A:1020204005730

Berman, T., Karrh, A., Rosario, M. V., Robinson, K., & Effron, L. (2021, September 30). *'Fake heiress' Anna Sorokin: 'I'm not this dumb, greedy person.'* ABC News. https://abcnews.go.com/US/fake-heiressanna-sorokin-im-dumb-greedy-person/story?id=80278091

Binelli, M. (2015, March 26). Inside America' s toughest federal prison. *The New York Times Magazine*. https://www.nytimes.com/2015/03/29/magazine/inside-americas-toughest-federal-prison.html

Birch, C., Kelln, B. C., & Aquino, E. B. (2006). A review and case report of pseudologia fantastica. *Journal of Forensic*

Psychiatry & Psychology, 17(2), 299-320. https://doi.org/10.1080/14789940500485128

Bleske-Rechek, A. L., & Buss, D. M. (2001). Opposite-sex friendship: Sex differences and similarities in initiation, selection, and dissolution. *Personality and Social Psychology Bulletin, 27*(10), 1310-1323. https://doi.org/10.1177/01461672012710007

Bogaard, G., Verschuere, B., & Meijer, E. (2021). Centre for Policing and Security: Stop offering pseudoscience. *Panopticon, 42*(4), 359-361. https://doi.org/10.13140/RG.2.2.14479.71841

Bok, S. (1978). *Lying: Moral choice in public and private life*. Vintage Books.

Bok, S. (1999). *Lying: Moral choice in public and private life* (2nd ed.). Pantheon Books.

Bond, C. F., Jr., & DePaulo, B. M. (2006). Accuracy of deception judgments. *Personality and Social Psychology Review, 10*(3), 214-234. https://doi.org/10.1207/s15327957pspr1003_2

Bond, C. F., Jr., & DePaulo, B. M. (2008). Individual differences in judging deception: Accuracy and bias. *Psychological Bulletin, 134*(4), 477-492. https://doi.org/10.1037/0033-2909.134.4.477

Bond, C. F., Jr., & Fahey, W. E. (1987). False suspicion and the misperception of deceit. *British Journal of Social Psychology, 26*(1), 41-46. https://doi.org/10.1111/j.2044-8309.1987.tb00759.x

Bond, C. F., Jr., Howard, A. R., Hutchison, J. L., & Masip, J. (2013). Overlooking the obvious: Incentives to lie. *Basic and Applied Social Psychology, 35*(2), 212-221. https://doi.org/10.1080/01973533.2013.764302

Bond, C. F., Jr., Omar, A., Pitre, U., Lashley, B. R., Skaggs, L. M., & Kirk, C. T. (1992). Fishy-looking liars: Deception judgment from expectancy violation. *Journal of Personality and Social Psychology, 63*(6), 969-977. https://doi.org/10.1037/0022-3514.63.6.969

Boon, S. D., & McLeod, B. A. (2001). Deception in romantic relationships: Subjective estimates of success at deceiving and attitudes toward deception. *Journal of Social and Personal Relationships, 18*(4), 463-476. https://doi.org/10.1177/0265407501184002

Brenan, M. (2020a, June 18). *Americans' views of Trump's character firmly established*. Gallup. https://news.gallup.com/poll/312737/americansviews-trump-character-firmly-established.aspx

Brenan, M. (2020b). *Amid pandemic, confidence in key U.S. institutions surges*. Gallup. https://news.gallup.com/poll/317135/

amid-pandemicconfidence-key-institutions-surges.aspx

Brigham, J. C., Bloom, L. M., Gunn, S. P., & Torok, T. (1974). Attitude measurement via the bogus pipeline: A dry well? *Representative Research in Social Psychology, 5*(2), 97-114.

Britt-Arredondo, C. B. (2007). Torture, tongues, and treason. *South Central Review, 24*(1), 56-72. https://doi.org/10.1353/scr.2007.0000

Britzky, H. (2021, July 6). *The Army is investigating a married officer accused of faking deployments and awards amid affairs with several women.* Task & Purpose. https://taskandpurpose.com/news/army-officer-affairswomen/

Broadwater, L., & Feuer, A. (2022, March 3). Panel suggests Trump knew he lost the election, eyeing criminal case. *The New York Times.* https://www.nytimes.com/2022/03/03/us/politics/trump-jan-6-criminal-case.html

Brooks, G. R. (2011). Treating traditional men: From believer to skeptic (and back again). In J. Kottler & J. Carlson (Eds.), *Duped: Lies and deception in psychotherapy* (pp. 21-25). Routledge/Taylor & Francis Group.

Buckholtz, A. (2004, August 10). Feeling the heat. *The Washington Post.* https://www.washingtonpost.com/archive/lifestyle/wellness/2004/08/10/feeling-the-heat/d06ca572-becb-418e-a91a-f76ca0de9a71/

Buller, D. B., & Burgoon, J. K. (1996). Interpersonal deception theory. *Communication Theory, 6*(3), 203-242. https://doi.org/10.1111/j.1468-2885.1996.tb00127.x

Buss, D. M. (1989). Sex differences in human mate preferences: Evolutionary hypotheses tested in 37 cultures. *Behavioral and Brain Sciences, 12*(1), 1-14. https://doi.org/10.1017/S0140525X00023992

Buss, D. M. (1994a). *The evolution of desire: Strategies of human mating.* Basic Books.

Buss, D. M. (1994b). The strategies of human mating. *American Scientist, 82*, 238-249.

Buss, D. M., & Dedden, L. A. (1990). Derogation of competitors. *Journal of Social and Personal Relationships, 7*(3), 395-422. https://doi.org/10.1177/0265407590073006

Byrne, R. M. J. (2005). *The rational imagination: How people create alternatives to reality.* MIT Press. https://doi.org/10.7551/mitpress/5756.001.0001

Camden, C., Motley, M. T., & Wilson, A. (1984). White lies in interpersonal communication: A taxonomy and preliminary investigation of social motivations. *Western Journal of Speech Communication, 48*(4), 309-325. https://doi.

org/10.1080/10570318409374167

Canavan, A. (2011). The Southern tale-telling tradition in Daniel Wallace's"Big Fish." *Storytelling, Self, Society*, *7*(2), 128-138. www.jstor.org/stable/41949154

Cantarero, K. (2021). *"I'd lie to you, because I love you!" Relationship satisfaction predicts preference for prosocial lying through perceived harm in truth telling*. PsyArXiv. https://doi.org/10.31234/osf.io/gcbta

Cargill, J. R., & Curtis, D. A. (2017). Parental deception: Perceived effects on parent-child relationships. *Journal of Relationships Research*, *8*, Article e1.

Carreyrou, J. (2015, October 16). Hot startup Theranos has struggled with its blood-test technology. *The Wall Street Journal*. https://www.wsj.com/articles/theranos-has-struggled-with-blood-tests-1444881901

Carucci, R. (2019, February 15). 4 ways lying becomes the norm at a company. *Harvard Business Review*. https://hbr.org/2019/02/4-wayslying-becomes-the-norm-at-a-company

Caspi, A., Houts, R. M., Belsky, D. W., Harrington, H., Hogan, S., Ramrakha, S., Poulton, R., & Moffitt, T. E. (2016). Childhood forecasting of a small segment of the population with large economic burden. *Nature Human Behaviour*, *1*, Article 0005. https://doi.org/10.1038/s41562-016-0005

Caspi, A., Moffitt, T. E., Newman, D. L., & Silva, P. A. (1996). Behavioral observations at age 3 years predict adult psychiatric disorders: Longitudinal evidence from a birth cohort. *Archives of General Psychiatry*, *53*(11), 1033-1039. https://doi.org/10.1001/archpsyc.1996.01830110071009

Cavico, F. J., & Mujtaba, B. G. (2020). Defamation by slander and libel in the workplace and recommendations to avoid legal liability. *Public Organization Review*, *20*(1), 79-94. https://doi.org/10.1007/s11115-018-0424-8

Chachere, V. (2003, August 13). One man, two families, one scandal. *The Washington Post*. https://www.washingtonpost.com/archive/lifestyle/2003/08/13/one-man-two-families-one-scandal/a45fa513-1202-4e46-8214-70766eb5b569/

Charroin, L., Fortin, B., & Villeval, M. (2021). *Homophily, peer effects, and dishonesty*. HAL Archives Ouvertes. https://halshs.archives-ouvertes.fr/halshs-03187671

Childs, J. (2013). Personal characteristics and lying: An experimental investigation. *Economics Letters*, *121*(3), 425-427. https://doi.org/10.1016/j.econlet.2013.09.005

Cialdini, R. B. (2001). *Influence: Science and practice* (4th ed.). Allyn & Bacon.

Clark, J. P., & Tifft, L. L. (1966). Polygraph and interview validation of self-reported deviant behavior. *American Sociological Review, 31*(4), 516-523. https://doi.org/10.2307/2090775

Clementson, D. E. (2018). Deceptively dodging questions: A theoretical note on issues of perception and detection. *Discourse & Communication, 12*(5), 478-496. https://doi.org/10.1177/1750481318766923

Cochran, S. D., & Mays, V. M. (1990). Sex, lies, and HIV. *The New England Journal of Medicine, 322*(11), 774-775. https://doi.org/10.1056/NEJM199003153221111

Cohen, M., & Kuang, J. (2018, April 13). *Illinois court panel breaks new ground in condemning police deceptions*. Injustice Watch. https://www.injusticewatch.org/news/2018/illinois-appellate-court-breaksnew-
ground-in-condemning-police-deception/

Cohen, S., & Kramer, P. D. (2014, June 18). *Truth, lies and Lacey Spears*. Lohud. https://www.lohud.com/story/news/investigations/2014/06/17/lacey-spears-past-disturbing-stories/10659539/

Cohen, T. R., Gunia, B. C., Kim-Jun, S. Y., & Murnighan, J. K. (2009). Do groups lie more than individuals? Honesty and deception as a function of strategic self-interest. *Journal of Experimental Social Psychology, 45*(6), 1321-1324. https://doi.org/10.1016/j.jesp.2009.08.007

Cohen, T. R., Panter, A. T., & Turan, N. (2012). Guilt proneness and moral character. *Current Directions in Psychological Science, 21*(5), 355-359. https://doi.org/10.1177/0963721412454874

Cohn, A., Marechal, M. A., Tannenbaum, D., & Zund, C. L. (2019). Civic honesty around the globe. *Science, 365*(6448), 70-73. https://doi.org/10.1126/science.aau8712

Cole, T. (2001). Lying to the one you love: The use of deception in romantic relationships. *Journal of Social and Personal Relationships, 18*(1), 107-129. https://doi.org/10.1177/0265407501181005

Coluccia, A., Pozza, A., Ferretti, F., Carabellese, F., Masti, A., & Gualtieri, G. (2020). Online romance scams: Relational dynamics and psychological characteristics of the victims and scammers. A scoping review. *Clinical Practice and Epidemiology in Mental Health, 16*(1), 24-35. https://doi.org/10.2174/1745017902016010024

Cost, B. (2021, April 23). Con Juan: Man with 35 girlfriends busted for fraud over birthday gifts. *New York Post*. https://

nypost.com/2021/04/23/man-with-35-girlfriends-busted-for-fraud-over-birthday-gifts/

Costa, P. T., Jr., & McCrae, R. R. (1992). *Revised NEO Personality Inventory (NEO-PI-R) and the NEO Five-Factor Inventory (NEO-FFI) professional manual.* Psychological Assessment Resources.

Cox, L. N., Hart, C. L., & Curtis, D. A. (2022, April 10). *Thou shall not give false witness: Does religiosity correlate with lying?* [Paper presentation]. Southwestern Psychological Association Annual Meeting, Baton Rouge, LA, United States.

Craven, J. (2020, December 21). *Our police embrace deceit. Is it any wonder we don't trust them*? Cato at Liberty. https://www.cato.org/blog/ourpolice-embrace-deceit-it-any-wonder-we-dont-trust-them

Cressey, D. R. (1953). *Other people's money: A study in the social psychology of embezzlement.* The Free Press.

Crimesider Staff. (2012, April 11). *Jessica Vega, NY woman accused of faking cancer to get "dream wedding," is charged.* CBS News. https://www.cbsnews.com/news/jessica-vega-ny-woman-accused-of-fakingcancer-to-get-dream-wedding-is-charged/

Curtis, D. A. (2015). Patient deception: Nursing students' beliefs and attitudes. *Nurse Educator, 40*(5), 254-257. https://doi.org/10.1097/NNE.0000000000000157

Curtis, D. A. (2021a). Deception detection and emotion recognition: Investigating F.A.C.E. software. *Psychotherapy Research, 31*(6), 802-816. https://doi.org/10.1080/10503307.2020.1836424

Curtis, D. A. (2021b). You liar! Attributions of lying. *Journal of Language and Social Psychology, 40*(4), 504-523. https://doi.org/10.1177/0261927X21999692

Curtis, D. A., & Dickens, C. (2016, April). *Teach me or lie to me: Effectiveness of a deception workshop* [Poster presentation]. Southwestern Psychological Association 62nd Annual Conference, Dallas, TX, United States.

Curtis, D. A., & Hart, C. L. (2015). Pinocchio's nose in therapy: Therapists' beliefs and attitudes toward client deception. *International Journal for the Advancement of Counseling, 37*(3), 279-292. https://doi.org/10.1007/s10447-015-9243-6

Curtis, D. A., & Hart, C. L. (2020a). Deception in psychotherapy: Frequency, typology, and relationship. *Counselling & Psychotherapy Research, 20*(1), 106-115. https://doi.org/10.1002/capr.12263

Curtis, D. A., & Hart, C. L. (2020b). Pathological lying: Theoretical and empirical support for a diagnostic entity. *Psychiatric Research and Clinical Practice, 2*(2), 62-69. https://doi.org/10.1176/appi.prcp.20190046

Curtis, D. A., & Hart, C. L. (2022). *Pathological lying: Theory, research, and practice*. American Psychological Association. https://doi.org/10.1037/0000305-000

Curtis, D. A., Hart, C. L., Kelley, L. J., Villanueva, Y., Larson-Piske, B., & Walter, P. N. (2021, April). *Revealing a lie: Effects of journaling* [Poster presentation]. Southwestern Psychological Association 66th Annual Conference, San Antonio, TX, United States.

Curtis, D. A., Huang, H.-H., & Nicks, K. L. (2018). Patient deception in health care: Physical therapy education, beliefs, and attitudes. *International Journal of Health Sciences Education, 5*(1). https://dc.etsu.edu/ijhse/vol5/iss1/4

Curtis, D. A., & Kelley, L. J. (2020). Ethics of psychotherapist deception. *Ethics & Behavior, 30*(8), 601-616. https://doi.org/10.1080/10508422.2019.1674654

Daily Mail. (2011, May 10). *Fantasist pastor who lied to congregation about being a SEAL is caught out by real Navy hero*. https://www.dailymail.co.uk/news/article-1385365/Pastor-Jim-Moats-lied-SEALyears-using-details-G-I-Jane.html

Dallas, K. (2018, March 28). *Special report: The astonishing revelation about Republicans and lying*. Deseret News. https://www.deseret.com/2018/3/28/20642345/special-report-the-astonishing-revelationabout-republicans-and-lying

Darwin, C. (1877). A biographical sketch of an infant. *Mind, 2*(7), 285-294. https://doi.org/10.1093/mind/os-2.7.285

Davis, A. (Director). (1992). *Under siege* [Film]. Regency Enterprises.

Davis, T. L. (2016). *Lying lawyers: Investigating the social cognitive label* [Honors thesis]. Angelo State University. https://asu-ir.tdl.org/bitstream/handle/2346.1/30561/DAVIS-HONORS-THESIS-2016.pdf?sequence=1&isAllowed=y

Debey, E., De Schryver, M., Logan, G. D., Suchotzki, K., & Verschuere, B. (2015). From junior to senior Pinocchio: A cross-sectional lifespan investigation of deception. *Acta Psychologica, 160*, 58-68. https://doi.org/10.1016/j.actpsy.2015.06.007

DeLisi, M., Drury, A. J., & Elbert, M. J. (2020). Fledgling psychopaths at midlife: Forensic features, criminal careers, and coextensive psychopathology. *Forensic Science International: Mind and Law, 1*, Article 100006. https://doi.org/10.1016/j.fsiml.2019.100006

Denault, V., Talwar, V., Plusquellec, P., & Lariviere, V. (2022). On deception and lying: An overview of over 100 years of social science research. *Applied Cognitive Psychology, 36*(4), 805-819. https://doi.org/10.1002/acp.3971

DePaulo, B. (2009). *Behind the door of deceit*. CreateSpace Publishing.

DePaulo, B. (2017, June 10). Why do people lie to you? Eight things about you that tempt other people to lie. *Psychology Today*. https://www.psychologytoday.com/us/blog/living-single/201706/why-do-peoplelie-you

DePaulo, B. (2018). *The psychology of lying and detecting lies*. http://www.belladepaulo.com/2018/03/just-published-psychology-lyingdetecting-lies/

DePaulo, B. M., Ansfield, M. E., Kirkendol, S. E., & Boden, J. M. (2004). Serious lies. *Basic and Applied Social Psychology, 26*(2-3), 147-167. https://doi.org/10.1080/01973533.2004.9646402

DePaulo, B. M., & Kashy, D. A. (1998). Everyday lies in close and casual relationships. *Journal of Personality and Social Psychology, 74*(1), 63-79. https://doi.org/10.1037/0022-3514.74.1.63

DePaulo, B. M., Kashy, D. A., Kirkendol, S. E., Wyer, M. M., & Epstein, J. A. (1996). Lying in everyday life. *Journal of Personality and Social Psychology, 70*(5), 979-995. https://doi.org/10.1037/0022-3514.70.5.979

DePaulo, B. M., Lindsay, J. J., Malone, B. E., Muhlenbruck, L., Charlton, K., & Cooper, H. (2003). Cues to deception. *Psychological Bulletin, 129*(1), 74-118. https://doi.org/10.1037/0033-2909.129.1.74

Desilver, D. (2019, October 3). *Clinton's impeachment barely dented his public support, and it turned off many Americans*. Pew Research Center. https://www.pewresearch.org/fact-tank/2019/10/03/clintonsimpeachment-barely-dented-his-public-support-and-it-turned-offmany-americans/

DeSteno, D., Duong, F., Lim, D., & Kates, S. (2019). The grateful don't cheat: Gratitude as a fount of virtue. *Psychological Science, 30*(7), 979-988. https://doi.org/10.1177/0956797619848351

De Zutter, A. W. E. A., Horselenberg, R., & van Koppen, P. J. (2018). Motives for filing a false allegation of rape. *Archives of Sexual Behavior, 47*(2), 457-464. https://doi.org/10.1007/s10508-017-0951-3

Dickens, C., & Curtis, D. A. (2019). Lies in the law: Therapists' beliefs and attitudes about deception. *Journal of Forensic Psychology Research and Practice, 19*(5), 359-375. https://doi.org/10.1080/24732850.2019.1666604

Dike, C. C., Baranoski, M., & Griffith, E. E. H. (2005). Pathological lying revisited. *The Journal of the American Academy of Psychiatry and the Law, 33*(3), 342-349.

Ding, X. P., Heyman, G. D., Fu, G., Zhu, B., & Lee, K. (2018). Young children discover how to deceive in 10 days: A microgenetic study. *Developmental Science, 21*(3), Article e12566. https://doi.org/10.1111/desc.12566

Ding, X. P., Wellman, H. M., Wang, Y., Fu, G., & Lee, K. (2015) Theory-of-mind training causes honest young children to lie. *Psychological Science, 26*(11), 1812-1821. https://doi.org/10.1177/0956797615604628

District Attorney of New York. (2017, October 26). *DA Vance announces indictment of repeat scammer for multiple thefts totaling $275,000.* https://www.manhattanda.org/da-vance-announces-indictmentrepeat-scammer-multiple-thefts-totaling-275000/

Donald, B. (2016, November 22). *Stanford researchers find students have trouble judging the credibility of information online.* Stanford Graduate School of Education. https://ed.stanford.edu/news/stanford-researchersfind-students-have-trouble-judging-credibility-information-online

Drouin, M., Miller, D. A., Wehle, S., & Hernandez, E. (2016). Why do people lie online? "Because everyone lies on the internet." *Computers in Human Behavior, 64,* 134-142. https://doi.org/10.1016/j.chb.2016.06.052

Druzin, B. H., & Li, J. (2011). The criminalization of lying: Under what circumstances, if any, should lies be made criminal. *The Journal of Criminal Law & Criminology, 101*(2), 529-574.

Dua, D., & Grover, S. (2019). Delusion of denial of pregnancy: A case report. *Asian Journal of Psychiatry, 45,* 72-73. https://doi.org/10.1016/j.ajp.2019.09.002

Dunbar, N. E., Gangi, K., Coveleski, S., Adams, A., Bernhold, Q., & Giles, H. (2016). When is it acceptable to lie? Interpersonal and intergroup perspectives on deception. *Communication Studies, 67*(2), 129-146. https://doi.org/10.1080/10510974.2016.1146911

Dunbar, N. E., & Johnson, A. J. (2015). A test of dyadic power theory: Control attempts recalled from interpersonal interactions with romantic partners, family members, and friends. *Journal of Argumentation in Context, 4*(1), 42-62. https://doi.org/10.1075/jaic.4.1.03dun

Duncan, L. E., Ostacher, M., & Ballon, J. (2019). How genome-wide association studies (GWAS) made traditional candidate gene studies obsolete. *Neuropsychopharmacology, 44*(9), 1518-1523. https://doi.org/10.1038/s41386-019-0389-5

Eaves, L., Heath, A., Martin, N., Maes, H., Neale, M., Kendler, K., Kirk, K., & Corey, L. (1999). Comparing the biological and cultural inheritance of personality and social attitudes in the Virginia 30,000 study of twins and their relatives. *Twin Research, 2*(2), 62-80. https://doi.org/10.1375/twin.2.2.62

Eckhardt, G. M., & Bengtsson, A. (2010). A brief history of branding in China. *Journal of Macromarketing, 30*(3), 210-221. https://doi.org/10.1177/0276146709352219

Effron, L., Paparella, A., & Taudte, J. (2019, December 20). *The scandals that brought down the Bakkers, once among US's most famous televangelists.* ABC News. https://abcnews.go.com/US/scandals-broughtbakkers-uss-famous-televangelists/story?id=60389342

Ekman, P. (1985). *Telling lies: Clues to deceit in the marketplace, politics, and marriage*. Norton & Company.

Ekman, P. (2009). *Duping delight*. Paul Ekman Group. https://www.paulekman.com/blog/duping-delight/

Ekman, P., & Friesen, W. V. (1969). Nonverbal leakage and clues to deception. *Psychiatry, 32*(1), 88-106. https://doi.org/10.1080/00332747.1969.11023575

Ekman, P., & O'Sullivan, M. (1991). Who can catch a liar? *American Psychologist, 46*(9), 913-920. https://doi.org/10.1037/0003-066X.46.9.913

Ekman, P., O'Sullivan, M., & Frank, M. G. (1999). A few can catch a liar. *Psychological Science, 10*(3), 263-266. https://doi.org/10.1111/1467-9280.00147

Elliott, P. (2021, November 1). The big lie has been proven false. Republicans can't shake it. *Time*. https://time.com/6112488/trump-2020-election-republicans/

Engarhos, P., Shohoudi, A., Crossman, A., & Talwar, V. (2020). Learning through observing: Effects of modeling truth- and lie-telling on children's honesty. *Developmental Science, 23*(1), Article e12883. https://doi.org/10.1111/desc.12883

English Standard Version Bible. (2001). ESV Online. https://esv.literalword.com/

Ennis, E., Vrij, A., & Chance, C. (2008). Individual differences and lying in everyday life. *Journal of Social and Personal Relationships, 25*(1)105-118. https://doi.org/10.1177/0265407507086808

Erat, S., & Gneezy, U. (2012). White lies. *Management Science, 58*(4), 723-733.https://doi.org/10.1287/mnsc.1110.1449

European Commission. (2020). *Survey on scams and fraud experienced by consumers: Final report.* https://commission.europa.eu/system/files/2020-01/survey_on_scams_and_fraud_experienced_by_consumers_-_final_report.pdf

Evans, P. (1996). *The verbally abusive relationship: How to recognize it and how to respond* (2nd ed.). Adams Media Corporation.

Fandos, N. (2023, January 11). George Santos's secret resume: A Wall Street star with a 3.9 G.P.A. *The New York Times.* https://www.nytimes.com/2023/01/11/nyregion/george-santos-resume.html

Federal Trade Commission. (2010, December 15). *Dannon agrees to drop exaggerated health claims for Activia yogurt and DanActive dairy drink.* https://www.ftc.gov/news-events/press-releases/2010/12/dannonagrees-drop-exaggerated-health-claims-activia-yogurt

Federal Trade Commission. (2016, March 29). *FTC charges Volkswagen deceived consumers with its "clean diesel" campaign.* https://www.ftc.gov/news-events/press-releases/2016/03/ftc-charges-volkswagendeceived-consumers-its-clean-diesel

Federal Trade Commission. (2021). *Truth in advertising.* https://www.ftc.gov/news-events/media-resources/truth-advertising

Feinstein, D. (2014). *Report of the Senate Select Committee on Intelligence committee study of the Central Intelligence Agency's detention and interrogation program, together with foreword by Chairman Feinstein and additional and minority views.* U.S. Government Printing Office.

Feldman, M. D. (2006). Factitious disorders in children and adolescents. *Psychiatry, 3*(5), 10-11. https://www.ncbi.nlm.nih.gov/pmc/articles/PMC2990619/

Feldman, R. S., Forrest, J. A., & Happ, B. R. (2002). Self-presentation and verbal deception: Do self-presenters lie more? *Basic and Applied Social Psychology, 24*(2), 163-170. https://doi.org/10.1207/S15324834BASP2402_8

Fellner, G., Sausgruber, R., & Traxler, C. (2013). Testing enforcement strategies in the field: Threat, moral appeal and social information. *Journal of the European Economic Association, 11*(3), 634-660.https://doi.org/10.1111/jeea.12013

Ferrara, P., Vitelli, O., Bottaro, G., Gatto, A., Liberatore, P., Binetti, P., & Stabile, A. (2013). Factitious disorders and Munchausen syndrome: The tip of the iceberg. *Journal of Child Health Care, 17*(4), 366-374.https://doi.org/10.1177/1367493512462262

Fischer, P., Lea, S. E. G., & Evans, K. M. (2013). Why do individuals respond to fraudulent scam communications and lose money? The psychological determinants of scam compliance. *Journal of Applied Social Psychology, 43*(10), 2060-2072. https://doi.org/10.1111/jasp.12158

Flexon, J. L., Meldrum, R. C., Young, J. T. N., & Lehmann, P. S. (2016). Low self-control and the Dark Triad: Disentangling the predictive power of personality traits on young adult substance use, offending and victimization. *Journal of Criminal Justice*, *46*, 159-169. https:// doi.org/10.1016/j.jcrimjus.2016.05.006

Floch, M. (1950). Limitations of the lie detector. *Journal of Criminal Law & Criminology (08852731)*, *40*(5), 651-653.

Ford, C. V. (1996). *Lies! Lies!! Lies!!!: The psychology of deceit*. American Psychiatric Press, Inc.

Ford, E. B. (2006). Lie detection: Historical, neuropsychiatric and legal dimensions. *International Journal of Law and Psychiatry*, *29*, 159-177. https://doi.org/10.1016/j.ijlp.2005.07.001

Fournier, R., & Thompson, T. (2007, March 10). Voters care more about character than issues. *Tuscaloosa News*. https://www.tuscaloosanews.com/story/news/2007/03/11/voters-care-more-about-character-thanissues/27703757007/

Frank, R. H. (1987). If Homo Economicus could choose his own utility function, would he want one with a conscience? *The American Economic Review*, *77*(4), 593-604. https://www.jstor.org/stable/1814533

Frazier v. Cupp, 394 U.S. 731 (1969). https://supreme.justia.com/cases/federal/us/394/731/

Freyd, J. J. (1997). Violations of power, adaptive blindness, and betrayal trauma theory. *Feminism & Psychology*, *7*(1), 22-32. https://doi.org/10.1177/0959353597071004

Friedman, H. S., Riggio, R. E., & Casella, D. F. (1988). Nonverbal skill, personal charisma, and initial attraction. *Personality and Social Psychology Bulletin*, *14*(1), 203-211. https://doi.org/10.1177/0146167288141020

Gachter, S., & Schulz, J. F. (2016). Intrinsic honesty and the prevalence of rule violations across societies. *Nature*, *531*(7595), 496-499. https://doi.org/10.1038/nature17160

Gallup. (2020, April 13). *Nurses continue to rate highest in honesty, ethics*. https://news.gallup.com/poll/274673/nurses-continue-rate-highesthonesty-ethics.aspx

Ganis, G. (2015). Deception detection using neuroimaging. In P. A. Granhag, A. Vrij, & B. Verschuere (Eds.), *Detecting deception: Current challenges and cognitive approaches* (pp. 105-121). Wiley-Blackwell.

Ganis, G., Rosenfeld, J. P., Meixner, J., Kievit, R. A., & Schendan, H. E. (2011). Lying in the scanner: Covert countermeasures disrupt deception detection by functional magnetic resonance imaging. *NeuroImage*, *55*(1), 312-319. https://doi.org/10.1016/j.neuroimage.2010.11.025

Garlipp, P. (2017). Pseudolagia fantastica—pathological lying. In B. A. Sharpless (Ed.), *Unusual and rare psychological disorders: A handbook for clinical practice and research* (pp. 319-327). Oxford University Press.

Garrett, N., Lazzaro, S. C., Ariely, D., & Sharot, T. (2016). The brain adapts to dishonesty. *Nature Neuroscience, 19*(12), 1727-1732. https://doi.org/10.1038/nn.4426

Gee, J., & Button, M. (2019). *The financial cost of fraud 2019*. Crowe. http://www.crowe.ie/wp-content/uploads/2019/08/The-Financial-Cost-of-Fraud-2019.pdf

George Grubbs Enterprises, Inc. v. Bien, 881 S.W.2d 843 (Tex. Ct. App. 1994). https://casetext.com/case/george-grubbs-entrprise-v-bien

George, J., & Robb, A. (2008). Deception and computer-mediated communication in daily life. *Communication Reports, 21*(2), 92-103. https://doi.org/10.1080/08934210802298108

Gerlach, P., Teodorescu, K., & Hertwig, R. (2019). The truth about lies: A meta-analysis on dishonest behavior. *Psychological Bulletin, 145*(1), 1-44. https://doi.org/10.1037/bul0000174

Gillard, N. D. (2018). Psychopathy and deception. In R. Rogers & S. D. Bender (Eds.), *Clinical assessment of malingering and deception* (pp. 174-187). Guilford Press.

Gino, F., & Galinsky, A. D. (2012). Vicarious dishonesty: When psychological closeness creates distance from one's moral compass. *Organizational Behavior and Human Decision Processes, 119*(1), 15-26. https://doi.org/10.1016/j.obhdp.2012.03.011

Gino, F., Schweitzer, M. E., Mead, N. L., & Ariely, D. (2011). Unable to resist temptation: How self-control depletion promotes unethical behavior. *Organizational Behavior and Human Decision Processes, 115*(2), 191-203. https://doi.org/10.1016/j.obhdp.2011.03.001

Glatzle-Rutzler, D., & Lergetporer, P. (2015). Lying and age: An experimental study. *Journal of Economic Psychology, 46*, 12-25. https://doi.org/10.1016/j.joep.2014.11.002

The Global Deception Research Team. (2006). A world of lies. *Journal of Cross-Cultural Psychology, 37*(1), 60-74. https://doi.org/10.1177/0022022105282295

Goffman, E. (1956). *The presentation of self in everyday life*. Doubleday.

Gordon, A. (2018, October 11). *Jessica Nordquist who claimed ex raped her is convicted of stalking*. Daily Mail Online. https://www.dailymail.co.uk/news/article-6265113/Woman-claimed-ex-raped-convictedstalking-perverting-course-justice.html

Gordon, A. K., & Miller, A. G. (2000). Perspective differences in the construal of lies: Is deception in the eye of the beholder? *Personality and Social Psychology Bulletin, 26*(1), 46-55. https://doi.org/10.1177/0146167200261005

Graham, C., Litan, R., & Sukhtankar, S. (2002). *The bigger they are, the harder they fall: An estimate of the costs of the crisis in corporate governance* [Working paper]. The Brookings Institution. https://www.brookings.edu/wp-content/uploads/2016/06/20020722Graham.pdf

Granhag, P. A., Andersson, L. O., Stromwall, L. A., & Hartwig, M. (2004). Imprisoned knowledge: Criminals' beliefs about deception. *Legal and Criminological Psychology, 9*(1), 103-119. https://doi.org/10.1348/135532504322776889

Granhag, P. A., Vrij, A., & Verschuere, B. (2015). *Detecting deception: Current challenges and cognitive approaches*. Wiley-Blackwell.

Grant, A. (2014). *Dan Ariely on 'The Honest Truth About Dishonesty'.* https://knowledge.wharton.upenn.edu/article/dan-ariely-dishonestys-slipperyslope/

Grant, J. E., Paglia, H. A., & Chamberlain, S. R. (2019). The phenomenology of lying in young adults and relationships with personality and cognition. *Psychiatric Quarterly, 90*(2), 361-369. https://doi.org/10.1007/s11126-018-9623-2

Grattagliano, I., Corbi, G., Catanesi, R., Ferrara, N., Lisi, A., & Campobasso, C. P. (2014). False accusations of sexual abuse as a mean of revenge in couple disputes. *La Clinica Terapeutica, 165*(2), e119-e124. https://doi.org/10.7471/CT.2014.1694

Graybow, M. (2009, March 11). *Madoff mysteries remain as he nears guilty plea*. Reuters. https://www.reuters.com/article/us-madoff/madoffmysteries-remain-as-he-nears-guilty-plea-idUSTRE52A5JK20090311

Grazer, B. (Executive Producer). (2009-2011). *Lie to me* [TV series]. Imagine Television.

Greenberg, K. S. (1990). The nose, the lie, and the duel in the antebellum South. *The American Historical Review, 95*(1), 57-74. https://doi.org/10.2307/2162954

Greenspan, S. (2008). *Annals of gullibility: Why we get duped and how to avoid it*. Praeger.

Grice, H. P. (1989). *Studies in the way of words*. Harvard University Press.

Griffin, G. (2009, March 2). Scam expert from CU expertly scammed. *The Denver Post*. https://www.denverpost.com/2009/03/02/scam-expertfrom-cu-expertly-scammed/

Grzegorek, J. L. (2011). Smoke and mirrors. In J. Kottler & J. Carlson (Eds.), *Duped: Lies and deception in psychotherapy* (pp. 33-37). Routledge/Taylor & Francis Group.

Guinness World Records. (2021). *Tallest man living*. https://www.guinnessworldrecords.com/world-records/tallest-man-living

Gunaydin, G., Selcuk, E., & Zayas, V. (2017). Impressions based on a portrait predict, 1-month later, impressions following a live interaction. *Social Psychological & Personality Science*, *8*(1), 36-44. https://doi.org/10.1177/1948550616662123

Gunia, B. C., & Levine, E. E. (2019). Deception as competence: The effect of occupational stereotypes on the perception and proliferation of deception. *Organizational Behavior and Human Decision Processes*, *152*, 122-137. https://doi.org/10.1016/j.obhdp.2019.02.003

Guthrie, J., & Kunkel, A. (2013). Tell me sweet (and not-so-sweet) little lies: Deception in romantic relationships. *Communication Studies*, *64*(2), 141-157. https://doi.org/10.1080/10510974.2012.755637

Gutman, M., & Tienabeso, S. (2013, January 21). *Timeline of Manti Te'o girlfriend hoax story*. ABC News. https://abcnews.go.com/US/timelinemanti-teo-girlfriend-hoax-story/story?id=18268647

Hagglund, L. A. (2009). Challenges in the treatment of factitious disorder: A case study. *Archives of Psychiatric Nursing*, *23*(1), 58-64. https://doi.org/10.1016/j.apnu.2008.03.002

Halevy, R., Shalvi, S., & Verschuere, B. (2014). Being honest about dishonesty: Correlating self-reports and actual lying. *Human Communication Research*, *40*(1), 54-72. https://doi.org/10.1111/hcre.12019

Hall, G. S. (Ed.). (1890). Children's lies. *The American Journal of Psychology*, *3*(1), 59-70. https://doi.org/10.2307/1411497

Hample, D. (1980). Purposes and effects of lying. *The Southern Speech Communication Journal*, *46*(1), 33-47. https://doi.org/10.1080/10417948009372474

Hamzelou, J. (2016, October 24). *Lying feels bad at first but our brains soon adapt to deceiving*. New Scientist. https://www.newscientist.com/article/2110130-lying-feels-bad-at-first-but-our-brains-soonadapt-to-deceiving/

Hancock, J. T., Thom-Santelli, J., & Ritchie, T. (2004). Deception and design: The impact of communication technology on lying behavior. *CHI '04: Proceedings of the SIGCHI Conference on Human Factors in Computing Systems*, 129-134. https://doi.org/10.1145/985692.985709

Hancock, J. T., & Toma, C. L. (2009). Putting your best face forward: The accuracy of online dating photographs. *Journal of Communication, 59*(2), 367-386. https://doi.org/10.1111/j.1460-2466.2009.01420.x

Hare, R. D. (1991). *Manual for the Revised Psychopathy Checklist* (1st ed.). Multi-Health Systems.

Hare, R. D. (1996). Psychopathy and antisocial personality disorder: A case of diagnostic confusion. *The Psychiatric Times, 13*(2), 39-40.

Hare, R. D., Forth, A. E., & Hart, S. D. (1989). The psychopath as prototype for pathological lying and deception. In J. C. Yuille (Ed.), *Credibility assessment* (pp. 25-49). Kluwer Academic/Plenum Publishers. https://doi.org/10.1007/978-94-015-7856-1_2

Harris, P. (2000). *The work of the imagination*. Blackwell.

Harris, P. (2010, June 5). *Ted Haggard, mega-church founder felled by sex scandal, returns to pulpit*. The Guardian. https://www.theguardian.com/world/2010/jun/06/us-gay-scandal-pastor-church

Hart, C. L. (2017). *Lying in bed and other forms of sexual deception* [Paper presentation]. Southwestern Psychological Association Annual Convention, San Antonio, TX, United States.

Hart, C. L. (2019, May 16). What is a lie? Defining different elements of dishonesty. *Psychology Today*. https://www.psychologytoday.com/us/blog/the-nature-deception/201905/what-is-lie

Hart, C. L. (2021). *Mind, lies, and morality* [Conference session]. Southwestern Society of Mind 2nd Annual Meeting, Fort Davis, TX, United States.

Hart, C. L. (2022). A theory of lying and dishonesty. *Psychology Today*. https://www.psychologytoday.com/us/node/1173053/preview

Hart, C. L., Beach, R., & Curtis, D. A. (2021). *Pathological lying* [Poster presentation]. Southwestern Psychological Association 66th Annual Conference, San Antonio, TX, United States.

Hart, C. L., Beach, R., Griffith, J. D., & Curtis, D. A. (2023). *An analysis of tactics implemented while lying* [Manuscript submitted for publication]. Department of Psychology, Texas Woman's University.

Hart, C. L., Curtis, D. A., & Randell, J. A. (2023). *Development of the Pathological Lying Inventory* [Manuscript in preparation]. Department of Psychology & Philosophy, Texas Woman's University.

Hart, C. L., Curtis, D. A., Williams, N. M., Hathaway, M. D., & Griffith, J. D. (2014). Do as I say, not as I do: Benevolent deception in romantic relationships. *Journal of Relationships Research, 5*, Article e8. https://doi.org/10.1017/jrr.2014.8

Hart, C. L., Jones, J. M., Terrizzi, J. A., Jr., & Curtis, D. A. (2019). Development of the Lying in Everyday Situations Scale. *The AmericanJournal of Psychology, 132(3), 343-352. https://doi.org/10.5406/amerjpsyc.132.3.0343*

Hart, C. L., Lemon, R., Curtis, D. A., & Griffith, J. D. (2020). Personality traits associated with various forms of lying. *Psychological Studies, 65*(3), 239-246. https://doi.org/10.1007/s12646-020-00563-x

Hartwig, M., & Granhag, P. A. (2015). Exploring the nature and origin of beliefs about deception: Implicit and explicit knowledge among lay people and presumed experts. In P. A. Granhag, A. Vrij, & B. Verschuere (Eds.), *Detecting deception: Current challenges and cognitive approaches* (pp. 125-153). Wiley-Blackwell.

Harvard Graduate School of Education. (2018, October). *Tips for encouraging honesty.* https://mcc.gse.harvard.edu/resources-for-families/tips-encouraging-honesty

Hasher, L., Goldstein, D., & Toppino, T. (1977). Frequency and the conference of referential validity. *Journal of Verbal Learning and Verbal Behavior, 16*(1), 107-112. https://doi.org/10.1016/S0022-5371(77)80012-1

Hays, C., & Carver, L. J. (2014). Follow the liar: The effects of adult lies on children's honesty. *Developmental Science, 17*(6), 977-983. https://doi.org/10.1111/desc.12171

Healy, W., & Healy, M. T. (1915). *Pathological lying, accusation and swindling: A study in forensic psychology.* Little, Brown and Co. https://doi.org/10.1037/14932-000

Heimlich, R. (2008, September 29). *Honesty is the best policy.* Pew Research Center. https://www.pewresearch.org/fact-tank/2008/09/29/honestyis-the-best-policy/

Helson, H., Blake, R. R., & Mouton, J. S. (1958). An experimental investigation of the effectiveness of the "big lie" in shifting attitudes. *The Journal of Social Psychology, 48*(1), 51-60. https://doi.org/10.1080/00224545.1958.9919267

Hendy, N. T., Montargot, N., & Papadimitriou, A. (2021). Cultural differences in academic dishonesty: A social learning perspective. *Journal of Academic Ethics, 19*(1), 49-70. https://doi.org/10.1007/s10805-021-09391-8

Higgins, L. (2015, January 15). Munchausen won't be raised at Lacey Spears trial. *USA Today.* https://www.usatoday.com/story/news/nation/2015/01/15/lacey-spears-trial-munchausen/21817517/

Hines, A., Colwell, K., Anisman, C., Garrett, E., Ansarra, R., & Montalvo, L.(2010). Impression management strategies of deceivers and honest reporters in an investigative interview. *The European Journal of Psychology Applied to Legal Context, 2*(1), 73-90. https://journals.copmadrid.org/ejpalc/art/b096577e264d1ebd6b41041f392eec23

Hinshaw, S. P., & Lee, S. S. (2003). Conduct and oppositional defiant disorders. In E. J. Mash & R. A. Barkley (Eds.), *Child psychopathology*(pp. 144-198). Guilford Press.

History.com Editors. (2011, March 18). *"Balloon Boy" parents sentenced in Colorado.* https://www.history.com/this-day-in-history/balloon-boyparents-sentenced-in-colorado

Hitler, A. (1971). *Mein kampf* (R. Manheim, Trans.). Houghton Mifflin.(Original work published 1925)

Hu, C., Huang, J., Wang, Q., Weare, E., & Fu, G. (2020). Truthful but misleading: Advanced linguistic strategies for lying among children. *Frontiers in Psychology, 11*, Article 676. https://doi.org/10.3389/fpsyg.2020.00676

Iacono, W. G. (2015). Forensic application of event-related brain potentials to detect guilty knowledge. In P. A. Granhag, A. Vrij, & B. Verschuere (Eds.), *Detecting deception: Current challenges and cognitive approaches*(pp. 81-103). Wiley-Blackwell.

Iezzoni, L. I., Rao, S. R., DesRoches, C. M., Vogeli, C., & Campbell, E. G.(2012). Survey shows that at least some physicians are not always open or honest with patients. *Health Affairs, 31*(2), 383-391. https://doi.org/10.1377/hlthaff.2010.1137

Jaghab, K., Skodnek, K. B., & Padder, T. A. (2006). Munchausen's syndrome and other factitious disorders in children: Case series and literature review. *Psychiatry, 3*(3), 46-55. https://www.ncbi.nlm.nih.gov/pmc/ articles/PMC2990557/

Janezic, K. A., & Gallego, A. (2020). Eliciting preferences for truth-telling in a survey of politicians. *Proceedings of the National Academy of Sciences of the United States of America, 117*(36), 22002-22008. https://doi.org/10.1073/pnas.2008144117

Jenkins, S., & Delbridge, R. (2017). Trusted to deceive: A case study of 'strategic deception' and the normalization of lying at work. *Organization Studies, 38*(1), 53-76. https://doi.org/10.1177/0170840616655481

Jensen, K., Vaish, A., & Schmidt, M. F. H. (2014). The emergence of human prosociality: Aligning with others through feelings, concerns, and norms. *Frontiers in Psychology, 5*, Article 822. https://doi.org/10.3389/fpsyg.2014.00822

Jensen, L. A., Arnett, J. J., Feldman, S. S., & Cauffman, E. (2004). The right to do wrong: Lying to parents among adolescents and emerging adults. *Journal of Youth and Adolescence, 33*(2), 101-112. https://doi.org/10.1023/B:JOYO.0000013422.48100.5a

Jonason, P. K., Lyons, M., Baughman, H. M., & Vernon, P. A. (2014). What a tangled web we weave: The Dark Triad traits and deception. *Personality and Individual Differences, 70*, 117-119. https://doi.org/10.1016/j.paid.2014.06.038

Kahn, J. (2012, May 12). Can you call a 9-year-old a psychopath? *The New York Times Magazine*. https://www.nytimes.com/2012/05/13/magazine/can-you-call-a-9-year-old-a-psychopath.html

Kakutani, M. (2018). *The death of truth: Notes on falsehood in the age of Trump*. Tim Duggan Books.

Kalish, N. (2004). How honest are you? *The Reader's Digest, 164*(981),114-119.

Kaplar, M. E. (2006). *Lying happily ever after: Altruistic white lies, positive illusions, and relationship satisfaction* [Doctoral dissertation, Bowling Green University]. https://etd.ohiolink.edu/apexprod/rws_olink/r/1501/10?clear=10&p10_accession_num=bgsu1147758888

Kaplar, M. E., & Gordon, A. K. (2004). The enigma of altruistic lying: Perspective differences in what motivates and justifies lie telling within romantic relationships. *Personal Relationships, 11*(4), 489-507. https://doi.org/10.1111/j.1475-6811.2004.00094.x

Kashy, D. A., & DePaulo, B. M. (1996). Who lies? *Journal of Personality and Social Psychology, 70*(5), 1037-1051. https://doi.org/10.1037/0022-3514.70.5.1037

Kassin, S. M., & Norwick, R. J. (2004). Why people waive their Miranda rights: The power of innocence. *Law and Human Behavior, 28*(2), 211-221. https://doi.org/10.1023/B:LAHU.0000022323.74584.f5

Kaya, O. (2022, December 23). *Last minute… fake doctor Ayse Ozkiraz wants to be a real doctor this time! Surprised by the demand in prison.* Hurriyet. https://www.hurriyet.com.tr/gundem/son-dakika-sahte-doktor-ayseozkiraz-bu-kez-gercek-doktor-olmak-istiyor-cezaevindeki-talebisasirtti-42192368

Kelley, H. H. (1967). Attribution theory in social psychology. *Nebraska Symposium on Motivation, 15*, 192-238.

Kessler, G., Rizzo, S., & Kelly, M. (2021, January 24). Trump's false or misleading claims total 30573 over 4 years. *The Washington Post*. https://www.washingtonpost.com/politics/2021/01/24/trumpsfalse-or-misleading-claims-total-30573-over-four-years/

Kettler, S. (2020, September 11). The story of Gypsy Rose Blanchard and her mother. *Biography*. https://www.biography.com/news/gypsy-roseblanchard-mother-dee-dee-murder

King, B. H., & Ford, C. V. (1988). Pseudologia fantastica. *Acta Psychiatrica Scandinavica*, *77*(1), 1-6. https://doi.org/10.1111/j.1600-0447.1988.tb05068.x

King, L. W. (Trans). (2008). *The code of Hammurabi*. Yale Law School. https://avalon.law.yale.edu/ancient/hamframe.asp

Knopp, K., Scott, S., Ritchie, L., Rhoades, G. K., Markman, H. J., & Stanley, S. M. (2017). Once a cheater, always a cheater? Serial infidelity across subsequent relationships. *Archives of Sexual Behavior*, *46*(8), 2301-2311. https://doi.org/10.1007/s10508-017-1018-1

Knox, D., Schacht, C., Holt, J., & Turner, J. (1993). Sexual lies among university students. *College Student Journal*, *27*(2), 269-272. https://psycnet.apa.org/record/1993-45153-001

Kocher, M. G., Schudy, S., & Spantig, L. (2018). I lie? We lie! Why? Experimental evidence on a dishonesty shift in groups. *Management Science*, *64*(9), 3995-4008. https://doi.org/10.1287/mnsc.2017.2800

Konnikova, M. (2016). *The confidence game: Why we fall for it…every time*. Viking/Penguin.

Kottler, J. (2011). How well do we really know our clients? In J. Kottler & J. Carlson (Eds.), *Duped: Lies and deception in psychotherapy*(pp. 9-14). Routledge/Taylor & Francis Group. https://doi.org/10.4324/9780203858349

Kouchaki, M., & Smith, I. H. (2014). The morning morality effect: The influence of time of day on unethical behavior. *Psychological Science*, *25*(1), 95-102. https://doi.org/10.1177/0956797613498099

Kowalski, R. M., Walker, S., Wilkinson, R., Queen, A., & Sharpe, B. (2003). Lying, cheating, complaining, and other aversive interpersonal behaviors: A narrative examination of the darker side of relationships. *Journal of Social and Personal Relationships*, *20*(4), 471-490. https://doi.org/10.1177/02654075030204003

Kramer, S. R., & Shariff, A. F. (2016). Religion, deception, and self-deception. In J.-W. van Prooijen & P. A. M. van Lange (Eds.), *Cheating, corruption, and concealment: The roots of dishonesty (pp. 233-249)*. Cambridge University Press. https://

doi.org/10.1017/CBO9781316225608.014

Langer, W. C. (1944). *A psychological analysis of Adolph Hitler: His life and legend.* U.S. Office of Strategic Services. https://www.cia.gov/readingroom/docs/CIA-RDP78-02646R000600240001-5.pdf

Lavoie, J., Nagar, P. M., & Talwar, V. (2017). From Kantian to Machiavellian deceivers: Development of children's reasoning and self-reported use of secrets and lies. *Childhood, 24*(2), 197-211. https://doi.org/10.1177/0907568216671179

Lebelo, L. T., & Grobler, G. P. (2020). Case study: A patient with severedelusions who self-mutilates. *South African Journal of Psychiatry*, 26, Article 1403. https://doi.org/10.4102/sajpsychiatry.v26i0.1403

LeClaire, A. (2017). *The halo effect.* Lake Union Publishing.

Lee, H. (1960). *To kill a mockingbird.* Lippincott.

Lee, K. (2013). Little liars: Development of verbal deception in children. *Child Development Perspectives, 7*(2), 91-96. https://doi.org/10.1111/cdep.12023

Lee, T. B. (2016, November 16). *The top 20 fake news stories outperformed real news at the end of the 2016 campaign.* Vox. https://www.vox.com/new-money/2016/11/16/13659840/facebook-fake-news-chart

Leigh-Hunt, N., Bagguley, D., Bash, K., Turner, V., Turnbull, S., Valtorta, N., & Caan, W. (2017). An overview of systematic reviews on the public health consequences of social isolation and loneliness. *Public Health, 152, 157-171.* https://doi.org/10.1016/j.puhe.2017.07.035

Levine, E. E., & Schweitzer, M. E. (2014). Are liars ethical? On the tension between benevolence and honesty. *Journal of Experimental Social Psychology, 53, 107-117.* https://doi.org/10.1016/j.jesp.2014.03.005

Levine, E. E., & Schweitzer, M. E. (2015). Prosocial lies: When deception breeds trust. *Organizational Behavior and Human Decision Processes, 126, 88-106.* https://doi.org/10.1016/j.obhdp.2014.10.007

Levine, T. R. (2010). A few transparent liars: Explaining 54% accuracy in deception detection experiments. In C. Salmon (Ed.), *Communication Yearbook 34* (pp. 40-61). Sage.

Levine, T. R. (2014). Truth-default theory (TDT): A theory of human deception and deception detection. *Journal of Language and Social Psychology, 33*(4), 378-392. https://doi.org/10.1177/0261927X14535916

Levine, T. R. (2015). New and improved accuracy findings in deception detection research. *Current Opinion in Psychology, 6*, 1-5. https://doi.org/10.1016/j.copsyc.2015.03.003

Levine, T. R. (2020). *Duped: Truth-default theory and the social science of lying and deception*. University of Alabama Press.

Levine, T. R., Ali, M. V., Dean, M., Abdulla, R. A., & Garcia-Ruano, K. (2016). Toward a pan-cultural typology of deception motives. *Journal of Intercultural Communication Research, 45*(1), 1-12. https://doi.org/10.1080/17475759.2015.1137079

Levine, T. R., Asada, K. J., & Massi Lindsey, L. L. (2003). The relative impact of violation type and lie severity on judgments of message deceitfulness. *Communication Research Reports, 20*(3), 208-218. https://doi.org/10.1080/08824090309388819

Levine, T. R., Clare, D. D., Blair, J. P., McCornack, S. A., Morrison, K., & Park, H. S. (2014). Expertise in deception detection involves actively prompting diagnostic information rather than passive behavioral observation. *Human Communication Research, 40*(4), 442-462. https://doi.org/10.1111/hcre.12032

Levine, T. R., Serota, K. B., Carey, F., & Messer, D. (2013). Teenagers lie a lot: A further investigation into the prevalence of lying. *Communication Research Reports, 30*(3), 211-220. https://doi.org/10.1080/08824096.2013.806254

Levine, T. R., Serota, K. B., & Shulman, H. C. (2010). The impact of *Lie to Me* on viewers' actual ability to detect deception. *Communication Research, 37*(6), 847-856. https://doi.org/10.1177/0093650210362686

Levine, T. R., Serota, K. B., Shulman, H., Clare, D. D., Park, H. S., Shaw, A. S., Shim, J. C., & Lee, J. H. (2011). Sender demeanor: Individual differences in sender believability have a powerful impact on deception detection judgments. *Human Communication Research, 37*(3),377-403. https://doi.org/10.1111/j.1468-2958.2011.01407.x

Lewandowsky, S., Ecker, U. K. H., Seifert, C. M., Schwarz, N., & Cook, J. (2012). Misinformation and its correction: Continued influence and successful debiasing. *Psychological Science in the Public Interest, 13*(3), 106-131. https://doi.org/10.1177/1529100612451018

Lewin, K. (1936). *Principles of topological psychology*. McGraw Hill. https://doi.org/10.1037/10019-000

Lewis, M. (2015). The origins of lying and deception in everyday life. *American Scientist, 103*(2), 128. https://doi.org/10.1511/2015.113.128

Lewis, M., Stanger, C., & Sullivan, M. W. (1989). Deception in 3-yearolds. *Developmental Psychology, 25*(3), 439-443. https://doi.org/10.1037/0012-1649.25.3.439

Lie to Me. (2021). *About Lie to Me*. Fox Social. https://www.fox.com/lie-to-me/about-lie-to-me/

Lim, A., Young, R. L., & Brewer, N. (2022). Autistic adults may be erroneously perceived as deceptive and lacking credibility. *Journal of Autism and Developmental Disorders*, 52(2), 490-507. https://doi.org/10.1007/s10803-021-04963-4

Lindskold, S., & Walters, P. S. (1983). Categories for acceptability of lies. *The Journal of Social Psychology, 120*(1), 129-136. https://doi.org/10.1080/00224545.1983.9712018

Littrell, S., Risko, E. F., & Fugelsang, J. A. (2021). The Bullshitting Frequency Scale: Development and psychometric properties. *British Journal of Social Psychology*, *60*(1), 248-270. https://doi.org/10.1111/bjso.12379

Loewen, P. J., Dawes, C. T., Mazar, N., Johannesson, M., Koellinger, P., & Magnusson, P. K. E. (2013). The heritability of moral standards for everyday dishonesty. *Journal of Economic Behavior & Organization*, *93*, 363-366. https://doi.org/10.1016/j.jebo.2013.05.001

Loftus, E. F. (1979). *Eyewitness testimony*. Harvard University Press. Lundquist, T., Ellingsen, T., Gribbe, E., & Johannesson, M. (2009). The aversion to lying. *Journal of Economic Behavior & Organization*, *70*(1-2), 81-92. https://doi.org/10.1016/j.jebo.2009.02.010

Lupoli, M. J., Jampol, L., & Oveis, C. (2017). Lying because we care: Compassion increases prosocial lying. *Journal of Experimental Psychology: General*, *146*(7), 1026-1042. https://doi.org/10.1037/xge0000315

Lykken, D. T. (1957). A study of anxiety in the sociopathic personality. *Journal of Abnormal and Social Psychology*, *55*(1), 6-10. https://doi.org/10.1037/h0047232

Lykken, D. T. (1978). The psychopath and the lie detector. *Psychophysiology*, *15*(2), 137-142. https://doi.org/10.1111/j.1469-8986.1978.tb01349.x

Macqueen, A. (2017). *The lies of the land: An honest history of political deceit*. Atlantic Books.

Mahon, J. E. (2008). Two definitions of lying. *The International Journal of Applied Philosophy*, *22*(2), 211-230. https://doi.org/10.5840/ijap200822216

Mann, H., Garcia-Rada, X., Houser, D., & Ariely, D. (2014). Everybody else is doing it: Exploring social transmission of lying behavior. *PLOS ONE, 9*(10), Article e109591. https://doi.org/10.1371/journal.pone.0109591

Marasa, L. H. (2018). Malingering: A result of trauma or litigation? *The American Journal of Psychiatry Residents' Journal, 13*(3), 7-9. https://doi.org/10.1176/appi.ajp-rj.2018.130304

Markowitz, D. M. (2021). Toward a theory of prolific liars: Building a profile of situational, dispositional, and communication characteristics. *PsyArXiv*. https://doi.org/10.31234/osf.io/p3y4x

Markowitz, D. M., & Hancock, J. T. (2018). Deception in mobile dating conversations. *Journal of Communication, 68*(3), 547-569. https://doi.org/10.1093/joc/jqy019

Markowitz, D. M., Kouchaki, M., Hancock, J. T., & Gino, F. (2021). The deception spiral: Corporate obfuscation leads to perceptions of immorality and cheating behavior. *Journal of Language and Social Psychology, 40*(2), 277-296. https://doi.org/10.1177/0261927X20949594

Markowitz, D. M., & Levine, T. R. (2021). It's the situation and your disposition: A test of two honesty hypotheses. *Social Psychological & Personality Science, 12*(2), 213-224. https://doi.org/10.1177/1948550619898976

Marlowe, F. (2010). *The Hadza hunter-gatherers of Tanzania*. University of California Press.

Masip, J., Sporer, S. L., Garrido, E., & Herrero, C. (2005). The detection of deception with the reality monitoring approach: A review of the empirical evidence. *Psychology, Crime & Law, 11*(1), 99-122. https://doi.org/10.1080/10683160410001726356

Mazar, N., Amir, O., & Ariely, D. (2008). The dishonesty of honest people: A theory of self-concept maintenance. *Journal of Marketing Research, 45*(6), 633-644. https://doi.org/10.1509/jmkr.45.6.633

Mazar, N., & Ariely, D. (2006). Dishonesty in everyday life and its policy implications. *Journal of Public Policy & Marketing, 25*(1), 117-126. https://doi.org/10.1509/jppm.25.1.117

McCabe, D. P., & Castel, A. D. (2008). Seeing is believing: The effect of brain images on judgments of scientific reasoning. *Cognition, 107*(1), 343-352. https://doi.org/10.1016/j.cognition.2007.07.017

McCornack, S. A., & Levine, T. R. (1990). When lies are uncovered: Emotional and relational outcomes of discovered deception. *Communication Monographs, 57*(2), 119-138. https://doi.org/10.1080/03637759009376190

McCoy, T. (2015, March 3). Why a woman murdered her son with salt. *The Washington Post.* https://www.washingtonpost.com/news/morningmix/wp/2015/03/03/the-rare-disorder-experts-say-drove-laceyspears-to-murder-her-son-with-salt/

McLean, B., & Elkind, P. (2003). *Enron: The smartest guys in the room.* Portfolio Trade.

Meijer, E. H., & Verschuere, B. (2015). The polygraph: Current practice and new approaches. In P. A. Granhag, A. Vrij, & B. Verschuere (Eds.), *Detecting deception: Current challenges and cognitive approaches*(pp. 59-80). Wiley-Blackwell.

Mental Health Foundation. (2016). What is truth? An inquiry about truth and lying in dementia care. https://www.mentalhealth.org.uk/sites/default/files/dementia-truth-inquiry-report.pdf

Merriam-Webster. (n.d.). Lie. In *Merriam-Webster.com dictionary.* Retrieved April 2, 2021, from https://www.merriam-webster.com/lie

Metts, S. (1989). An exploratory investigation of deception in close relationships. *Journal of Social and Personal Relationships, 6*(2), 159-179.https://doi.org/10.1177/0265407589006002202

Meyer, P. (2010). *Liespotting: Proven techniques to detect deception.* St. Martin's Press.

Moore, A. (2019, March 2). *Abuse prevention: How to turn off the gaslighters.* The Guardian. https://www.theguardian.com/lifeandstyle/2019/mar/02/abuse-prevention-how-to-turn-off-the-gaslighters

Morell, C., & Smith, P. (2020, June 15). *After decades of police corruption, can Chicago finally reform its force?* National Public Radio. https://www.npr.org/local/309/2020/06/15/877345424/after-decades-ofpolice-corruption-can-chicago-finally-reform-its-force

Mosley, M. A., Lancaster, M., Parker, M. L., & Campbell, K. (2020). Adult attachment and online dating deception: A theory modernized. *Sexual and Relationship Therapy, 35*(2), 227-243. https://doi.org/10.1080/14681994.2020.1714577

Mukundan, C. R., Sumit, S., & Chetan, S. M. (2017). Brain Electrical Oscillations Signature profiling (BEOS) for measuring the process of remembrance. *EC Neurology, 8*(6), 217-230. https://www.ecronicon.com/ecne/pdf/ECNE-08-00256.pdf

Nagar, P. M., Caivano, O., & Talwar, V. (2020). The role of empathy in children's costly prosocial lie-telling behaviour. *Infant and Child Development, 29*(4), Article e2179. https://doi.org/10.1002/icd.2179

Nagar, P. M., Williams, S., & Talwar, V. (2019). The influence of an older sibling on preschoolers' lie-telling behavior. *Social*

Development, *28*(4), 1095-1110. https://doi.org/10.1111/sode.12367

Najdowski, C. J., & Bonventre, C. L. (2014). Deception in the interrogation room. *APA Monitor*, *45*(5), 26. https://www.apa.org/monitor/2014/05/jn

National Health Care Anti-Fraud Association. (2021). *The challenge of health care fraud*. https://www.nhcaa.org/tools-insights/about-healthcare-fraud/the-challenge-of-health-care-fraud/

National Public Radio. (n.d.). *The fall of Enron collapse felt from workers' homes to halls of government*. https://legacy.npr.org/news/specials/enron/

National Research Council. (2003). *The polygraph and lie detection*.

National Academies Press. Ng, C. (2012, April 10). *Bride who faked cancer to score dream wedding, honeymoon is charged*. ABC News. https://abcnews.go.com/US/yorkbride-faked-cancer-score-dream-wedding-honeymoon/story?id=16108726

Nisbett, R. E., & Wilson, T. D. (1977a). The halo effect: Evidence for unconscious alteration of judgments. *Journal of Personality and Social Psychology*, *35*(4), 250-256. https://doi.org/10.1037/0022-3514.35.4.250

Nisbett, R. E., & Wilson, T. D. (1977b). Telling more than we can know: Verbal reports on mental processes. *Psychological Review*, *84*(3), 231-259. https://doi.org/10.1037/0033-295X.84.3.231

O'Connor, A. M., & Evans, A. D. (2018). The relation between having siblings and children's cheating and lie-telling behaviors. *Journal of Experimental Child Psychology*, *168*, 49-60. https://doi.org/10.1016/j.jecp.2017.12.006

Oliveira, C. M., & Levine, T. R. (2008). Lie acceptability: A construct and measure. *Communication Research Reports*, *25*(4), 282-288. https://doi.org/10.1080/08824090802440170

O'Sullivan, M. (2008). Deception and self-deception as strategies in shortand long-term mating. In G. Geher & G. Miller (Eds.), *Mating intelligence: Sex, relationships, and the mind's reproductive system*(pp. 135-157). Lawrence Erlbaum Associates.

Oxford English Dictionary. (2021). https://www.oed.com/

Packer, G. (2018, October 12). A new report offers insights into tribalism in the age of Trump. *The New Yorker*. https://www.newyorker.com/news/daily-comment/a-new-report-offers-insights-into-tribalism-inthe-age-of-trump

Pak, E. (2021, April 14). Bernie Madoff: 6 famous victims of his Ponzi scheme. *Biography*. https://www.biography.com/

news/bernie-madofffamous-victims

Palmieri, J. J., & Stern, T. A. (2009). Lies in the doctor-patient relationship. *Primary Care Companion to the Journal of Clinical Psychiatry, 11*(4), 163-168. https://doi.org/10.4088/PCC.09r00780

Papachristodoulou, M. (2019). *The biggest liar: Customers vs. sales people*. LinkedIn. https://www.linkedin.com/pulse/biggest-liar-customersvs-sales-people-marios-papachristodoulou

Pareto, V. (1896). *Cours d'economie politique*. F. Rouge Libraire Editeur.

Park, H. S., Levine, T. R., McCornack, S. A., Morrison, K., & Ferrara, M. (2002). How people really detect lies. *Communication Monographs, 69*(2), 144-157. https://doi.org/10.1080/714041710

Parker, K. (2009, September 16). Uncivil behavior should go the way of dueling. *The Baltimore Sun*. https://www.baltimoresun.com/news/bs-xpm-2009-09-16-0909150055-story.html

Parker-Pope, T. (2008, October 28). Love, sex and the changing landscape of infidelity. *The New York Times*. https://www.nytimes.com/2008/10/28/health/28iht-28well.17304096.html

Patrick, C. J. (2007). Antisocial personality disorder and psychopathy. In W. O'Donohue, K. A. Fowler, & S. O. Lilienfeld (Eds.), *Personality disorders: Toward the* DSM-V (pp. 109-166). Sage Publications. https://doi.org/10.4135/9781483328980.n6

Patrick, C. J., & Iacono, W. G. (1989). Psychopathy, threat, and polygraph test accuracy. *Journal of Applied Psychology, 74*(2), 347-355. https://doi.org/10.1037/0021-9010.74.2.347

Patterson, J., & Kim, P. (1991). *The day America told the truth: What people really believe about everything that really matters*. Prentice Hall Press.

Paul, C., & Matthews, M. (2016). *The Russian "firehose of falsehood" propaganda model: Why it might work and options to counter it*. RAND Corporation. https://doi.org/10.7249/PE198

Paulhus, D. L., & Williams, K. M. (2002). The Dark Triad of personality: Narcissism, Machiavellianism and psychopathy. *Journal of Research in Personality, 36*(6), 556-563. https://doi.org/10.1016/S0092-6566(02)00505-6

Pazzanese, C. (2019, April 15). Pros at the con. *The Harvard Gazette*. https://news.harvard.edu/gazette/story/2019/04/harvard-grad-studies-consandhow-to-avoid-them/

Peterson, C. (1996). Deception in intimate relationships. *International Journal of Psychology, 31*(6), 279-288. https://doi.org/10.1080/002075996401034

Petty, R. E., & Cacioppo, J. T. (1986). The elaboration likelihood model of persuasion. In *Communication and persuasion: Springer series in social psychology* (pp. 1-24). Springer. https://doi.org/10.1007/978-1-4612-4964-1_1

Pflanzer, L. R. (2019). *The rise and fall of Theranos, the blood-testing startup that went from Silicon Valley darling to facing fraud charges.*Business Insider. https://www.businessinsider.com/the-history-ofsilicon-valley-unicorn-theranos-and-ceo-elizabeth-holmes-2018-5

Pierce, J. R., & Thompson, L. (2021). Feeling competitiveness or empathy towards negotiation counterparts mitigates sex differences in lying. *Journal of Business Ethics*. Advance online publication. https://doi.org/10.1007/s10551-021-04776-6

Plomin, R. (2011). Commentary: Why are children in the same family so different? Non-shared environment three decades later. *International Journal of Epidemiology, 40*(3), 582-592. https://doi.org/10.1093/ije/dyq144

Polage, D. C. (2012). Making up history: False memories of fake news stories. *Europe's Journal of Psychology, 8*(2), 245-250. https://doi.org/10.5964/ejop.v8i2.456

Popper, N., Conger, K., & Browning, K. (2020, August 2). From Minecraft tricks to Twitter hack: A Florida teen's troubled online path. *The New York Times*. https://www.nytimes.com/2020/08/02/technology/florida-teenager-twitter-hack.html

Powell, B. (2002). *Treason: How a Russian spy led an American journalist to a U.S. double agent*. Simon & Schuster.

Premack, D., & Woodruff, G. (1978). Does the chimpanzee have a theory of mind? *Behavioral and Brain Sciences, 1*(4), 515-526. https://doi.org/10.1017/S0140525X00076512

Quiroz, N. (2021, May 13). *Five facts about police deception and youth you should know*. The Innocence Project. https://innocenceproject.org/police-deception-lying-interrogations-youth-teenagers/

Raine, A. (2013). *The anatomy of violence: The biological roots of crime*. Pantheon/Random House.

Rappeport, A. (2021, April 13). Tax cheats cost the U.S. $1 trillion per year, I.R.S chief says. *The New York Times*. https://www.nytimes.com/2021/04/13/business/irs-tax-gap.html

Raskin, D. C., & Hare, R. D. (1978). Psychopathy and detection of deception in a prison population. *Psychophysiology, 15*(2), 126-136. https://doi.org/10.1111/j.1469-8986.1978.tb01348.x

Raspe, E. (1785). *Baron Munchausen's narrative of his marvellous travels and campaigns in Russia.* Booksellers of Piccadilly.

Rector, K., Queally, J., & Poston, B. (2020, July 23). Hundreds of cases involving LAPD officers accused of corruption now under review. *Los Angeles Times.* https://www.latimes.com/california/story/2020-07-28/lacey-flags-hundreds-of-cases-linked-to-charged-lapd-officersfor-possible-review

Reid, J. (1947). A revised questioning technique in lie-detection tests. *Journal of Criminal Law and Criminology (1931-1951), 37*(6), 542-547. https://doi.org/10.2307/1138979

Reiner, R., Brown, D., & Scheinman, A. (Producers), & Reiner, R. (Director). (1992). *A few good men* [Film]. Columbia Pictures.

Renner, K. H., Enz, S., Friedel, H., Merzbacher, G., & Laux, L. (2008). Doing as if: The histrionic self-presentation style. *Journal of Research in Personality, 42*(5), 1303-1322. https://doi.org/10.1016/j.jrp.2008.04.005

Robson, D. (2016, March 24). *Why are people so incredibly gullible?* BBC. https://www.bbc.com/future/article/20160323-why-are-people-soincredibly-gullible

Rocca, F. X., & Lovett, I. (2020, November 10). Pope John Paul II was warned about Theodore McCarrick sex-abuse allegations, made him D.C. archbishop. *The Wall Street Journal.* https://www.wsj.com/articles/vatican-overlooked-warnings-of-sexual-misconduct-by-former-u-scardinal-mccarrick-report-finds-11605013875

Roggensack, K. E., & Sillars, A. (2014). Agreement and understanding about honesty and deception rules in romantic relationships. *Journal of Social and Personal Relationships, 31*(2), 178-199. https://doi.org/10.1177/0265407513489914

Rose, P. (2004). *My prison without bars.* Rodale Press.

Rosenbaum, K. B., Friedman, S. H., & Galley, N. (2019). The act. *The Journal of the American Academy of Psychiatry and the Law, 47*(4), 534-536.

Rosenberg, M. (1965). *Society and the adolescent self-image.* Princeton University Press. https://doi.org/10.1515/9781400876136

Roser, M., Appel, C., & Ritchie, H. (2013). *Human height.* Our World in Data. https://ourworldindata.org/human-height

Ross, L. (1977). The intuitive psychologist and his shortcomings: Distortions in the attribution process. In L. Berkowitz (Ed.), *Advances in experimental social psychology* (Vol. 10, pp. 173-220). Academic Press.

Ruedy, N. E., Moore, C., Gino, F., & Schweitzer, M. E. (2013). The cheater's high: The unexpected affective benefits of unethical behavior. *Journal of Personality and Social Psychology, 105*(4), 531-548. https://doi.org/10.1037/a0034231

Rule, A. (1980). *The stranger beside me*. W. W. Norton and Company.

Rutenberg, J., Becker, J., Lipton, E., Haberman, M., Martin, J., Rosenberg, M., & Schmidt, M. S. (2021, January 31). 77 days: Trump's campaign to subvert the election. *The New York Times*. https://www.nytimes.com/2021/01/31/us/trump-election-lie.html

Ryan, A. (2004). Professional liars. *Social Research, 71*(3), 733-752. https://doi.org/10.1353/sor.2004.0069

Rydell, R. J., & McConnell, A. R. (2006). Understanding implicit and explicit attitude change: A system of reasoning analysis. *Journal of Personality and Social Psychology, 91*(6), 995-1008. https://doi.org/10.1037/0022-3514.91.6.995

Sagarin, B. J., Rhoads, K. V. L., & Cialdini, R. B. (1998). Deceiver's distrust: Denigration as a consequence of undiscovered deception. *Personality and Social Psychology Bulletin, 24*(11), 1167-1176. https://doi.org/10.1177/01461672982411004

Sanow, E. (2011). The Reid technique of interviewing and interrogation. *Law and Order*. http://archive.reid.com/pdfs/20111213.pdf

Santos, R. M., Zanette, S., Kwok, S. M., Heyman, G. D., & Lee, K. (2017). Exposure to parenting by lying in childhood: Associations with negative outcomes in adulthood. *Frontiers in Psychology, 8*, Article 1240. https://doi.org/10.3389/fpsyg.2017.01240

Sapir, A. (2021). *The LSI basic course on SCAN*. LSI Laboratory for Scientific Interrogation. https://www.lsiscan.com/id22.htm

Sarzyn' ska, J., Falkiewicz, M., Riegel, M., Babula, J., Margulies, D. S., Ne ぐ cka, E., Grabowska, A., & Szatkowska, I. (2017). More intelligent extraverts are more likely to deceive. *PLOS ONE, 12*(4), Article e0176591. https://doi.org/10.1371/journal.pone.0176591

Satel, S., & Lilienfeld, S. O. (2013). *Brainwashed: The seductive appeal of mindless neuroscience*. Basic Books.

Schecter, A., Nathanson, K., & Connor, T. (2015, July 5). *Farid Fata, doctor who gave chemo to healthy patients, faces sentencing*. NBC News. https://www.nbcnews.com/health/cancer/farid-fata-doctor-who-gavechemo-healthy-patients-faces-sentencing-n385161

Schein, C., & Gray, K. (2018). The theory of dyadic morality: Reinventing moral judgment by redefining harm. *Personality and Social Psychology Review*, *22*(1), 32-70. https://doi.org/10.1177/1088868317698288

Schreier, M. (2009). Belief change through fiction: How fictional narratives affect real readers. In S. Winko, F. Jannidis, & G. Lauer (Eds.), *Grenzen der Literatur: Zu Begriff und Phanomen des Literarischen* (pp. 315-337). De Gruyter. https://doi.org/10.1515/9783110210835.4.315

Schwarz, N., Newman, E., & Leach, W. (2016). Making the truth stick & the myths fade: Lessons from cognitive psychology. *Behavioral Science & Policy*, *2*(1), 85-95. https://doi.org/10.1353/bsp.2016.0009

Schweitzer, M. E., Hershey, J. C., & Bradlow, E. T. (2006). Promises and lies: Restoring violated trust. *Organizational Behavior and Human Decision Processes*, *101*(1), 1-19. https://doi.org/10.1016/j.obhdp.2006.05.005

Scott, R. (Director). (1997). *G. I. Jane* [Film]. Hollywood Pictures. Scott, W. D. (1903). *The theory and practice of advertising: A simple exposition of the principles of psychology in their relation to successful advertising*. Small, Maynard, and Company.

Serota, K. B., & Levine, T. R. (2015). A few prolific liars: Variation in the prevalence of lying. *Journal of Language and Social Psychology*, *34*(2), 138-157. https://doi.org/10.1177/0261927X14528804

Serota, K. B., Levine, T. R., & Boster, F. J. (2010). The prevalence of lying in America: Three studies of self-reported lies. *Human Communication Research*, *36*(1), 2-25. https://doi.org/10.1111/j.1468-2958.2009.01366.x

Serota, K. B., Levine, T. R., & Docan-Morgan, T. (2021). Unpacking variation in lie prevalence: Prolific liars, bad lie days, or both? *Communication Monographs*, *89*(3). Advance online publication. https://doi.org/10.1080/03637751.2021.1985153

Setoh, P., Zhao, S., Santos, R., Heyman, G. D., & Lee, K. (2020). Parenting by lying in childhood is associated with negative developmental outcomes in adulthood. *Journal of Experimental Child Psychology*, *189*, Article 104680. https://doi.org/10.1016/j.jecp.2019.104680

Shalvi, S., & Leiser, D. (2013). Moral firmness. *Journal of Economic Behavior & Organization*, *93*, 400-407. https://doi.

org/10.1016/j.jebo.2013.03.014

Shany-Ur, T., Poorzand, P., Grossman, S. N., Growdon, M. E., Jang, J. Y., Ketelle, R. S., Miller, B. L., & Rankin, K. P. (2012). Comprehension of insincere communication in neurodegenerative disease: Lies, sarcasm, and theory of mind. *Cortex, 48*(10), 1329-1341. https://doi.org/10.1016/j.cortex.2011.08.003

Shen, Q., Teo, M., Winter, E., Hart, E., Chew, S. H., & Ebstein, R. P. (2016). To cheat or not to cheat: Tryptophan hydroxylase 2 SNP variants contribute to dishonest behavior. *Frontiers in Behavioral Neuroscience, 10*, 82. https://doi.org/10.3389/fnbeh.2016.00082

Shesol, J. (1997). *Mutual contempt: Lyndon Johnson, Robert Kennedy, and the feud that defined a decade*. W. W. Norton & Co. Shonk, K. (2021, August 10). *Understanding different negotiation styles*. Program on Negotiation, Harvard Law School. https://www.pon.harvard.edu/daily/negotiation-skills-daily/understanding-differentnegotiation-styles/

Sicard, S. (2021, June 23). Army investigating Ft. Eustis officer for alleged cheating scandal. *Army Times*. https://www.armytimes.com/news/your-army/2021/06/23/army-investigating-ft-eustis-officer-for-allegedcheating-scandal/

Smith, E. H. (1923). *Confession of a confidence man: A handbook for suckers*. Scientific American Publishing Co.

Smith, J. A. (2017, March 24). How the science of "blue lies" may explain Trump's support. *Scientific American*. https://blogs.scientificamerican.com/guest-blog/how-the-science-of-blue-lies-may-explain-trumpssupport/

Smith, K. M., & Apicella, C. L. (2020). Hadza hunter-gatherers disagree on perceptions of moral character. *Social Psychological & Personality Science, 11*(5), 616-625. https://doi.org/10.1177/1948550619865051

Smith, M., Saunders, R., Stuckhardt, L., & McGinnis, J. M. (2013). *Best care at lower cost: The path to continuously learning health care in America*. National Academies Press.

Smith, M. E., Hancock, J. T., Reynolds, L., & Birnholtz, J. (2014). Everyday deception or a few prolific liars? The prevalence of lies in text messaging. *Computers in Human Behavior, 41*, 220-227. https://doi.org/10.1016/j.chb.2014.05.032

Snyder, S. (1986). Pseudologia fantastica in the borderline patient. *The American Journal of Psychiatry, 143*(10), 1287-1289. https://doi.org/10.1176/ajp.143.10.1287

Spielberg, S. (Director). (2002). *Catch me if you can* [Film]. DreamWorks Pictures.

Spohr, M. (2018, October 14). *21 kids who told bold-faced lies that in no way could be even remotely true*. Buzzfeed. https://www.buzzfeed.com/mikespohr/21-outrageous-lies-kids-told-other-kids-thatll-makeyou-go

Sporer, S. L. (2004). Reality monitoring and detection of deception. In P.-A. Granhag & L. Stromwall (Eds.), *The detection of deception in forensic contexts* (pp. 64-102). Cambridge University Press. https://doi.org/10.1017/CBO9780511490071.004

Sporer, S. L., & Schwandt, B. (2006). Paraverbal indicators of deception: A meta-analytic synthesis. *Applied Cognitive Psychology, 20*(4), 421-446. https://doi.org/10.1002/acp.1190

Stanton, K., Ellickson-Larew, S., & Watson, D. (2016). Development and validation of a measure of online deception and intimacy. *Personality and Individual Differences, 88*, 187-196. https://doi.org/10.1016/j.paid.2015.09.015

Stein, J. D. (2021, April 20). Why we lie. Four men with complicated relationships to the truth explain why honesty can be hard. *Men's Health*. https://www.menshealth.com/trending-news/a36007380/why-dopeople-men-lie/

Stiff, J. B. (1996). Theoretical approaches to the study of deceptive communication: Comments on interpersonal deception theory. *Communication Theory, 6*(3), 289-296. https://doi.org/10.1111/j.1468-2885.1996.tb00130.x

Strickler, J. (2002, December 22). Public's fascination with con man isn't fake. *Star Tribune*. https://www.newspapers.com/image/?clipping_id=87154661&fcfToken=eyJhbGciOiJIUzI1NiIsInR5cCI6IkpXVCJ9.eyJmcmVlLXZpZXctaWQiOjI1MDM2NDk5MiwiaWF0IjoxNjM2MDQ0NzgyLCJleHAiOjE2MzYxMzExODJ9.86H6p2LF0Gw-HQM5ZyVlsFtK0BqKSqvi8jLOxShYoDA

Stromwall, L. A., Granhag, P. A., & Hartwig, M. (2004). Practitioners' beliefs about deception. In P. A. Granhag & L. Stromwall (Eds.), *The detection of deception in forensic contexts* (pp. 229-250). Cambridge University Press. https://doi.org/10.1017/CBO9780511490071.010

Stromwall, L. A., Hartwig, M., & Granhag, P. A. (2006). To act truthfully: Nonverbal behavior and strategies during a police interrogation. *Psychology, Crime & Law, 12*(2), 207-219. https://doi.org/10.1080/10683160512331331328

Sun, Q., Zhang, H., Zhang, J., & Zhang, X. (2018). Why can't we accurately predict others' decisions? Prediction discrepancy in risky decisionmaking. *Frontiers in Psychology, 9*, Article 2190. https://doi.org/10.3389/fpsyg.2018.02190

Sweet, P. L. (2019). The sociology of gaslighting. *American Sociological Review, 84*(5), 851-875. https://doi.

org/10.1177/0003122419874843

Swiergosz, A. M., Kasdan, M. L., & Wilhelmi, B. J. (2017). The unexpected hand patient. *Eplasty, 17*, e16.

Talwar, V., Arruda, C., & Yachison, S. (2015). The effects of punishment and appeals for honesty on children's truth-telling behavior. *Journal of Experimental Child Psychology, 130*, 209-217. https://doi.org/10.1016/j.jecp.2014.09.011

Talwar, V., Lavoie, J., & Crossman, A. M. (2019). Carving Pinocchio: Longitudinal examination of children's lying for different goals. *Journal of Experimental Child Psychology, 181*, 34-55. https://doi.org/10.1016/j.jecp.2018.12.003

Talwar, V., & Lee, K. (2002a). Development of lying to conceal a transgression: Children's control of expressive behaviour during verbal deception. *International Journal of Behavioral Development, 26*(5), 436-444. https://doi.org/10.1080/01650250143000373

Talwar, V., & Lee, K. (2002b). Emergence of white-lie telling in children between 3 and 7 years of age. *Merrill-Palmer Quarterly, 48*(2), 160-181.https://doi.org/10.1353/mpq.2002.0009

Talwar, V., & Lee, K. (2008). Social and cognitive correlates of children's lying behavior. *Child Development, 79*(4), 866-881. https://doi.org/10.1111/j.1467-8624.2008.01164.x

Talwar, V., & Lee, K. (2011). A punitive environment fosters children's dishonesty: A natural experiment. *Child Development, 82*(6), 1751-1758. https://doi.org/10.1111/j.1467-8624.2011.01663.x

Talwar, V., Murphy, S. M., & Lee, K. (2007). White lie-telling in children for politeness purposes. *International Journal of Behavioral Development, 31*(1), 1-11. https://doi.org/10.1177/0165025406073530

Talwar, V., Renaud, S., & Conway, L. (2015). Detecting children's lies: Are parents accurate judges of their own children's lies? *Journal of Moral Education, 44*(1), 81-96. https://doi.org/10.1080/03057240.2014.1002459

Tangney, J. P., Stuewig, J., & Mashek, D. J. (2007). Moral emotions and moral behavior. *Annual Review of Psychology, 58*(1), 345-372. https://doi.org/10.1146/annurev.psych.56.091103.070145

Taylor, D. B. (2021, July 16). Illinois bars police from lying to minors during questioning. *The New York Times*. https://www.nytimes.com/2021/07/16/us/illinois-police-deception-interrogation.html

Teasdale, K., & Kent, G. (1995). The use of deception in nursing. *Journal of Medical Ethics, 21*(2), 77-81. https://doi.org/10.1136/jme.21.2.77

ten Brinke, L., Porter, S., & Baker, A. (2012). Darwin the detective: Observable facial muscle contractions reveal emotional high-stakes lies. *Evolution and Human Behavior, 33*(4), 411-416. https://doi.org/10.1016/j.evolhumbehav.2011.12.003

Tenenbaum, N. (Producer), & Roach, J. (Director). (2000). *Meet the parents*[Film]. Universal Pictures.

Tetlock, P. E., & Gardner, D. (2015). *Superforecasting: The art and science of prediction*. Crown.

Teunisse, A. K., Case, T. I., Fitness, J., & Sweller, N. (2020). I should have known better: Development of a self-report measure of gullibility. *Personality and Social Psychology Bulletin, 46*(3), 408-423. https://doi.org/10.1177/0146167219858641

Thomas, C. W. (2002, March 31). The rise and fall of Enron: When a company looks too good to be true, it usually is. *Journal of Accountancy*. https://www.journalofaccountancy.com/issues/2002/apr/theriseandfallofenron.html

Thorndike, E. L. (1920). A constant error in psychological ratings. *Journal of Applied Psychology, 4*(1), 25-29. https://doi.org/10.1037/h0071663

Toma, C. L., Hancock, J. T., & Ellison, N. B. (2008). Separating fact from fiction: An examination of deceptive self-presentation in online dating profiles. *Personality and Social Psychology Bulletin, 34*(8), 1023-1036. https://doi.org/10.1177/0146167208318067

Tomaszewski, M. (2021). *"My pet died" (& other lies to get out of work): 2021 study.* https://zety.com/blog/excuses-to-get-out-of-work

Tooby, J. (2017). *2017: What scientific term or concept ought to be more widely known?* Edge. https://www.edge.org/response-detail/27168

Traub, A. (2017, July 12). *When your pastor lies to your face for five years*. Medium. https://medium.com/@andytraub/when-your-pastor-lies-toyour-face-for-five-years-91b2b590c353

Treas, J., & Giesen, D. (2000). Sexual infidelity among married and cohabiting Americans. *Journal of Marriage and Family, 62*(1), 48-60. https://doi.org/10.1111/j.1741-3737.2000.00048.x

Trovillo, P. V. (1939). A history of lie detection. *The Journal of Criminal Law and Criminology, 29*(6), 848-881. https://doi.org/10.2307/1136489

Turner, J., & Reid, S. (2002). Munchausen's syndrome. *The Lancet, 359*(9303), 346-349. https://doi.org/10.1016/S0140-

6736(02)07502-5

Turner, R. E., Edgley, C., & Olmstead, G. (1975). Information control in conversations: Honesty is not always the best policy. *Social Thought & Research, 11*(1), 69-89. https://doi.org/10.17161/STR.1808.6098

Tyler, J. M., Feldman, R. S., & Reichert, A. (2006). The price of deceptive behavior: Disliking and lying to people who lie to us. *Journal of Experimental Social Psychology, 42*(1), 69-77. https://doi.org/10.1016/j.jesp.2005.02.003

Uri, Joe, & Leif. (2021, August 17). *Evidence of fraud in an influential field experiment about dishonesty.* Data Colada. https://datacolada.org/98

U.S. Department of Labor. (1988). *Employee Polygraph Protection Act.* https://www.dol.gov/sites/dolgov/files/WHD/legacy/files/whdfs36.pdf

U.S. Federal Bureau of Investigation. (2012, May 3). *Medicare Fraud*

Strike Force charges 107 individuals for approximately $452 million in false billing. https://archives.fbi.gov/archives/neworleans/pressreleases/2012/medicare-fraud-strike-force-charges-107-individualsfor-approximately-452-million-in-false-billing

U.S. Senate Select Committee on Intelligence. (1994). *An assessment of the Aldrich H. Ames espionage case and its implications for U.S. intelligence.* U.S. Government Printing Office.

Vance, M. C., Caverly, T. J., & Hayward, R. A. (2020). Underappreciated bias created by measurement error in risk factor assessment—A case study of no safe level of alcohol consumption. *JAMA Internal Medicine, 180*(3), 459–461. https://doi.org/10.1001/jamainternmed.2019.6116

Vedantam, S. (Host). (2018, April 9). Everybody lies, and that's not always a bad thing [Audio podcast episode]. In *Hidden brain.* National Public Radio. https://www.npr.org/2018/04/09/599930273/everybody-liesand-thats-not-always-a-bad-thing

Verigin, B. L., Meijer, E. H., Bogaard, G., & Vrij, A. (2019). Lie prevalence, lie characteristics and strategies of self-reported good liars. *PLOS ONE, 14*(12), Article e0225566. https://doi.org/10.1371/journal.pone.0225566

Verschuere, B., Crombez, G., Koster, E. H. W., & Uzieblo, K. (2006). Psychopathy and physiological detection of concealed information: A review. *Psychologica Belgica, 46*(1-2), 99-116. https://doi.org/10.5334/pb-46-1-2-99

Verschuere, B., Meijer, E. H., Jim, A., Hoogesteyn, K., Orthey, R., McCarthy, R. J., Skowronski, J. J., Acar, O. A., Aczel, B., Bakos, B. E., Barbosa, F., Baskin, E., Begue, L., Ben-Shakhar, G., Birt, A. R., Blatz, L., Charman, S. D., Claesen, A., Clay, S. L., . . . Yıldız, E. (2018). Registered Replication Report on Mazar, Amir, and Ariely (2008). *Advances in Methods and Practices in Psychological Science, 1*(3), 299–317. https://doi.org/10.1177/2515245918781032

Vicianova, M. (2015). Historical techniques of lie detection. *Europe's Journal of Psychology, 11*(3), 522–534. https://doi.org/10.5964/ejop.v11i3.919

Vohs, K. D., Baumeister, R. F., & Chin, J. (2007). Feeling duped: Emotional, motivational, and cognitive aspects of being exploited by others. *Review of General Psychology, 11*(2), 127-141. https://doi.org/10.1037/1089-2680.11.2.127

Vrij, A. (2000). *Detecting lies and deceit: The psychology of lying and the implications for professional practice*. John Wiley & Sons.

Vrij, A. (2008). *Detecting lies and deceit: Pitfalls and opportunities* (2nd ed.). John Wiley & Sons Ltd.

Vrij, A. (2015). Verbal lie detection tools: Statement validity analysis, reality monitoring and scientific content analysis. In P. A. Granhag, A. Vrij, & B. Verschuere (Eds.), *Detecting deception: Current challenges and cognitive approaches* (pp. 3-35). Wiley-Blackwell.

Vrij, A., Granhag, P. A., & Mann, S. (2010). Good liars. *The Journal of Psychiatry & Law, 38*(1-2), 77-98. https://doi.org/10.1177/009318531003800105

Vrij, A., & Mann, S. (2006). Criteria-based content analysis: An empirical test of its underlying processes. *Psychology, Crime & Law, 12*(4), 337-349. https://doi.org/10.1080/10683160500129007

Vrij, A., Meissner, C. A., & Kassin, S. M. (2015). Problems in expert deception detection and the risk of false confessions: No proof to the contrary in Levine et al. (2014). *Psychology, Crime & Law, 21*(9), 901-909. https://doi.org/10.1080/1068316X.2015.1054389

Vrij, A., & Semin, G. R. (1996). Lie experts' beliefs about nonverbal indicators of deception. *Journal of Nonverbal Behavior, 20*(1), 65-80. https://doi.org/10.1007/BF02248715

Wallace, D. (2003). *Big Fish*. Penguin.

Walter, K. V., Conroy-Beam, D., Buss, D. M., Asao, K., Sorokowska, A., Sorokowski, P., Aavik, T., Akello, G., Alhabahba,

M. M., Alm, C., Amjad, N., Anjum, A., Atama, C. S., Atamturk Duyar, D., Ayebare, R., Batres, C., Bendixen, M., Bensafia, A., Bizumic, B., . . . Zupan [ci] c, M. (2020). Sex differences in mate preferences across 45 countries: A largescale replication. *Psychological Science, 31*(4), 408-423. https://doi.org/10.1177/0956797620904154

Wanasika, I., & Adler, T. (2011). Deception as strategy: Context and dynamics. *Journal of Managerial Issues, 23*(3), 364-378. http://www.jstor.org/stable/23209121

Wang, J. (2021, January 27). *Average income in America: What salary in the United States puts you in the top 50%, top 10%, and top 1%?(Updated for 2021)*. Best Wallet Hacks. https://wallethacks.com/average-median-income-in-america/

Weaver, K., & Hart, C. L. (2022). *Aversive trait predictors of impression management*. [Manuscript in preparation]. Department of Psychology & Philosophy, Texas Woman's University.

Whyte, S. (2017, September 20). *'I wanted to feel something': Inside the tangled mind of a compulsive liar.* ABC. https://www.abc.net.au/triplej/programs/hack/inside-the-tangled-mind-of-a-compulsive-liar/8965544

Wiederman, M. W. (1997). Pretending orgasm during sexual intercourse: Correlates in a sample of young adult women. *Journal of Sex & Marital Therapy, 23*(2), 131-139. https://doi.org/10.1080/00926239708405314

Williams, S. S. (2001). Sexual lying among college students in close and casual relationships. *Journal of Applied Social Psychology, 31*(11), 2322-2338. https://doi.org/10.1111/j.1559-1816.2001.tb00178.x

World Health Organization. (2019). *International statistical classification of diseases and related health problems* (11th ed). https://icd.who.int/

Xu, L., Chen, G., & Li, B. (2019). Sadness empathy facilitates prosocial lying. *Social Behavior and Personality, 47*(9), Article e8371. https://doi.org/10.2224/sbp.8371

Yamagishi, T. (2001). Trust as a form of social intelligence. In K. S. Cook (Ed.), *Trust in society* (pp. 121-147). Russell Sage Foundation.

Yip, J. A., & Schweitzer, M. E. (2016). Mad and misleading: Incidental anger promotes deception. *Organizational Behavior and Human Decision Processes, 137*, 207-217. https://doi.org/10.1016/j.obhdp.2016.09.006

Young, P. A., Eaves, L. J., & Eysenck, H. J. (1980). Intergenerational stability and change in the causes of variation in personality. *Personality and Individual Differences, 1*(1), 35-55. https://doi.org/10.1016/0191-8869(80)90004-5

Young, S. (2010, June 4). *Kellogg settles Rice Krispies false ad case*. CNN. https://thechart.blogs.cnn.com/2010/06/04/kellogg-settles-ricekrispies-false-ad-case/

Zagorin, P. (1996). The historical significance of lying and dissimulation. *Social Research, 63*(3), 863-912. http://www.jstor.org/stable/40972318

Zaid, M. (2002, April 16). Failure of the polygraph. *The Washington Post*. https://www.washingtonpost.com/archive/opinions/2002/04/16/failure-of-the-polygraph/07c406a5-0aa3-4e20-8dcc-89781162aaa8/

Zettelmeyer, F., Morton, F. S., & Silva-Risso, J. (2006). How the internet lowers prices: Evidence from matched survey and automobile transaction data. *Journal of Marketing Research, 43*(2), 168-181. https://doi.org/10.1509/jmkr.43.2.168

Zhong, C.-B., Bohns, V. K., & Gino, F. (2010). Good lamps are the best police: Darkness increases dishonesty and self-interested behavior. *Psychological Science, 21*(3), 311-314. https://doi.org/10.1177/0956797609360754

Zuckerman, M., DePaulo, B. M., & Rosenthal, R. (1981). Verbal and nonverbal communication of deception. *Advances in Experimental Social Psychology, 14*, 1-59. https://doi.org/10.1016/S0065-2601(08)60369-X

Zvi, L., & Elaad, E. (2018). Correlates of narcissism, self-reported lies, and self-assessed abilities to tell and detect lies, tell truths, and believe others. *Journal of Investigative Psychology and Offender Profiling, 15*(3), 271-286. https://doi.org/10.1002/jip.1511

國家圖書館出版品預行編目資料

爲什麼他要說謊？心理學家教你看見謊言背後的眞相、解析人類慣性說謊的原因 / 克里斯丁 ·哈特（Christian L. Hart）、德魯 ·柯提斯（Drew A. Curtis）著；江欣怡 譯 . -- 初版 . -- 臺北市：商周出版，城邦文化事業股份有限公司出版：英屬蓋曼群島商家庭傳媒股份有限公司城邦分公司發行，民 2024.02

面； 公分. --（生活館；218）

譯自：Big Liars: What Psychological Science Tells Us About Lying and How You Can Avoid Being Duped

ISBN 978-626-390-027-1（平裝）

1. CST: 說謊　2. CST: 誠實　3. CST: 心理學

177　　113000304

線上版讀者回函卡

為什麼他要說謊？

心理學家教你看見謊言背後的真相、解析人類慣性說謊的原因

原著書名／Big Liars: What Psychological Science Tells Us About Lying and How You Can Avoid Being Duped
作者／克里斯丁・哈特（Christian L. Hart）、德魯・柯提斯（Drew A. Curtis）
譯者／江欣怡
企劃選書／李尚遠
責任編輯／嚴博瀚

版權／吳亭儀、林易萱
行銷業務／周丹蘋、賴正祐
總編輯／楊如玉
總經理／彭之琬
事業群總經理／黃淑貞
發行人／何飛鵬
法律顧問／元禾法律事務所　王子文律師
出版／商周出版
城邦文化事業股份有限公司
臺北市中山區民生東路二段141號9樓
電話：(02) 2500-7008 傳眞：(02) 2500-7759
E-mail：bwp.service@cite.com.tw
發行／英屬蓋曼群島商家庭傳媒股份有限公司城邦分公司
臺北市中山區民生東路二段141號11樓
書虫客服服務專線：(02) 2500-7718・(02) 2500-7719
24小時傳眞服務：(02) 2500-1990・(02) 2500-1991
服務時間：週一至週五09:30-12:00・13:30-17:00
郵撥帳號：19863813　戶名：書虫股份有限公司
讀者服務信箱E-mail：service@readingclub.com.tw
歡迎光臨城邦讀書花園 網址：www.cite.com.tw
香港發行所／城邦（香港）出版集團有限公司
香港九龍九龍城土瓜灣道86號順聯工業大廈6樓A室
電話：(852) 2508-6231　傳眞：(852) 2578-9337
E-mail：hkcite@biznetvigator.com
馬新發行所／城邦（馬新）出版集團 Cité (M) Sdn. Bhd.
41, Jalan Radin Anum, Bandar Baru Sri Petaling,
57000 Kuala Lumpur, Malaysia
電話：(603) 9057-8822　傳眞：(603) 9057-6622
Email：services@cite.my

封面設計／兒日
排版／新鑫電腦排版工作室
印刷／韋懋印刷有限公司
經銷商／聯合發行股份有限公司
電話：(02) 2917-8022　傳眞：(02) 2911-0053
地址：新北市231新店區寶橋路235巷6弄6號2樓

■2024年2月初版
定價 500 元

Printed in Taiwan
城邦讀書花園
www.cite.com.tw

ISBN 978-626-390-027-1